KB205815

개혁신학과 한국교회
Reformed Theology and Korean Church

Reformed Theology and Korean Church
by Rev. Deok Kyo Oh, Th.M., Ph.D.

Copyright ⓒ 2014 Hapdong Theology Seminary Press
Published by Hapdong Theological Seminary Press
Kwangkyojungang-ro 50, Yeongtong-gu, Suwon, Korea

개혁신학과 한국교회

1판 1쇄 인쇄 | 2014년 11월 21일
1판 1쇄 발행 | 2014년 11월 28일

저 자 | 오덕교
발행인 | 조병수
펴낸곳 | 합신대학원출판부
주 소 | 443-791 수원시 영통구 광교중앙로 50 (원천동)
전 화 | (031)217-0629
팩 스 | (031)212-6204
홈페이지 | www.hapdong.ac.kr
출판등록번호 | 제22-1-1호
인쇄처 | 예원프린팅 (031)957-6551
총 판 | (주)기독교출판유통(031)906-9191
정 가 | 14,000원
*잘못된 책은 교환해드립니다

ISBN 978-89-97244-22-5 93230 : ₩ 14,000
한국 교회사[韓國敎會史]
개혁 신학[改革神學]

236.911-KDC5
275.19-DDC21 CIP2014033905

｜ 이 도서의 국립중앙도서관 출판시 도서목록(CIP)은 e-CIP 홈페이지
http://www.nl.go.kr/cip.php에서 이용하실 수 있습니다.
(CIP제어번호: CIP 2014033905)

개혁신학과 한국교회

오덕교 저

합신대학원출판부

🏛 들어가는 말

이 땅에 복음이 전파된 지 120년이 넘었다. 조선 왕조가 문호를 개방하면서 영국과 스코틀랜드, 호주와 캐나다, 미국 등지의 서구의 선교사들이 이 땅에 들어와 교회를 세움으로 근대 개화기를 맞게 되었다. 기독교는 한글 전용화 운동을 주도하여 문맹 퇴치 운동을 벌였고, 학교를 설립하는 등 신교육 운동을 통하여 민족을 계몽하였다. 남존 여비 사상과 반상 제도와 축첩 제도를 타파함으로 사회 개혁을 이끌었고, 3.1 운동과 같은 독립 운동을 적극 주도함으로 애국과 애족을 통하여 민족적 선구자 역할을 담당하였다. 그 결과 교회가 크게 성장하여 한 때 전 인구의 27%가 그리스도인으로 집계되기도 하였다.

흥미로운 것은 이 땅에 교회를 처음으로 세운 사람이나 성경을 한글로 번역한 이가 서구의 선교사들이 아니라 한국인이었다는 점이다. 만주에서는 1880년 이응찬, 백홍준, 서경조 등이 존 로스(John Ross, 1842~1915)와 함께 성경을 번역하였고, 일본에서는 1882년에 이수정이 성경을 번역하였다. 1883년에는 서경조의 형인 서상륜이 황해도 소래에 와서 성경을 보급하면서 한국 최초의 교회를 세웠다.

이와 같이 시작한 한국교회는 성장을 거듭하여 선교 2세기를 맞아 5만여 곳이 넘는 예배당을 가질 수 있게 되었다. 1901년 김종섭과 방기창 등 2명의 학생으로 시작한 신학교는 정부의 인가를 받은 학교와 무인가 신학교를 합하여 300여개에 매년 7,000 여명의 신학생을 배출하는 규모가 되었다. 세계에서 가장 큰 교회, 가장 큰 장로교회, 가장 큰 감리교회가 이 땅에 있으며, 초가집에서 시작한 교회당이 이제는 거대한 빌딩 숲으로 변모할 정도가 되었다. 거대한 교회당과 고층으로 된 교육관과 고급스러운 수양관 외에도, 묘지까지 장만한 교회가 허다하다. 교회의 풍요 시대가 온 것이다.

한국교회의 괄목할만한 성장의 배경에는 여러 가지 요인이 있었다. 오직 성경만을 신앙의 규범으로 가르쳐준 초기 선교사들의 청교도적인 신학, 세상의 행복보다는 하나님의 영광을 추구하면서 헌신한 교회 지도자들의 희생적인 생활, 그리고 하나님을 두려워하면서 세상을 변혁하고자 하였던 성도들의 개혁에 대한 비전이 있었다. 그 결과 한국교회는 영국과 미국을 이어가는 개혁주의 신학의 중심지가 되었고, 한국 사회를 이끌어가는 많은 인재들을 배출하여 한국 사회를 변혁하여 나갔다.

한국의 근세 역사를 연 인물들은 대부분이 기독교인들이었다. 죽산 박형룡과 정암 박윤선과 같은 개혁주의 신학자들, 주기철이나 손양원과 같은 순교자들, 남강 이승훈과 백낙준 같은 교육자들, 월남 이상재와 조만식과 같은 민족주의자들, 안창호, 김구, 이승만, 이시영, 그리고 김규식과 같은 정치 사상가와 독립 운동가 등 허다한 인물들이 배출되었다.

이들이 소원한 것은 이 나라를 하나님의 말씀 위에 세우는 것이었다.(*) 이들의 비전과 헌신, 수고로 인하여 한국교회와 사회는 세계에서 2번째로 많은 선교사를 파송하는 나라가 되었고, 경제적으로도 세계 10대 강국의 반열에 들어섰다.

　하지만 21세기에 이르면서 한국 사회는 다시 시련을 맞게 되었다. 교회가 영적인 침체를 거듭하면서 사회 전반에서 붕괴의 조짐들이 나타나기 시작한 것이다. 이혼의 급증으로 가정들이 파괴되고, 생명 경시 사상이 확산되면서 자살 비율이 가파르게 상승하고 있다. 어느 통계에 의하면 한국의 이혼율은 세계 3위에 이르고 있고, 자살률은 OECD 국가 중 가장 높다고 한다. 한국교회가 빛과 소금의 역할을 못하게 되면서 사회적 붕괴 현상이 나타나고 있는 것이다. 이러한 상황을 극복하려면

(*) 1945년 임시 정부의 지도자들이 귀국하자, 그들을 환영하기 위한 "전선(全鮮)기독교대회"가 11월 28일 서울 정동예배당에서 열렸다. 그 때 백범 김구는 "강한 나라를 세우자"라는 연설을 하면서 우리나라의 장래가 밝다고 하였다. 그 이유는 "그리스도의 정병들이 내 뒤에 있고 하나님이 내 우에 계시기" 때문이라고 하였다. 그리고 강한 나라를 만들려면 "건국과 건교를 동시에" 하여야 하며, 이를 위해서 "경찰서 열을 세우지 말고 교회 하나를 세우라."고 하면서 나라가 망하지 않으려면 "곳 성서 위에 세워야 한다. 그리하여 우리는 하나님의 국민이 되어야 한다"고 주장하였다. 이승만도 "하나이 되자"는 제목으로 연설하면서 "... 이제 우리는 신 국가 건설을 할 터인데 '기초 없는 집을 세우지 말자.' 곳 만세 반석 되시는 그리스도 우에 이 나라를 세우자!"고 하였다. 또한 김규식은 "자기를 정복하자"라는 연설을 하면서 "... 다른 나라가 불가침의 강국을 세우려면 우리 힘으로 될 것이 아니라 곳 하나님의 힘으로야 한다. 그런고로 우리는 한 손으로는 하나님을 붓잡고 한 손으로는 우리 서로서로가 맛붓잡고 나가자……. 우리는 그리스도라는 반석 위에 하나님의 나라를 세우자"고 주장하였다. 『활천』 (1946년 3월 호), 3~5.

기독교의 부흥이 일어나야 한다.

이와 같은 시대적 소명을 감지하면서 한국교회와 사회가 나아갈 길에 대해 생각해보게 되었다. 사회가 바로 서려고 한다면 교회가 먼저 제 위치를 찾아야 할 것이다. 그리고 교회가 교회의 모습을 다시 찾으려면 한국교회의 신앙적 정체성과 역사성을 먼저 확인해야 할 것이다. 이러한 관심을 갖고 학회에 발표하거나 교계 신문이나 세미나에 제출한 글들을 모아 이번에 책으로 엮어 내게 되었다.

가능한 한 각주(footnote)를 간소화하기 위해서 저자 연대 기법을 활용하여 본문 안에 인용한 출처를 밝히도록 하였다. 그리고 인용의 경우 원저자의 글을 손상하지 않도록 하기 위해 그대로 사용하였음을 밝히고자 한다. 아울러 이 책을 출판하도록 도와주신 여러분들에게 감사를 드리고자 한다. 특히 글이 나올 때마다 교정하는 수고와 간략한 조언을 주어 온 나의 평생 동지요 사랑하는 아내인 이정화와 이 책을 출판하는 데 교정과 교열 등 많은 도움을 준 합신대학원출판부의 신현학 실장에게 감사의 말씀을 드리고 싶다.

2014년 가을을 보내며
오 덕 교

▌차례

제1장
개혁신학의 전통

오늘날 한국 사회에서 개혁신학 또는 개혁파라는 단어처럼 오용되는 말도 없다. 어떤 이는 루터를 포함한 모든 종교개혁자의 신학을 개혁신학[1]으로 보는가 하면, 다른 이는 개혁신학을 단지 칼빈주의 5대 강령[2]으로 제한하기도 한다. 하지만 모든 종교개혁 신학을 개혁신학이라고 부르거나 칼빈주의 5대 강령을 개혁신학의 전부인 것처럼 말할 수는 없다.

---

[1] 개혁파 신학자들은 '주의'(主義)라는 용어가 어떤 것을 절대화하는 성향이 있으므로 칼빈주의라는 말보다는 '개혁신앙'(the Reformed Faith), 또는 '개혁신학'(the Reformed Theology)이라는 말을 사용하는 것을 더 좋아한다. 그렇지만 한국 장로교 교인들은 스스로 '개혁주의자'라고 부르기를 주저하지 않는 데, 이는 중국인들이 '개혁신학'을 '개혁주의'로 번역한 후 한국교회가 이를 무비판적으로 채용하여 사용해 왔기 때문이다.

[2] 칼빈주의 5대 강령은 17세기 초반 아르미니우스 논쟁의 결과로 나왔다. 인간의 자유의지를 주장하면서 펠라기우스(Pelagius)적 신학을 주장하던 야곱 아르미니우스(Jacobus Arminius, 1560~1609)가 1603년 라이덴 대학(Leiden University) 교수로 부임하자, 프란시스 고마루스(Francis Gomarus) 등 개혁파 신학자들이 그의 신학에 이의를 제기하여 논쟁이 시작되었고, 이 문제를 해결하기 위해 1618년 도르트 회의가 열렸다. 이 회의에서 개혁파들은 네덜란드에 퍼져있는 아르미니우스주의의 해독을 지적하고, 인간의 전적 타락(Total depravity), 무조건적인 선택(Unconditional election), 제한 속죄(Limited Atonement), 불가항력적인 은혜(Irresistible grace)와 성도의 궁극적인 구원(Perseverance of the saints) 등의 5개 교리를 정통 신앙으로 선언하였다.

종교개혁자들의 사상은 분명 반(反)천주교적인 신학이었지만 개혁주의 신학만이 아니라 다양한 신학을 포함하고 있기 때문이다. 그리고 5대 강령은 칼빈주의 구원 교리를 정확하게 설명하고 있지만 구원 교리가 개혁파 신학의 전부가 아니며, 5대 강령을 개혁신학의 전부라고 보는 것은 부분을 전체로 보는 오류를 범하는 것이 될 수도 있기 때문이다.

개혁신학에 대한 더 심각한 오해는 개혁파를 단순히 '개혁하자는 주의'로 간주하는 것이다. "개혁된 교회는 항상 개혁되어야 한다(Ecclesia reformata, semper reformanda)는 종교개혁자들의 가르침에 기초하여 교회는 개혁을 추구해 왔다. 이 말의 진정한 의미는 그저 헤겔이 주장하는 것처럼 변증법적으로 개혁하자는 것이 아니라 개혁된 것 가운데 성경에 비추어서 미흡한 점이 발견된다면 성경에 근거하여 다시 개혁해야 한다는 것이다. 따라서 개혁하자고 주장하는 모든 것을 개혁신학이라고 할 수는 없다. 개혁을 주장하는 사람이 가지고 있는 신학적 입장에 따라 개혁파일 수도 있고 아닐 수도 있기 때문이다.

그릇된 신학에 기초하여 기존의 질서를 바꾸고자 할 때 그 결과는 개혁이 아니라 개악이 될 수도 있다. 그러므로 개혁파 신학을 바로 알기 위해서는 개혁신학이 나타나게 된 역사적 배경과 그 신학이 추구하는 신학적 전제에 대해 제대로 파악해야 한다. 개혁신학은 16세기라는 역사적 정황에서 비롯되었고, 개혁파 신학자들이 추구하는 신학적 전제는 여러 관점에서 볼 때 다른 것들과 구별된다.

1. 개혁신학의 정의

앞에서 말한 바와 같이 개혁신학 또는 개혁파(the Reformed)신학 운동은

16세기에 일어난 종교개혁에서 기인한다. 종교개혁은 영적인 암흑기에 하나님의 말씀을 회복하고자 한 운동이었다. 말씀의 빛이 사라지게 된 것은 1229년 로마천주교회가 발렌시아 교회회의(Council of Valencia)에서 성경적인 신앙으로 돌아갈 것을 주장하던 피터 왈도(Peter Waldo, c. 1140~c. 1218)를 이단으로 정죄하고 성경을 금서로 지정하면서부터이다. 말씀의 빛이 사라지면서 무지와 미신이 확산되었고, 교회는 부정과 부패로 얼룩지게 되었다. 하나님의 교회가 사탄의 소굴처럼 변모해가자, 아우구스티누스 파(Augustinian) 수도승이었던 마르틴 루터(Martin Luther, 1483~1546)는 1517년 10월 31일 비텐베르크 교회당 정문에 「95개 조항의 항의문」을 게시함으로 종교개혁의 봉화를 들었다. 그 후로 수많은 종교개혁자들이 유럽의 각국에서 일어나 교회의 개혁을 이끌었다.

개혁신학의 역사적 배경

루터의 종교개혁은 프랑스와 영국, 보헤미아, 스코틀랜드, 스위스 등 서유럽, 덴마크와 노르웨이, 스웨덴 등 북유럽의 여러 나라로 확산되었고, 허다한 종교개혁자들이 등장하였다. 스위스에서는 츠빙글리(Ulrich Zwingli, 1484~1531)와 콘라드 그레벨(Conrad Grebel, 1448~1526), 폴란드에서는 존 아 라스코(John à Lasko, 1499~1560), 프랑스에서는 존 칼빈(John Calvin, 1509~1564), 이탈리아에서는 파울로 소지니(Fausto Paulo Sozzini, 1539~1604), 그리고 영국에서는 윌리엄 틴데일(William Tyndale, 1494~1636)과 같은 종교개혁자들이 나타났다. 이들은 다 같이 성경으로 돌아가서 교회를 개혁하자고 외쳤다. 그렇지만 우리는 모든 종교개혁자들을 개혁파 신학자로 칭하거나 그들의 신학을 개혁주의 신학이라고 부르지는 않는다. 신학적 전제와 신학의 방향이 달랐기 때문이다.

개혁파 신학 또는 개혁주의 신학은 취리히의 종교개혁자 츠빙글리와 제네바의 종교개혁자 칼빈(John Calvin, 1509~1564)의 신학 사상에 기초하고 있다. 그들은 가정과 교회, 그리고 사회의 모든 부분, 곧 '뿌리로부터 머리까지'를 성경에 기초하여 개혁하고자 하였다. 교회의 전통이나 이성의 권위를 절대화하지 않고 오직 하나님의 말씀만이 무오하고 절대적인 권위를 가지고 있음을 주장하면서 그에 기초하여 개혁하고자 한 것이다. 이성이나 상식, 또는 교회의 전통은 인간의 판단에 기초하는 것이므로 항상 오류에 빠질 수 있는 가능성이 높기 때문이다. 따라서 개혁주의자들은 완전 무오한 성경에 근거하여 바른 교리를 확립하고, 바른 예배를 드리며, 교회를 개혁하고자 하였다.

이와 같은 개혁파의 신학 사상이 다른 신학 운동과 차별화되기 시작한 것은 1529년부터이다. 그해 스위스의 종교개혁자 츠빙글리와 독일의 종교개혁자 루터가 로마천주교회와 투쟁하기 위한 대안을 마련하기 위해 독일의 마르부르크에서 회동하였다. 그들은 마르부르크 회의(Marburg Colloquy, 1529)를 통하여 로마천주교회의 위협을 제어하고, 부패한 교회를 개혁할 수 있는 대안을 마련하고자 하였다. 두 개혁자는 로마천주교회의 부정과 부패, 로마 교황과 교회회의의 오류 가능성, 성경의 절대적인 권위와 무오, 믿음에 의해서만 의로워질 수 있다고 하는 등 15개의 항의 초안 가운데 14개 항목에서 의견의 일치를 보았다.

다만 한 가지 성찬에 대한 미묘한 입장 차이가 드러났다. 루터가 성찬을 베풀 때에 '떡 위에, 떡 안에, 그리고 떡 옆에' 그리스도가 육체적으로 함께 한다는 공재설(共在說)을 주장한 반면, 츠빙글리는 그리스도께서 최후의 만찬 때에 떡과 포도주를 주면서 "나를 기념하라"고 말씀하였음을 주지하면서 떡과 포도주는 그리스도의 고난을 상징할 뿐이라고 주장하였다. 성찬에 대한 해석으로 인하여 긴 시간의 토론이 있었지만 누구도 양보하지 않았다. 결국 인내력이 부족한 루터가 츠빙글리를 향하여, 당신은 '적그리스도의 영'을 따르는 자라고 정죄하였다. 회담은 결렬되었고, 이를 계기로 독일과 스위스의 종교개혁 운동은 각기 다른 길을 가게 되었다.

성찬에 대한 해석 차이로 나누어진 두 신학자의 입장은 시간이 흐르면서 더욱 확연하게 달라져갔다. 루터는 행위 구원을 가르치던 로마천주교회에 반대하면서 '오직 믿음'(sola fide)에 의해 의롭다함을 받는다고 주장하면서 '오직 은혜'(sola gratia)를 강조하였다. 루터는 죄를 범한 인간이 어떻게 구원 받을 수 있을지 궁구하다가 '칭의의 신학'(theology of justification)을 발전시켰고, 츠빙글리는 칭의를 통하여 '구원 받은 사람이 어떻게 거룩하게 살 수 있을지'를 연구하여 '성화의 신학'(theology of sanctification)을 만들어냈다.

두 종교개혁자의 예배관도 확연히 달랐다. 루터와 루터의 제자들은 로마천주교회의 사상이라도 신앙 문제에서 본질적인 것이 아니라면 교회가 받아들일 수 있다는 입장을 취하면서 천주교회의 전례들을 수용하였다. 반면 츠빙글리를 중심한 개혁파들은 성경이 명하지 않은 어떤 것도 예배에 포함시킬 수 없다고 주장하면서 천주교회의 잔재들을 제거하고자 하였다. 개혁파들은 "하나님의 영광을 흐리게 하며 피조물에 대한 우상 숭배로 다시 빠져 들어간 중세교회의 이교적 요소들"[3]을 예배에서 제거할 뿐만 아니라, 말씀이 다스리는 거룩한 공동체를 세움으로 보다 더 개혁된 교회와 사회를 건설하고자 하였다.

이렇게 시작된 두 종교개혁자의 신학은 결국 교파운동으로 발전하였다. 루터의 종교개혁 사상과 교회 개혁의 방법론과 신학 체계를 따르는 이들을 루터파(the Lutheran)로, 츠빙글리와 칼빈의 종교개혁 사상과 방법론을 따르는 이들을 개혁파(the Reformed)로 칭하게 되었다.

---

3 Henry Meeter, *The Fundamental Principle of Calvinism*, 『칼빈주의 기본원리』, 신복윤 역(서울: 성광문화사, 1990), 57.

개혁신학의 원리

개혁신학은 인간의 사색이 아닌 성경에 기인한 역사적 전통의 산물이다. 16세기의 종교개혁이라는 역사적 배경에서 나온 것이다. 개혁파 신학자들은 성경의 무오와 전적인 권위를 강조하면서 성경에 기초한 신학 활동을 전개하였다. 자기 주관에 따라 개혁을 추구하거나 그릇된 전제에 기초하여 교회를 개혁하게 된다면 개혁이 아닌 개악이 되고, 16세기 종교개혁 당시와 유사한 혼란을 초래할 수 있기 때문이다.

종교개혁자들의 신학적 전제(theological presupposition)의 차이는 다양한 신앙 형태를 낳았고, 여러 종류의 교단을 형성하게 만들었다. 로마천주교회가 신앙적 판단의 근거로 교회의 전통을 강조한 것처럼, 에라스무스(Desiderius Erasmus, ca. 1466~1536)와 같은 인문주의자들은 성경을 강조하면서도 이성과 전통의 권위를 중시하는 등 로마천주교회와 기독교회의 중간적인 입장을 취하였다. 그들은 로마 교황청의 권위를 인정하는 범위에서만 교회의 개혁을 이끌고자 한 것이다.

반면에 토머스 뮌처(Thomas Müntzer, 1490~1525)와 슈벵크펠드(Kaspar van Schwenkfeld, 1490~1561)와 같은 신령주의자(Spiritualist)들은 성경을 내세우면서도 직접 계시, 종교 체험과 직관(直觀)을 신앙적 판단의 기준으로 삼았다. 콘라드 그레벨(Conrad Grebel, c. 1498~1526)과 펠릭스 만츠(Felix Mantz, c. 1498~1527)와 같은 스위스 재세례파들은 신약과 구약 계시의 불연속만이 아니라 역사의 불연속성을 주장하면서 재세례파 운동을 전개하였고, 파울로 소지니(Fausto Paulo Sozzini, 1539~1604)와 같은 이성주의자들은 성경과 함께 상식과 이성의 권위에 호소하면서 합리주의 신학 운동을 전개하였다.

그 결과 루터파, 재세례파, 신령주의, 합리주의 등 다양한 교파가 나오게 되었다. 신학적 출발점이 다름으로 인하여 다양한 교파가 나오게 된 것이다. 그러므로 바른 신학 체계를 유지하기 위해서는 바른 신학적 전제를 세워야 한다. 올바른 신학적 전제에 기초할 때에 신학 또한 올바르게 설 수 있기 때문이다.

신학의 기초는 교회의 결정 또는 인간의 전통, 이성적 판단, 종교적 체험이나 상식이 될 수 없다. 오류가 없고, 영원불변의 가치를 제공하는 하나님의 말씀이어야 하기 때문이다. 앞에서 말한 것들은 시간이 지나면 쉽게 변할 수 있지만 하나님의 말씀은 일점일획도 변하지 않는다. 따라서 칼빈을 비롯한 개혁파 신학자들은 반석이 되는 성경에 기초하여 신학 활동을 전개하고자 하였다. 그들은 교회의 전통이나 인간의 경험, 이성이나 상식에 기초하여 신학 활동을 전개하는 것을 모래 위에 집을 짓는 것과 같고, 성경 위에 신학을 하는 것은 만세 반석 위에 집을 세우는 것과 같다고 보았던 것이다.

오직 성경만을 강조한다고 해서 바른 신학이 정립되는 것은 아니다. 성경이 바로 해석되어질 때는 바른 신학이 가능하지만, 잘못 해석된다면 그릇된 신학이 나올 수도 있기 때문이다. 성경을 자신의 주관에 따라 해석한다면 아전인수 방식의 성경 해석에 빠지게 되고, 그릇된 전제나 원리에 기초하여 해석한다면 개량주의(改良主義) 또는 개악주의(改惡主義)가 될 수도 있는 것이다. 따라서 바른 신학 운동을 펴기 위해서는 자의적인 성경 해석을 피하고, 객관적 원리에 따라 성경을 해석해야만 할 것이다. 이러한 맥락에서 제시된 것이 성경에 대한 역사적 · 문법적 해석(Historico-grammatical exegesis) 방법이다.

성경이 기록될 당시의 역사적 상황과 문화, 그리고 성경 본문의 전후 문맥을 조심스럽게 살핌으로 성경 저자가 의도한 원래의 의미를 파악할 수 있는 것이다. 이러한 성경해석의 원리를 제시한 종교개혁자가 바로 칼빈이었다. 칼빈을 비롯한 개혁주의자들은 이러한 전제에 기초하여 성경을 해석하여 왔고,[4] 그들이 주도하는 신학 운동을 개혁신학이라고 부른다.

개혁파 교회들은 이러한 전제에 기초하여 성경을 해석하고, 해석한 바를 신앙고백을 통하여 신앙적 정체성을 드러냈다. 그들은 로마천주교회, 루터파 교회, 재세례파, 영국의 성공회 등으로부터 차별화하기 위해 신앙고백서를 작성하여 스스로의 정체성을 밝혔다. 스위스의 개혁파들은 1534년에 『바젤 신앙고백서』(The Confession of Basel), 1536년 『제1 스위스신앙고백』(The First Helvetic Confession), 1537년 『제네바 신앙고백서』(The Confession of Geneva), 1552년 『제네바 일치서』(Consensus of Geneva), 1566년 『제2 스위스 신앙고백』(The Second Helvetic Confession), 그리고 1675년에는 『스위스 일치서』(The Helvetic Consensus Formula)를 만들어냈다.

프랑스인들은 1559년 '갤리컨 신조'(The Gallican Confession)라고 불리는 『프랑스 신앙고백서』(The French Confession)를, 네덜란드 사람들은 1561년 『벨기에 신앙고백서』(The Belgic Confession)와 1618년 『도르트 신조』(The Canon of Dort)를 완성하였다. 독일 남부 지역에 살던 개혁파들은 루터파가 1530년에 열린 아우구스부르크 제국 의회에서 『아우구스부르크 신앙고백서』(The Augusburg Confession)를 발표하자, 그것과 차별화하기 위해 같은 해에 『4개 도시 고백서』(The Tetrapolitan Confession)를 발표하였고, 1563년 『하이델베르크 요리문답서』(The Heidelberg Catechism)를 탄생시켰다. 유럽 동부에 활동하던 헝가리 개혁파들은 1557년 『쳉게르 신앙고백서』(The Confession of Czenger)를, 1570년에는 『센도미르

---

4 개혁파 신학은 16세기에 스위스, 독일, 프랑스, 스페인, 그리고 영국과 스코틀랜드의 학자들에 의해 크게 발전되었다. 그 가운데 취리히의 종교개혁자 츠빙글리와 그의 후계자인 하인리히 불링거(Heinrich Bullinger 1504~1575), 스트라스부르의 종교개혁자 마르틴 부처(Martin Bucer, 1491~1551), 이태리 출신의 종교개혁자 피터 마터 버미글리(Peter Martyr Vermigli, 1500~1562), 칼빈의 제자인 베자(Theodore Beza, 1519~1605)와 잔키(Girolamo Zanchi, 1516~1590) 등이 있다. 이들은 다 같이 성경의 절대적 권위를 믿었고, 성경을 역사적 · 문법적으로 해석하였으며, 그것을 삶의 현장에 적용하고자 하였다.

일치서』(The Consensus of Sendomir), 그리고 1614년에는 『시기스문트 신앙
고백서』(The Confession of Sigismund)를 만들었다.

영어권에서는 존 낙스(John Knox, ca. 1514~1572)에 의해 작성된 『스코
틀랜드 신앙고백서』(The First Scotch Confession, 1560), 엘리자베스 여왕
때에 작성된 『39개조 신조』(The Thirty-Nine Articles, 1563), 『제2 스코틀
랜드 신앙고백서』(The Second Scotch Confession, 1581), 제임스 어셔(James
Ussher, 1581~1656)가 작성한 아일랜드 교회를 위해 작성한 『아일랜드
신앙고백서』(The Irish Articles of Religion, 1615)가 있다. 17세기 영국 청교
도들은 영국 교회가 고백하던 『39개조 신조』를 수정하기 위해 1643년
웨스트민스터 사원에서 총회를 시작한 이후 1,163번의 모임을 통해
『웨스트민스터 신앙고백서』(The Westminster Confession), 『대요리문답
서』(The Larger Catechism, 1647)와 『소요리문답서』(The Shorter Catechism)
등을 완성시켰다.[5]

2. 개혁신학의 핵심 교리

16세기와 17세기에 작성된 개혁파와 개혁파 신앙고백들은 성경관에서
종말론에 이르기까지 다양한 교리를 내포하고 있다. 그 가운데 다른
교회들과 구별이 되는 중요한 사상은 성경관과 하나님에 대한 신앙고백,
그리고 하나님의 주권을 강조하는 것이다.[6] 이러한 요소들은 개혁파
신학과 타종파의 신학적 차이점을 분명하게 밝혀주는 것으로, 정체성

---

[5] Donald K. McKim, ed. *Encyclopedia of the Reformed faith* (Louisville, Kentucky:
Westminster / John Knox Press, 1992), vi.

[6] Sinclair B. Ferguson & David F. Wright ed. *New Dictionary of Theology* (Leicester, England:
Inter-Vasity Press, 1988), 569~570.

확인을 위하여 개혁파 신학의 핵심 사상을 개혁주의 신조들을 통해 살펴보도록 하자.

성경 중심(Centrality of the Scripture)

첫째로 개혁신학은 성경을 신앙과 생활의 최고 기준으로 삼는다. 다른 교파도 성경을 신앙의 기준으로 삼는다고 주장하지만 개혁주의 신학의 주장과는 큰 차이가 있다. 한 예로, 신앙이 성경에 기초하고 있다고 주장하는 로마천주교회도 성경 계시의 충족성을 부인하는 점에서 차이가 있다. 성경이 하나님의 말씀이라고 하더라도 전통의 도움을 받아야 된다고 가르치기 때문이다. 그들은 성경의 내용을 확정하고, 심지어 어떤 것이 성경인지를 규정할 수 있는 권한이 교회회의에 있다고 주장한다. 로마 교황청은 1542년부터 열린 트렌트 종교회의(Council of Trent, 1542~1563)에서 초대교회 이후 교회가 채택한 바 없는 바룩서, 예레미야의 편지, 다니엘의 세 친구 이야기와 에스델서의 일부, 토비트서, 유딧서, 마카베오 상하권, 지혜서, 집회서 등 외경을 정경의 목록에 첨가하였다. 천주교회는 성경에 근거하지 않은 내용을 신앙의 핵심으로 고백하는 셈이다. 1960년 로마천주교회가 소집한 바티칸 교회회의는 마리아가 죄 없이 태어나서 부활하고 승천하였을 뿐만 아니라 하나님 우편에 앉아서 세상을 심판할 것이라고 하는 내용의 '마리아 신심 교리'를 선언하였다.

반면 종교개혁자들은 기독교 신앙은 오직 성경에 기초해야 한다고 주장한다. 성경만(Sola Scriptura)이 오류가 없고, 성경의 가르침은 신학과 논쟁에서 최종적 권위를 가진다고 보기 때문이다. 교회회의는 인간의 잣대로 순수하게 보일지라도 죄성을 가진 인간의 모임이므로 항상 잘못될 확률이 높다. 더구나 인간의 지혜나 전통에는 오류가 있을 수 있고, 인간에게 주어진 성품은 죄로 향하는 경향성이 있기 때문에 전통에 의지하는 것은 모래 위에 집을 짓는 것과 같다고 본다.

흥미로운 것은 오직 성경의 권위를 주장한 종교개혁자 모두가 성경의 절대적인 권위를 주장한 것은 아니었다. 어떤 이는 이성의 중요성을 강조하거나 영적 체험 또는 상식에 기초하여 신앙을 해석하고자 하였다.

독일의 종교개혁자 루터는 신앙의 문제를 판단하는 기준으로 성경과 함께 평범한 이성을 내세웠다. 1521년 4월 독일의 보름스(Worms)에 열린 회의에서 교황청이 루터에게 종교개혁 사상을 철회할 것을 요구하자, 루터는 "성경의 증거와 평범한 이성에 어긋나지 않는 한, 저는 아무것도 철회하지 않을 것이며, 철회할 수도 없습니다."고 선언하였다. 그는 최종적인 판단의 기준이 성경과 평범한 이성임을 밝힌 것이다. 루터의 선언대로 루터파는 성경이 금하지 않은 것 가운데 이성적으로 판단하여 교회에 유익하다면 교회가 수용할 수 있다는 입장을 취하였다.

칼빈을 비롯한 개혁파는 신앙의 문제를 이성이나 직관, 체험이나 교회의 전통에 호소하는 것은 모래 위에 집을 짓는 것과 같다고 보았다. 인간적 전통이나 인위적인 것은 항상 오류가 따르지만 하나님의 말씀은 영원불변하며 무오하기 때문에 모든 인식의 기초는 성경이 되어야 한다고 주장하는 것이다.

칼빈에게 있어 성경은 하나님과 인간을 아는 인식의 기초이며, 비교할 수 없는 절대적 권위를 가졌다. 성경은 하나님께서 자신을 계시하신 책이요, 하나님의 말씀 자체이며, 교회의 기초가 되기 때문에 성경의 증거는 모든 증거보다 권위가 있고 강력한 증거가 된다는 것이다. 성경의 권위는 교회의 판단에 의해 좌우되는 것이 아니라, 하나님 자신에게서 오기 때문이다.[7] 칼빈은 성경의 절대적인 권위에 기초하여 세워진 신학만이 바른 신학이라고 보고, 성경에 기초한 신학을 세우고자 하였다.

---

[7] John Calvin, *Institutes of the Christian Religion*, (Philadelphia: The Westminster Press, 1960), 4.7.1~3.

　이러한 신학적 전제 위에 칼빈은 언제나 하나님의 말씀에 근거하여 자신의 주장을 전개하였으며, 말씀이 보여주지 않는 것은 알려고도 하지 않았다. 칼빈의 좌우명은 '하나님의 말씀에 저촉되는 것은 아무 것도 근거로 삼지 않는다'(Nothing contrary to the Word of God)가 아니라, '하나님의 말씀 외에는 아무 것도 근거로 삼지 않는다'(Nothing but the Word of God)였다. 그는 성경적 근거가 없는 해결책을 제안하려고 하지 않았으며, 인간이 이해할 수 없는 성경의 신비한 부분을 그대로 남겨두는 것이 옳다고 보았다. "칼빈의 신학을 지배했던 것은 인간의 철학이 아니었고, 반대로 칼빈주의 철학을 지배한 것이 바로 하나님의 말씀이었다."[8] 칼빈은 어떤 상황에 처하든지 시대정신 또는 '철학이 무엇이라고 말하는가?'를 묻지 않았고, 이 시대를 향해 주시는 '하나님의 말씀이 무엇을 뜻하는가?'를 묻곤 하였다.

　칼빈의 성경 중심적 신학을 가장 잘 발전시킨 이들이 바로 청교도들이었다. 그들은 한결같이 성경만을 신앙과 생활의 규범으로 삼으려고 하였다. 청교도 신학자 윌리엄 에임스(William Ames, 1576~1633)는, 『신학의 정수』(The Marrow of Sacred Theology)[9]에서 그리스도인의 신앙과 생활의 규범이 인간의 이성이나 전통 또는 체험이 아니라 오직 성경이라고 주장하였다. "구원에 필요한 모든 것이 성경에 포함되어 있으며, 교회의 교육과 건덕을 위한 모든 것들도 마찬가지다……. 따라서 성경은 부분적이 아닌 완전한 신앙과 도덕의 규범이다. 성경에 포함되어 있는 것이 아니라면, 어떠한 관례도 하나님의 교회에서 지속적으로 실시될 수 없으며, 모든 곳에 필수적으로 적용될 수 없다."[10]고 하였다.

---

8 Meeter, *The Fundamental Principle of Calvinism*, 81.

9 이 책은 영국의 케임브리지 대학과 뉴잉글랜드의 하버드대학에서 신학 교재로 널리 사용된 바 있다.

10 William Ames, *The Marrow of Theology* (Durham, North Carolina.: Labyrinth Press, 1983), 1.24.15, 16.

이러한 성경 중심적 사상은 일반적으로 청교도의 신학사상이었다. 토마스 카트라이트(Thomas Cartwright, 1535~1603)가 계급 구조적인 감독 정치를 비판하고 장로정치를 영국 교회가 채택할 것을 주장함으로 박해를 받은 것도 성경이 장로정치를 지지하고 있다는 확신 때문이었다. 존 코튼(John Cotton, 1584~1652)이 미신적인 예배를 부인하면서 신령과 진정으로 드리는 예배를 드릴 것을 주장한 것도 그것이 성경의 가르침이라고 믿었기 때문이었다. 청교도들은 성경이 가르치는 대로 믿고 예배할 뿐만 아니라 성경적 원리에 따라 사는 것이 성도의 의무로 보았다. 이와 같이 개혁주의자들은 성경을 신학 활동의 알파와 오메가로 이해하였고, 성경이 가는 곳까지 가고, 성경이 침묵하는 곳에는 멈춤으로 성경 중심적인 신학 운동을 전개하고자 하였다.

칼빈과 개혁주의자들은 성경을 하나님과 인간에 대한 참된 지식의 근거로 간주하고, 성경을 떠나서는 온전한 지식을 얻을 수 없다고 보았다. 성경을 통하여 거룩하심, 의로우심, 전지전능하심, 무소부재하심과 같은 하나님에 대한 지식과 전적 타락, 부패, 무능과 같은 인간에 대한 지식, 그리고 인간 구원에 대한 하나님의 대책에 대해서도 알 수 있다는 것이다. 개혁주의자들은, 칼빈이 지적한 것과 같이, "성경은 창조주 하나님을 알게 하는 안내자요, 교사"요, 인생을 안내해 주는 지침서라는 확신을 가지고 있었다.[11]

개혁파들이 성경 중심적 신학 사상을 강조하는 것은 성경이 영원불변하신 하나님의 말씀이기 때문이다. 그들은 『제1 스위스 신앙고백』이 선언하고 있는 것처럼, 성경이 "가장 오래되고, 완전한 그리고 가장 고귀한" 하나님의 교훈이며, "바르고 진실한 경건에 이르러 신앙이 깊고 존경할만한 복된 삶을 사는 데 도움이 되는 모든 것을 유일하게 포함하

---

[11] Calvin, *The Institutes of the Christian Religion*, 4.4.1.

고" 있다고 보았다.[12] 「웨스트민스터 신앙고백서」는 성경 66권을 "하나님의 감동으로 된 것으로 신앙과 생활의 법칙"이라고 하였고, 성경의 권위는 아무 조건 없이 "그대로 받아들여야 한다."고 하였다.[13]

교회가 성경을 온전히 수용해야 하는 이유는 그 권위가 인간에게서 온 것이 아니기 때문이다. 성경의 권위는 『프랑스 신앙고백』이 선언하는 것처럼, "교회의 일반적인 의견의 일치나 합의를 통해서 이루어진 것이 아니고, 성령의 증언과 내적인 보증을 통하여 입증된 것"[14]이며, "인간에게서 온 것이 아니라 하나님께로 받은 것"이다. 곧 "성경은 모든 진리의 척도"일 뿐만 아니라 "하나님을 섬기는 일과 인간의 구원에 필요한 모든 것을 포함하고"있는 책이다(Gallican Confession, 5). 1560년에 나온 『스코틀랜드 신앙고백서』는 성경의 권위가 "하나님으로부터 오는 것이지 사람이나 천사에 의존하지 않는다는 것을 스스로 공언한다"고 하였고,[15] 1561년에 작성된 『벨기에 신앙고백』도 성경이 "사람의 뜻을 따라 보내졌거나 전달된 것이 아니라, 사도 베드로가 말한 것과 같이, 하나님의 거룩한 사람들이 성령의 감동을 받아 기록된 것이다"라고 하였다.[16] 『웨스트민스터 신앙고백서』도 성경의 권위가 "어떤 사람이나 교회의 증언에 근거하는 것이 아니고, 전적으로 진리 자체이시며, 진리의 저자이신 하나님께 근거한다."고 밝혔다.[17]

개혁파 교회들은 성경의 신적 권위 외에도 인간 구원에 대한 성경 계시의 충족성을 주장한다. 『벨기에 신앙고백』은, "우리는 이 성경이 하나님의 뜻을 충분히 담고 있으며, 사람이 구원을 위하여 믿어야 할

---

12 *The First Helvetic Confession*, 1.
13 *The Westminster Confession of Faith*, 1:2, 4.
14 *The Gallican Confession*, 4.
15 *The First Scotch Confession*, 19.
16 *The Belgic Confession*, 3.
17 *The Westminster Confession of Faith*, 1:4.

것을 충분히 가르치고 있다고 믿는다."고 선언하였고,[18] 『제2 스위스 신앙고백』은 "성경에는 구원에 이르는 믿음과 하나님을 기쁘게 해드리는 삶이 무엇인지 완전히 설명하고 있다"(The Second Helvetic Confession ,1:2)고 밝혔다. 『웨스트민스터 신앙고백』은 성경에 "하나님의 영광과 인간의 구원, 그리고 믿고 살아가는 데 필요한 모든 것"이 완전하게 기록되어 있으므로, 신앙 문제를 논할 때 우리는 "성경으로부터 추론함으로 좋은 결론들을 도출할 수 있다"고 하였다(Westminster Confession, 1:6). 자연 계시의 도움 없이도 성경만으로 충분함을 밝힌 것이다.

개혁주의자들은 특별 계시의 충족성을 주장하면서 그에 근거하여 믿고 예배하고자 하였다. 성경에 근거하지 않은 것은 과감하게 배척할 수 있다고 본 것이다. 1528년 베른의 설교자인 프란츠 콜프(Francis Kolb)와 베르트홀트 할러(Berthold Haller) 등이 작성한 『베른 신조』(The Ten Theses of Berne)는, "그리스도의 교회는 하나님의 말씀만을 법도와 계명으로"삼는다고 주장하면서, 성도들은 연옥과 같은 "하나님의 말씀에 근거하지 않은 인간의 계율"에 얽매일 필요가 없다고 하였다.[19] "성경에서 연옥이라는 말을 발견할 수 없으므로, 죽은 자를 위한 미사, 미사에 드리는 헌물, 7일과 30일, 그리고 매년 절기에 죽은 자를 위해 예배하는 일, 등잔을 밝히고 촛불을 켜는 일 등은 헛된 일일 뿐이다"라고 선언하였다.[20] 『벨기에 신앙고백』도 "하나님이 우리에게 요구하시는 예배의 전체 방식이 성경 안에 대체로 기록되어 있으므로, 비록 사도라고 해도 지금 성경이 우리에게 교훈하는 것과 달리 가르친다면 그의 가르침은 옳지 않다. 사도 바울이 말했듯이, 아니, 비록 하늘로부터 온 천사라도 하나님의 말씀에다가 어떤 것을 가감하는 것은 금지되었기 때문에 성경

---

18 *The Belgic Confession*, 7.
19 *The Ten Theses of Berne*, 1.
20 *The Belgic Confession*, 7.

에 있는 교리는 모든 면에서 가장 완전하고 완성된 것이다. 사람이 쓴 어떤 신성한 책이라고 하더라도 성경과 비교할 수 없다. 우리는 관례나 다수, 고전, 시대나 인물들의 전승, 공의회들, 법령들, 혹은 법규 등을 하나님의 진리와 비교해서는 안 된다."[21]고 선언하였다.

한 걸음 더 나아가 개혁주의자들은 인간의 가르침을 성경에 첨가할 수 없다고 보았다. 『프랑스 신앙고백』은 "사람은 물론이고 천사라고 할지라도 성경에 무엇을 더 첨부하거나 삭제하거나 변경할 수 없다"고 하면서 "고전, 관습, 다수의 사람들, 사람의 지혜나 판단이나 결정이나 공고(公告), 공의회, 환상이나 기적 등 그 어떤 것도 이 성경에 반대할 수 없다"고 주장하였다.[22] 『제2 스위스 신앙고백서』는, 성경은 "자체가 충분한 권위와 근거를 가지고 있으니 사람들을 통하여 확인을 받을 필요가 없다. 왜냐하면 하나님께서 친히 조상들과 선지자들 및 사도들에게 말씀하셨고, 현재도 우리에게 이 성경을 통하여 말씀하시기 때문이다"라고 하였다.[23] 그리고 "우리는 이 성경으로부터 참 지혜와 경건, 교회를 개혁하고 이끄는 일, 경건한 삶을 위한 모든 임무들과, 마지막으로 교리를 확정하고, 모든 잘못된 교리에 대한 변증을 얻어야 한다"고 하였다.[24] 『웨스트민스터 신앙고백서』도 "성령의 새로운 계시이든, 사람의 유전이든, 어느 때나 아무 것도 성경에 첨가할 수 없다"고 선언하면서[25] "신학 논쟁이 있을 때, 교회는 성경에 근거하여 최종적인 결론을 내려야" 한다고 하였다(Westminster Confession, 1:8). 또한 "모든 종교상의 논쟁들을 매듭짓고, 모든 회의의 결정, 고대 저자들의 의견, 사람들이

[21] *The Belgic Confession*, 7.
[22] *The Gallican Confession*, 5.
[23] *The Second Helvetic Confession*, 1:1.
[24] *The Belgic Confession*, 1:3.
[25] *Westminster Confession of Faith*, 1:6.

만든 교리들, 개인의 정신이 검토될 때 최고의 심판장은 다른 이가 아니라 오직 성경에서 말씀하시는 성령이시다"(Westminster Confession, 1:10)라고 주장함으로 성경의 최종적인 권위를 내세웠다.

개혁주의 신학은 이러한 신학의 원리에 기초하여 성경을 해석함으로 바른 신학을 정립해간다. 칼빈에 의하면, '성경은 성경이 해석한다'(Scripturae scriptura interpretum).26 곧 말씀을 상호 비교하므로 성경이 성경을 해석토록 하여야 한다고 보았다. 전혀 상반되는 상황을 비교하거나, 같은 사건에 대하여 쓴 성경 기자의 기록을 상호 비교함으로 그 원래의 뜻을 찾아내고자 한 것이다. 예를 들면, 사랑에 대하여 알고자 할 때 증오라는 말이 사용된 의미를 살피며, 겸손의 결과에 대하여 알고자 할 때 교만의 결과에 대하여 성경이 기록한 바를 살펴봄으로 그 의미를 알아내는 것이다. 복음서의 말씀을 연구할 때 다른 복음서의 기록을 훑어보고, 역대기의 말씀은 열왕기서의 말씀을 통해 살피므로 원래의 뜻을 찾아 낼 수 있다. 원래의 의미를 파악한 다음에는 사도신경과 같은 교리와 연관하여 교리를 유추하는 것이다.

개혁주의자들은 성경의 문법적 해석을 중시하였다. 『제2 스위스 신앙고백서』는 "우리는 다만 성경 자체에서 나오는 정통적이며 순수한 해석, 즉 성경이 기록될 당시의 언어의 의미를 점검하고, 특별히 성경의 보다 많은 분명한 말씀들과 유사한 점과 유사하지 않는 점을 비교함으로써 얻은 해석을 인정한다"고 하였다.27 『웨스트민스터 신앙고백서』도 "성경을 해석할 때 오류를 범하지 않기 위하여 성경을 성경으로 해석하여야 한다"고 주장하면서 "성경의 어떤 말씀의 온전한 참 뜻에 대하여 의문이 있으면(참 뜻은 여럿이 아니라 하나뿐인데), 더 명백하게 말씀하

---

26 John Calvin, *Institutes of the Christian Religion*, 1.7.1, 2, 4.

27 *The Second Helvetic Confession*, 2:1.

고 있는 다른 성구로써 밝혀야 한다"고 선언하여 문법적 해석을 주장하였다.[28] 이와 같이 개혁주의자들은 인간의 종교적 체험이나 전통을 무시하지는 않았지만, 그것에 권위를 두는 것을 거부하고 오직 성경만을 강조하여 성경 중심적인 신학 운동을 전개하여 왔다.

하나님 중심(the centrality of God)

개혁신학은 만물의 존재 목적은 하나님의 영광을 드러내는 데 있다고 가르친다. 인간의 존재 목적이 인본주의자들의 주장처럼 행복 추구에 있는 것이 아니라 오직 "하나님을 영화롭게 하는 것과 그 분을 영원히 마음을 다하여 즐거워하는 것"이라고 밝히고 있다.[29] 사실상 모든 피조물, 곧 인간과 천사들, 심지어 사탄까지도 하나님의 손 안에 있고, 그것들은 하나님의 영광을 드러내기 위해 존재한다. 창조주 하나님은 전적으로 초월적인 분이지만 인류 역사 속에 개입하시며, 인간의 지혜로 이해할 수 없는 불가지한 분일뿐 아니라 전능하시며, "지극히 거룩하시고, 지극히 자유로우시고, 지극히 절대적이어서 자신의 불변하는, 의로우신 뜻과 계획에 따라 자신의 영광을 위해 모든 것을 다스리시는 분"이다.[30] 세상 만사는 하나님의 섭리 가운데 일어나고, 하나님은 그의 뜻을 이루어 가신다는 전제 아래서 개혁주의자들은 하나님 중심의 신학을 추구한다.

개혁신학은 구원사역에서 인간의 무능과 전적인 부패를 전제하고 있으며, 이러한 기초 위에 하나님의 주도성을 강조한다. 인류의 조상인 아담과 하와가 하나님께서 금하신 선악과를 먹음으로, 그의 후손인 모든 인류가 원래 가지고 있던 의(義)를 잃게 되었고, 하나님과의 교제가 끊어졌다. 인간의 부패는 육체만이 아니라 영혼의 모든 부분까지 스며

---

28 *Westminster Confession of Faith*, 1:9.

29 *The Larger Catechism*, 1.

30 *Westminster Confession of Faith*, 2:1.

들어 "허물과 죄로 죽은"상태(엡 2:1)가 되었다. 이와 같은 영적인 사망 상태에서 어떤 이도 스스로 하나님을 찾아나갈 수 없고, 자신의 죄에 대해 회개하거나 또는 회개하려고 준비할 수도 없게 된다(Westminster Confession, 6:2, 4). 단지 하나님의 긍휼과 은혜를 통해서만 구원의 문으로 나아갈 수 있을 뿐이다. 개혁주의자들이 전적인 하나님의 주도로 인간의 구원 사역이 일어난다고 주장하는 논리이다.

하나님의 구원 계획은 작정(decree)을 통해 성취되어진다. 하나님은 아담의 타락 이후 모든 인간이 부패와 죄의 영향아래 있을 때 구원할 자와 그냥 내버려 둘 자를 예정하셨다. 구원하시기로 예정한 사람들은 그의 기뻐하시는 때에 "그의 말씀과 성령으로" 부르시고, 그들의 마음을 영적으로 밝혀서 "구원을 깨닫게 하시며, 돌 같은 마음을 제거하시고, 부드러운 마음을 주시고, 의지를 새롭게 하시고, 그의 전능하신 힘으로 그들이 선한 일에 열심을 내게 하시며, 그들을 예수 그리스도에게로 효력 있게 부르신다"(Westminster Confession, 10:1). 이와 같은 구원 교리를 예정 교리라고 칭하는 데, 이는 장로교회 또는 개혁교회 신학의 핵심 사상이기도 하다.

예정론은 칼빈이 만든 것이 아니라 성경의 가르침이다. 구약 성경은 구원 받을 자들에 대해 기록한 생명책에 대해 언급하고 있고(시 69:28, 출 32:32, 단 12:1), 예수님은 사도들에게 보좌의 "좌우편에 앉는 것은 내가 주는 것이 아니라 내 아버지께서 누구를 위하여 예비하셨든지 그들이 얻을 것이라"(마 20:23)고 하여 보좌에 앉을 자들이 예정되어 있음을 밝히셨다. 바울은 로마서 8장에서 하나님이 "그 아들의 형상을 본받게 하기 위하여 미리 정하셨다"고 하였고, "또 미리 정하신 그들을 또한 부르시고, 부르신 그들을 또한 의롭다 하시고 의롭다 하신 그들을 영화롭게 하셨느니라"(롬 8:29~30)고 하였다. 에베소서에서는 "창세 전에 그리스도 안에서 우리를 택하사 우리로 사랑 안에서 그 앞에 거룩하

고 흠이 없게 하시려고" 예정하였다고 언급하였으며(엡 1:4), 하나님이
부르신 것은 우리의 행위가 아니라 그의 선하신 목적과 은혜로 인한
것이라고 하였다(딤후 1:9, 고전 4:7).

예정 교리는 간혹 이성과 상식에 기초하여 신학을 하는 이들에 의해
부인되기도 하였으나 성경에 근거한 신학을 펴고자 하는 이들에 의해
항상 옹호되어 왔다. 영국의 수도승 펠라기우스(Pelagius, c. 354~420/40)가
인간에게 자유의지가 있음을 주장하면서 예정론을 부인하자, 히포의
감독 아우구스티누스(Augustine of Hippo, 354~430)는 예정 교리가 성경적
인 배경을 가지고 있음을 주장하였다. 그는 예정이 은혜로의 부르심일
뿐만 아니라 영광으로의 부르심이며, 예정의 내용에는 성도의 견인까지
포함되어 있다고 하였다.

6세기에 반(半) 펠라기우스주의자들이 예정론을 공격하였을 때도
성 풀겐티우스(St. Fulgentius, 468~533)와 아를의 성 캐사리우스(St.
Caesarius, c. 470~542)가 적극적으로 옹호하였다. 529년에 열렸던 오렌지
공의회(Council of Orange)는 예정론을 정통 교리로 선언하였다. 그리고
중세의 암흑기인 9세기경에도 수도사 곳챠크(Gottschalk, 805~868)가 영생
과 영원한 죽음 등 2중 예정을 내세워 예정론을 옹호하였다. 반면 반(半)
펠라기우스주의의 영향으로 849년에 소집된 퀴시 대회(Synod of Quiercy)
는 예정론을 이단 사상으로 정죄하였다.

구원 사역에서 하나님의 주도성을 강조하는 예정 사상은 성경 교훈
의 회복과 함께 종종 다시 살아나곤 하였다. 중세 말기에는 영국에서
'종교개혁의 계명성'(Morning Star of the Reformation)이라고 불리는 위클리
프(John Wycliffe, 1329~1384)에 의해 회복되었으며, 16세기 종교개혁자들
에 의해 널리 확산되었다. 예정론은 칼빈주의자들만이 아니라 루터파,
곧 종교개혁의 봉화를 든 마르틴 루터와 필립 멜랑히톤(Philip

Melanchthon, 1497~1560)에 의해서도 정통 신학으로 확인되었다.[31]

제네바의 종교개혁자인 존 칼빈은 예정 교리를 신학의 주춧돌로 간주하였고, 예정 행위가 인간이 아닌 하나님의 단독 사역이라고 주장하였다. 인간은 전적으로 부패하였고 죄와 허물로 인하여 영적인 사망 상태에 있어 스스로 하나님을 찾을 수 없는 존재로 본 것이다. 칼빈의 가르침은 츠빙글리의 사상이기도 하였다. 츠빙글리는 신성로마제국의 카를 5세(Charles V)에게 보낸 편지에서 "어떤 것을 결정하시는 하나님의 목적은 어떤 피조물에 의존하시지 않으시며, 인간의 생각이나 사례가 있기 이전에 미리 결정하십니다. 그러나 하나님께서는 영원부터 영원까지 만물을 단번에 간단히 보시며, 따지거나 사건을 기대하실 필요가 없습니다. 그러나 동시에 현명하고 사려가 깊고 선하게 하십니다"라고 주장하였다.[32] 예정에 대한 하나님의 결정이 인간이 아닌 하나님의 의지에 기초한 것임을 밝힌 것이다.

네덜란드의 개혁교인들은 예정이 하나님의 탁월한 섭리 가운데 집행된다고 보았다. 즉 하나님은 인간의 구원을 운명이나 우연에 맡기지 않고 섭리 가운데 역사하신다는 것이다. 하나님은 "죄의 창시자가 아니며, 사람들이 범한 죄를 책임져야 할 이유도 없으시다. 왜냐하면, 그의 능력과 선은 너무나 위대하고 측량할 수 없어서 마귀와 악인들이 불의하게 행할 때에도 하나님께서는 가장 탁월하고도 의롭게 자기의 일을 조정하시고 집행하시기 때문이다."[33] 『제2 스위스 신앙고백』은 "하나님께서 영원 전부터 사람들을 자유롭게, 그들의 장점을 보지 않으시고 예정하였다"고 하였다. 곧 "하나님께서 그리스도 안에서 구원하시고자

---

[31] Meeter, *The Fundamental Principle of Calvinism*, 32.

[32] "카를 5세에게 보낸 츠빙글리의 신앙고백", 김영재, 『기독교 신앙고백』 (수원: 도서출판 영음사, 2011), 387에서 재인용.

[33] *The Belgic Confession*, 13.

하는 성도들을 선택하셨다"고 주장하였다.[34] 선택은 "우리의 공로 때문이 아니고, 그리스도 안에서 그리스도 덕분에 우리를 택하였으니, 믿음으로 그리스도께 접붙임을 받을 자들을 또는 선택하시기 위하심이다"(Westminster Confession, 10.2). 따라서 "사람들이 그리스도 밖에서 택함을 받은 자가 있는지, 그리고 하나님께서 그들에 관하여 영원 전에 무엇을 작정했는지" 묻기 전에 모든 교회에서 "값없는 선택의 은혜와 예정, 그리고 유익한 경고와 교리가 설교되어져야 한다"고 하였다(Westminster Confession, 10.7).

한 걸음 더 나아가, 『웨스트민스터 신앙고백서』는 "하나님께서 영원 전부터 지극히 지혜롭고 거룩하신 자신의 뜻에 따른 계획대로 자유롭게 장차 될 모든 일을 변동 없이 작정"하였다고 선언하였다.[35] 예정에는 사람과 천사들이 포함되어 있는데, "어떤 이들은 영원한 생명으로, 다른 이들은 영원한 죽음에 이르도록 미리 정해졌다"고 하였다(Westminster Confession, 3:3). 곧 2중 예정을 주장한 것이다. 예정의 성격에 대해 논하면서 예정이 "세상의 기초를 놓기 전에 그의 영원하고 불변하는 목적에 따라" 되었으며, 예정이 무조건적으로 이루어졌다고 하였다. 예정의 조건은 "사람들의 믿음이나 선행, 참고 견디는 것이나 사람들 속에 있는 어떤 것, 이를 테면 그들이 처한 상황이나 원인을 미리 보고 작정한 것이 아니라", "거저 주시는 은혜와 사랑"에 근거한다고 선언하였다 (Westminster Confession, 3:5).

이와 같이 개혁주의자들은 신학의 기초를 인간의 조건이 아닌 성경으로부터 출발하였다. 인본주의자들이나 합리주의자들처럼 인간의 조건을 논하지 않고, 성경에 기초하여 그들의 신앙을 세우고자 한 것이다.

---

[34] *The Second Helvetic Confession*, 10.1.

[35] *Westminster Confession of Faith*, 3:1.

이러한 신학적 전통에 따라 개혁주의자들은 오직 성경이 가르치는 대로 교리를 세워 나아갔다. 곧 구원 사역에서 인간의 전적인 부패와 무능을 이유로 하나님께서 인간의 구원을 주도하셨음을 주장하여 하나님의 영광을 드러내고자 하였다.

하나님의 주권(Sovereignty of God)

개혁신학자들에게 있어서 하나님 중심 사상은 단지 인간의 구원에 관한 교리에만 국한되지는 않는다. 하나님은 우리의 구속주이기 전에 우주의 창조자이며, 섭리자로 이 세상의 모든 역사가 그의 손에 있다고 믿기 때문이다. 츠빙글리는 카를 5세에게 보낸 글에서 "하나님은 만물을 자의로 다스리시는 분"으로 설명하면서 "그 어떤 것이든지 자유롭게 결정하고 처리하신다"고 하였다.[36] 또한 『제2 스위스 신앙고백』도 "하늘과 땅의 모든 것들과 모든 피조물들이 지혜로우시고, 영원하시며, 전능하신 하나님의 섭리" 가운데 보존되고 다스려진다고 고백하였다.[37] 하나님의 절대 주권을 강조한 것이다.

하나님의 주권은 물리적 또는 세속적인 힘에 의해 실현되지 않는다. 영적이며 신성한 힘인 하나님의 말씀과 성령의 지배를 통해 하나님의 주권이 행사된다. 개혁파 신학자들은 칭의 교리보다는 성화에 더 관심을 기울였다. 하나님의 통치가 개인의 인격 속에 이루어짐으로 성화가 완성되고, 교회가 성화된 성도들을 중심으로 세워짐으로 교회답게 변하고, 그러한 교회들을 통하여 하나님의 통치가 세상 속에서 나타날 수 있기 때문이다.

개혁파는 성화의 교리를 강조하며, 성도들이 우선적으로 이 세상에

---

36 김영재, 『기독교 신앙고백』 (수원: 도서출판 영음사, 2011), 387에서 재인용.
37 *The Second Helvetic Confession*, 6:1.

서 성화의 삶을 살 것을 역설하고 있다. "감리교도가 죄인의 구원을
제일 앞에 놓고, 침례교도가 중생의 신비를, 루터교도가 이신득의를
강조하며, 모라비안 교도(Moravian)가 그리스도의 상처를, 헬라 정교회
가 성령의 신비를, 로마천주교도가 교회의 보편성을 제일 앞에 놓지만,"
개혁파는 언제든지 성화를 그리스도인이 추구해야할 가장 큰 과제로
삼는 것이다.[38] 성도는 성화를 통하여 "하나님의 형상을 따라 전 인격이
새로워지고, 점점 죄에 대하여 죽고, 의에 대하여는 능히 살게 되고,"
하나님이 동행할 만한 거룩한 도구가 되어가므로 성화를 무엇보다도
강조한다. 개혁파 교회들의 성화 강조 사상은 성화를 통하여 하나님의
하나님 되심을 나타낼 수 있기 때문이다.

한 걸음 더 나아가, 개혁파는 하나님의 주권이 그리스도의 통치를
통해 나타나야 한다고 주장한다. 그리스도의 통치는 하나님의 말씀과
교회 가운데 역사하시는 성령을 통해 나타난다. 곧 교회는 말씀과 성령
에 의해 다스려져야 하며, 인간이 교회의 머리가 될 수 없다는 점을
분명하게 밝혀왔다. 비록 영국 성공회가 왕을, 로마천주교회가 교황을
교회의 머리로 삼지만, 개혁파는 인간의 교회 머리됨을 부인하고 오직
그리스도 예수의 유일한 권세를 주장해 왔다.

하나님의 주권에 대한 개혁파의 입장은 웨스트민스터 총회가 작성
한 『장로교회 정부 형태론』(The Form of Presbyterian Church-Government
and of Ordination of Ministers)에 잘 나타나 있다. 이 문서는 다음과 같이
그리스도께서 교회의 머리되심을 선언하였다. "평강의 왕이신 예수 그리
스도는 그 정사와 평강의 더함이 무궁하며, 또 다윗의 위에 앉아서 그
나라를 굳게 세우시고 자금 이후로 영원토록 공평과 정의로 그것을
보존하실 것이요, 그를 죽은 자들 가운데서 다시 살리시고, 자기의 오른

---

[38] Mason W. Pressly, *Calvinism and Science*, (Ev. Rep. 1891), 662f. Meeter, *The Fundamental Principle of Calvinism*, 26에서 재인용.

편에 앉히신 하나님 아버지로 말미암아 하늘과 땅의 모든 권세를 가지시고 모든 정사와 권세와 능력과 주관하시는 자와 이 세상에서 뿐만 아니라 오는 세상에 일컫는 모든 이름 위에 뛰어나게 하시고 또한 만물을 그 발아래 복종하게 하시고 그를 만물 위에 교회의 머리로 주셨다."[39]

교회의 머리이신 예수 그리스도는 하늘과 땅, 현세와 내세의 주관자로 교회를 위해 교직자를 세우신다. 그는 교직자들을 통하여 그의 뜻을 이루신다. 곧 교회의 직분을 맡은 이들이 그리스도께서 세우신 "율법과 권징을 통해 성도들을 유형적인 교회를 다스림으로 왕의 직분을 행사하신다."[40] 교회 직분자들은 자신에게 주어진 권세가 청지기 직이라는 것을 먼저 인식하고, 청지기로서 하나님의 말씀에 따라 교회를 다스려야 한다고 본다. 교회 안에는 세상 질서와 같은 서열이 존재하지 않고 왕이신 그리스도 안에서 평등 관계가 유지되어야 함을 주장하는 것이다.

개혁파는 예수 그리스도께서 온 천하의 통치자로 세상을 다스려야 함을 주장한다. 예수 그리스도는 하늘과 땅의 모든 권세와 정사를 지배하는 분이며, 온 천하의 통치자이기 때문이다. 온 세상과 그 안에 있는 모든 것은 그의 지으신 바요, 그의 것들이므로, 예수 그리스도의 통치는 교회 외에도 천사와 사단을 포함한 영계와 지구와 우주를 포함한 물질계까지 미쳐야 한다. 넓은 의미로 보면, 온 우주가 그의 지배 영역이며, 좁게는 정치, 경제, 문화와 사회 등 세상의 모든 영역이 그리스도의 지배 아래 놓여야 한다.

개혁파 교인들은 그들의 삶터를 하나님께서 다스리는 영역으로 만들려고 부단히 노력했다. 츠빙글리와 그의 후계자 하인리히 불링거는 취리히를, 부쳐(Martin Bucer, 1491~1551)는 스트라스부르를, 칼빈은 제네바를,

<hr>

[39] *The Form of Presbyterian Church Government, in The Confession of Faith* (Scotland: Free Presbyterian Publications, 1983), 397.

[40] *The Larger Catechism*, 65.

존 낙스(John Knox, ca. 1514~1572)와 러더포드(Samuel Rutherford, c. 1600~1661)
는 스코틀랜드를, 위그노들(Huguenots)은 프랑스를, 청교도들은 영국을,
아브라함 카이퍼(Abraham Kuyper, 1837~1920)는 네덜란드를 성경이 다스리
는 나라로 세우려고 하였다. 하나님의 말씀에 따라 불의와 죄악을 억제하
고, 공평과 정의를 실현하는 거룩한 사회를 만들고자 한 것이다.

이 세상에서 하나님의 주권을 실현하기 위해서는 성경에 근거한 법
이 먼저 제정되어 법이 다스리는 사회를 만들어야 한다.[41] 법은 지배자와
피지배자의 계약이므로, 모든 사람은 법아래서 평등하며, 누구도 법 위에
군림하거나 거스를 수 없다. 비록 왕일지라도 법을 무시하거나 어긴다면
하나님이 세우신 질서를 파괴하는 것이므로 반드시 탄핵되어야 한다.

칼빈은 통치자가 법을 지배하는 폭군으로 변할 때 국민들이 할 수
있는 일은 그의 몰락을 위해 기도하는 것이지만, 중간 통치자들은 폭군
을 탄핵해야 한다고 주장하였다. 그는 이렇게 말했다: "옛날 스파르타에
왕을 견제하기 위하여 감독관이 있었고, 로마 집정관에게 호민관이,
아테네 시장에게 원로원이 있었던 것처럼, 왕들의 방종을 제지하기 위
하여 임명된 백성의 관원들이 있다면, 나는 그들이 직무상 왕의 광포와
방종을 막아내는 것을 결코 금하지 않을 것이다. 만약 왕이 폭력적으로
비천한 백성을 괴롭히는데도 관원들이 못 본체 한다면, 나는 그들의
처신을 극악무도한 배신행위로 성토할 것이다. 왜냐하면 그들은 하나님
의 임명에 의하여 백성의 보호자들로 세워졌음을 알면서도 이처럼 백성
의 자유를 악랄하게 배반하고 있기 때문이다."[42]

스코틀랜드의 종교개혁자 존 낙스(John Knox, ca. 1514~1572)는 한 걸음

---

[41] 이점은 개혁파가 루터파와 다른 점이라고 할 수 있다. J. W. Baker, *Heinrich Bullinger
and Covenant: The Other Reformed Tradition* (Athen, Ohio: 1980)을 참고하라.

[42] John Calvin, *Institutes of the Christian Religion*. Translated and Annotated by Ford Lewis
Battles. 1536 edition (Grand Rapids, Michigan: William B. Eerdman Publishing Company, 1536),
4:55.

더 나아가 폭군에 대항하여 전쟁도 불사할 것을 선언하였다. 그는 메리 여왕(Mary of Scot, 1516~1558)이 국법으로 금지된 미사를 집행할 때 설교를 통해 여왕의 불법을 지적하였고,[43] 사무엘 러더포드(Samuel Rutherford, 1600~1661)는 찰스 1세(Charles I, 1625~1649)가 1637년 스코틀랜드에서 장로교회를 폐지하고 성공회를 국교로 삼으려고 할 때 비록 하나님이 세운 왕이라도 법을 지켜야 하므로 법을 어긴 왕은 법의 제재를 받아야 한다고 역설하였다.[44]

개혁주의자들은 그리스도의 왕권을 개인적으로 실현하고, 더 나아가 교회와 사회 영역에서 실현하려고 하였다. 그 결과, 노동을 중시하여 번영된 나라를 이루었고, 사리사욕을 억제하고 공익을 우선하는 등 절제된 자본주의 이론을 창출하였으며, 정치적으로 법치주의 사상을 확산시켜 현대 민주주의의 기초를 마련하였다. 아울러 문화적으로 사회의 구석구석을 복음 정신으로 변화시켜 왔다. 이처럼, 하나님의 주권 사상은, 허다한 개혁파 신학자들이 주장한 것처럼 '개혁주의의 기본 원리'였고,[45] 개혁신학을 이끄는 원동력이었다.

나가는 말

초기의 한국 장로교도들은 개혁주의 신학적 유산을 계승한 가운데 문화의 변혁자의 역할을 잘 감당하였다. 사회의 각 영역에 수많은 기독교 지도자들을 배출하여 냈고, 그들은 앞장서서 사회 질서를 개혁하고 변혁

[43] John Knox, *The Reformation in Scotland* (Edinburgh: The Banner of Truth Trust, 1982), 275~283, 302~305, 316~321, 328~329.

[44] 러더포드의 정치사상은 1644년에 쓴 *Lex Rex*에 잘 나타나는데, 특히 이 부분에 대해서는 Samuel Rutherford, *Lex Rex* (Harrisonburg, Virginia: Sprinkle Publications, 1982), 125~135를 참고하라.

[45] Meeter, *The Fundamental Principle of Calvinism*, 32.

시켰다. 기독교 학교들을 세워 한국 사회를 이끌 수 있는 지도자를 양육하였고, 반상제도의 타파로 평등한 사회를 만들었으며, 남존여비 사상을 붕괴시키고 여성의 권위를 회복하였다. 특히 일제에 항거하여 3·1 운동을 주도하고 민족의 독립에 앞장서는 등 사회를 이끌어나갔다.[46]

하지만, 오늘날의 한국교회는 개혁주의적 전통보다는 복음주의적 전통과 실용주의적인 사상의 영향을 받아 교회의 정체성을 상실하여 가고 있다. 1960년대 이후 시작된 혼합주의적 신학 운동, 1970년대부터 일어난 대교회주의와 물량주의, 그리고 실용주의적 교회 성장주의 사상이 널리 확산되면서 세상의 빛과 소금의 역할을 다하지 못하고 있는 것이다. 교회가 역사적 정체성을 상실하면서 세상의 가치관을 수용하였고, 그 결과 장로교의 정체성을 잃게 되었다. 장로교 예배는 혼합주의적인 열린 예배로 변형되고, 성경의 원리에 따르고자 하였던 개혁파 교회 정치사상은 실용주의의 영향으로 세속적 경영 형태로 변질되어 있다. 교회와 세상을 구별할 수 없는 현상을 초래하고, 이는 교인 감소로 이어지게 되었다.

이와 같은 위기로부터 교회를 부흥시키기 위해서는 교회가 교회답게 되는 것이다. 우선 교회의 정체성을 회복하여야 한다. 교회의 정체성을 회복하려면 성경으로 돌아가야 한다. 성경대로 믿고, 예배하며, 교회를 운영하고자 하였던 종교개혁 당시 개혁파 신학으로 돌아갈 때, 한국교회는 다시 부흥할 수 있는 기회를 얻을 수 있을 것이다. 이를 위해서 우리는 개혁주의 신학의 정체성을 확인할 뿐만 아니라 이 땅 위에 활짝 꽃 피울 수 있도록 모든 방법과 수단을 동원하여 실천하는 일에 최선을 다해야 할 것이다.(*)

---

[46] 당시 기독교인의 숫자는 인구의 2%도 되지 않았지만, 민족 지도자 33인 가운데 15명이 기독교인이었고, 독립 운동을 한 이유로 수감된 자의 과반수에 가까운 사람이 기독교인이었다. 특히 그 가운데 대부분이 장로교도였다. 이는 한국교회가 하나님의 주권을 세상에 실현하기 위해 얼마나 적극적이었는지를 보여주는 실제적인 예이다.

한국교회는 성경에 기초하여 세워졌고 발전해 왔다. 장로교도나 감리교
도, 심지어 오순절 계통의 신자들까지도 오직 성경만이 신앙에서 절대
적인 권위를 가진다고 주장한다. 곧 성경은 한국 기독교인의 중심에
있고, 모든 성도들은 성경 말씀을 최고의 권위로 간주한다. 성경은 성령
의 감동으로 기록되어진 말씀이며 전혀 오류가 없을 뿐만 아니라 완전한
하나님의 말씀이라는 것을 고백한다. 한국교회 안에서 신학적인 논쟁을
벌일 때에도 성경은 논쟁자들의 최종적인 재판관이 되고, 믿음과 생활
의 유일한 규칙이 된다. 이와 같이 한국 기독교회는 성경이 하나님의
말씀이라는 신앙 안에서 일치되어 왔다.

  1. 한국교회의 기초: 성경

한국교회가 성경 중심적 신앙을 고백할 수 있게 된 것은 하나님의 은혜

로, 특히 장로교회의 영향이라고 할 수 있다. 한국 기독교인의 70 퍼센트 이상이 장로교 인으로 장로교도들은 앞 장에서 살펴본 것과 같이, 성경 만이 신앙과 생활의 유일한 기준이 되어야 하며, 모든 신앙 체험이나 교회회의의 결정은 성경에 비추어 판단한 후 수용 또는 거부되어야 한다고 주장하고 있다. 이 점이 장로교회의 특징이다.

장로교도들은 성경 외의 다른 권위를 인정하지 않는다. 그들은 로마 천주교도처럼 교회의 전통을 최종적인 권위로 간주하지 않으며, 합리주 의자와 자유주의 신학자들처럼 인간의 자유의지와 상식에 호소하지 않는다. 그리고 신비주의자와 같이 신앙 체험을 절대화 하지 않는다. 장로교도들은 성경만을 강조하면서 교회의 전통과 상식, 종교 체험은 반드시 성경에 비추어 판단되어야 하고, 성경에 의해 입증된 바 있는 것만을 신앙생활의 장에 적용해야 한다는 입장을 고수해왔다. 성경이 신앙과 생활의 최종적인 권위임을 주장해 온 것이다.

한국교회의 신학은 장로교 전통에 근거한다고 할 수 있다. 즉 한국교회 의 신학은 영국과 미국 청교도들이 강조하던 장로교 신학에 근거하고 있는 것이다. 한국 보수신학의 거두였던 죽산 박형룡 박사는 「한국 장로 교회의 신학적 전통」이라는 논문을 통하여, 한국교회가 "웨스트민스터 표준에 구현된 영미 장로교회의 청교도 개혁주의 신학"에 기초해 있다 고 주장하였다.[1] 교인의 다수가 장로교도로 그들에게 신앙을 전수해준 이들이 영국과 미국 계통의 장로교도라는 것이다. 남송 신복윤 박사는 한국 장로교 신학의 특징을 이렇게 설명하였다. "하나님의 주권과 성경 의 권위를 출발점으로 하고 칼빈주의 5대 강령으로 전개된 개혁주의, 그리고 영국의 많은 교인들에 의하여 이 개혁주의 사상이 경건과 정열로 받아들여지고, 여기에 독특한 신학적 특징들이 가미되어 이루어진 청교

---

1 박형룡, "한국 장로교회의 신학적 전통" 「신학지남」, 제4권 3집 (1976, 가을), 11.

도주의, 이러한 두 요소가 한국 장로교 신학의 전통이 되었다."2 장로교 신앙은 성경 중심이며, 청교도 신학에 기초한다는 것이다.

초기 선교사와 성경

죽산과 남송의 지적처럼, 한국교회는 성경 중심적인 전통에 서서 유지 되어졌다. 이는 무엇보다도 이 땅에 복음을 전해준 선교사의 영향이 크다고 할 수 있다. 한국인들에게 성경을 전해 준 바실 홀(Basil Hall, 1788~1844), 로버트 토머스(Robert Jermain Thomas, 1842~1866), 존 매킨타이어(John McIntyre)와 존 로스(John Ross, 1842~1915)와 같은 이들은 성경만이 신앙생활의 절대적인 기준이라고 믿었던 영국과 스코틀랜드 인들이었다. 그들은 개혁주의 신학을 고백하던 이들로, 한국을 복음화하기 위해 가능한 한 모든 수단을 동원하여 성경을 한국인의 손에 전해 주었다.

스코틀랜드 출신으로 해군 장교이었던 바실 홀은 1816년 백령도 어민들에게 중국어로 된 성경을 전해 주었고, 웨일스 출신이었던 토머스는 1866년 대동강 변에서 중국어 성경을 전하다가 참수되었다. 매킨타이어와 로스 등 스코틀랜드 선교사들은 1880년대 초반 만주에서 이응준과 김진기를 만난 후 그들과 함께 성경을 한국어로 번역해 냈고, 성경을 한국인들에게 전하여 한국인들의 심장으로 만들고자 하였다. 1885년 이후 미국과 캐나다, 호주로부터 건너온 선교사들도 성경의 절대적인 권위를 주장한 이들이었다.

미국과 캐나다, 호주로부터 온 선교사들 역시 신앙과 생활의 기초를 성경에서 찾았다. 그들은 성경의 절대적인 권위를 강조한 웨스트민스터 신앙고백에 근거하여 믿었고, 그러한 신앙을 한국교회에 소개했다. 평

---

2 신복윤, "한국 개혁주의 신학의 어제와 오늘과 내일," 「신학정론」 제10권 1호 (1992. 3), 115~116.

양신학교를 설립하여 한국 신학의 형성에 큰 공헌을 한 바 있는 사무엘
마펫(Samuel Moffet, 1864~1939) 박사의 지적은 한국교회의 초기부터
성경이 한국인의 심성을 형성했음을 확인시켜 준다. 그는 1909년 한국
교회에 대해 논하면서 그 특징이 성경을 중심에 두는 것이라고 지적하였
다. 곧 한국에 있는 "선교회와 교회는 성경을 하나님의 말씀으로 믿고,
예수 그리스도의 구원의 복음을 믿는 철저한 믿음과 열정적인 복음정신
을 특징으로 지녔다."고 언급하였다.[3]

1912년 발행된 「인터내셔널 리뷰 오브 미션」(The International Review
of Missions)도 한국교회의 발전상을 소개하면서, 한국교회의 두드러진
점은 바로 성경을 강조하는 데 있다고 하였다. 한국의 교회에는 "성서
의 권위와 그 가치에 대한 깊은 확신이 널리 퍼져있으며, ... 한국
사람들은 성서를 그들 생활의 최심부에 가져다 놓고 있다."고 지적하였
다.[4] 성경이 한국인의 신앙생활에서 중심적인 역할을 하였다는 말이다.
초대 선교사인 곽안련(Charles Allen Clark) 목사는 한국교회의 특징 가운
데 하나가 "성경이 한국에서 독보적인 위치를 차지했다"는데 있다고
하였다.[5]

한국교회가 선교 초기부터 성경을 중시한 것은 한국에 복음을 전해
준 초대 선교사들의 신학적 입장이 보수적이었기 때문이다. 그들 가운데
대부분은 미국의 보수적인 신학교에서 훈련을 받았고, 훈련 받은 바를
한국이라는 토양에 심었다. 1922년 미국 북장로교 한국 선교부가 펴낸

---

[3] Harriet Pollard, "The History of the Missionary Enterprise of the Presbyterian Church,
U. S. A. in Korea with Special Emphasis on the Personnel" (Northwestern University MA thesis
1972), 26.

[4] G. H. Jones, "The Growth of the Church in the Mission Field," *The International Review
of Missions*, 1912. vol. 1. No. 3. 417.

[5] Charles A. Clark, *The Korean Church and the Nevius Methods* (New York: Fleming H.
Revell, 1928), 121.

보고서에 의하면, 한국에서 활동한 40여명의 선교사 가운데 16명이 프린스턴신학교(Princeton Theological Seminary), 11명이 맥코믹신학교(McCormick Theological Seminary), 4명이 샌 앤젤모신학교(San Anselmo Theological Seminary), 3명이 뉴욕의 유니온신학교(Union Theological Seminary) 출신이었다.[6] 한국 초대 선교사들 대부분이 장로교 계통의 신학교에서 신학 훈련을 받은 자들로 보수적 신앙을 지닌 자였음을 보여준다. 특히 이 보고서가 나온 시기가 미국 장로교 신학교들이 좌경화되기 전이었으므로, 초대 선교사들의 보수적 신학적 성향이 드러난다. 성경의 권위를 부인하는 자유주의 신학과 무관한 보수적인 신앙인들로, 그들이 칼빈의 신학적 유산을 한국에 소개했다고 볼 수 있다.

성경적 신학 교육

한국교회는 종교개혁 이후 발전된 개혁신학을 중시하던 선교사들에 의해 세워졌으며, 그들의 성경적 개혁신학은 평양신학교를 통해 한국교회에 뿌리를 내렸다. 평양신학교는 1901년 선교사 공의회에 의해 설립되었고, 초대 교수로는 미국 북장로교회 출신의 선교사였던 사무엘 마펫(Samuel A. Moffet, 1864~1939, 마포삼열)과 남장로교회 선교사 그래함 리(Graham Lee, 이길함) 두 사람이었다. 그 후 1892년 한국에 도착한 윌리엄 레이놀즈 박사(William D. Reynolds, 이눌서, 1951년 사망)와 1902년에 한국에 온 알렌 클락 박사(Allen C. Clark, 1878~1961, 곽안련)가 합류하면서 크게 발전하였다.

평양신학교의 교장인 마포 삼열을 비롯한 모든 교수들은 성경의 무오와 영감을 믿었고, 성경만을 최종적인 권위로 삼았다. 특히 이눌서 박사는 남장로교 선교사로 성경에 기초한 조직신학을 가르쳐 한국교회

---

6 Korean Mission, *Presbyterian Church U.S.A., Annal Report*, 1922, 17. 신복윤, "한국 개혁주의 신학의 어제와 오늘과 내일,"116n에서 재인용.

의 신학을 개혁신학으로 뿌리내리게 하였고, 곽안련 박사는 개혁신학의 전통에 근거하여 설교학과 교리학을 교육함으로 성경만을 강조하는 장로교 전통이 한국 땅에 정착할 수 있게 하였다.

성경을 강조하는 신앙적 전통은 사실상 평양신학교의 설립 목적이기도 하였다. 1920년에 열린 세미나에 참석했던 선교사들은 평양신학교 설립에 대해 "본교는 성경을 하나님의 영감된 말씀이요, 모든 행위의 근거로 받아들이기 때문에, 성경을 진심으로 믿으며, 바로 이해하고, 중심으로 사랑하며, 명확히 해석하며, 따라서 구원의 복음을 충분히 또는 순수하게 전하기에 힘쓰는 복음의 사역자들을 훈련하는데 그 목적으로 둔다."고 설명하였다(신복윤 1992, 120). 선교 50주년이 되던 1935년, 미국 교회는 「미국 장로교 한국 선교 50주년 기념 보고서」를 출판하였는데 내용을 살펴보면, 블레어(Herbert E. Blair)선교사는 한국교회의 신앙이 성경 중심적으로, 한국에서는 "성경만이 강조되었으며, 성경만이 연구된 교과서이다. … 웨스트민스터 신앙표준과 장로교 정치 형태를 채용한 장로교인들은 역사적 칼빈주의의 배경을 가지고, 구 프린스턴처럼 성경을 바로 하나님의 말씀으로 의심 없이 확실하게 받아들였다"고 지적하였다.[7] 한국 장로교회는 개혁주의자들의 신앙을 전수받아, 그들의 가르침에 따라 성경이 가는 곳까지 가며 성경이 침묵하는 곳에서는 침묵하면서 성경대로 살려고 노력하였다.

한국교회가 성경 위에 기초를 놓을 수 있었던 또 다른 중요한 요인은 1890년부터 시작된 성경공부 운동이었다. 그 해 선교사 공의회가 중국 지푸에 있던 네비우스(John Nevius, 1829~1893)를 초청하여 선교 세미나를 개최하였다. 네비우스는 자립 보급, 자립 선교, 자립 정치를 한국교회가 추구할 선교 정책으로 제시하면서 한국 복음화를

---

7 Herbert E. Blair, *Report of the 50th Anniversary Celebration of the Korea Mission*, 121; 박형룡, "한국 장로교회의 신학적 전통"19에서 재인용.

위한 기초 작업으로 성경 공부 운동을 전개할 것을 제안하였다. 주부
들을 위한 안방 성경공부, 가장(家長)들을 전도하기 위한 사랑방 성경
공부 등을 소개하였다. 이때부터 한국교회는 농한기에 사경회를 열었
고, 사경회를 통해 성경이 강해됨으로 성경이 한국인의 심중에 자리
잡게 되었다.

네비우스는 한 걸음 더 나아가, 성경을 그리스도인의 전 생활 영역에
적용할 것을 주장하였다. 그는 그리스도인이 성경대로 믿고 생활할 것
을 외치면서, 성경에서 보여주는 권징과 교회 정치를 교회에 적용할
것을 촉구하였다. "우리는 성경이 지시하는 대로, 또는 고국에 있는
교회가 보통 실시하는 대로 권징을 실시해야 한다. 처음에는 권면과
훈계로 시작하여 필요하면 권징과 수찬 정지 등을 할 수 있다. 몇 달에서
1년 내지 2년까지의 다양한 자격 정지 기간 후에 그래도 회심하지 못하
면 제명시켜야 한다."[8]고 권징 제도에 대해 논한 후, "만약 무엇이 우리
의 안내자가 되어야 하는가라고 묻는다면 나는 신약성경의 가르침이라
고 생각한다."고 역설하였다(네비우스 1981, 91). 성경의 가르침에 따라
권징을 실시할 것을 주장한 것이다. 성경대로 믿고 생활하고, 교회를
이끌 것을 교훈하였다.

네비우스의 강의가 끝난 후 한국교회는 "성서의 교훈에 따라 엄격한
생활과 치리를 해야 한다."는 원칙을 세우게 되었고,[9] 성경 중심적인
생활과 사역을 전개하기 시작하였다. 초기 선교사들은 1891년부터 본격
적인 성경공부 운동을 거국적으로 전개하였다. 그들은 "남녀노소를 막
론하고 교육을 받은 자나 못 받은 자 모두 성경 공부반을 거치도록
결의하였다. 1904년의 보고에 의하면, 60% 이상의 학습 교인을 포함한

---

8 존 네비우스, 『네비우스 선교방법』 김남식역 (서울: 성광문화사, 1981), 81.

9 민경배, 『한국기독교회사』 (서울: 대한기독교출판사, 1982), 157.

교인들이 하나 또는 둘 이상의 성경 공부반에 참가하여 교육을 받았다. 1909년에는 북장로교의 선교부 구역에 약 800여개의 성경공부반이 있었다."10 이와 같이 시작한 성경 공부반은 사경회의 기초가 되었고, 1907년의 부흥 운동의 불씨가 되었다.

성경적 신앙에 대한 도전과 응전

1930년대의 중반에 이르면서 성경 중심적 개혁신앙 운동은 자유주의 신학과 신비주의 운동으로부터 도전을 받게 되었다. 신학적 도전은 평양신학교의 교육이 선교사로부터 한국인의 손으로 옮겨지기 시작하던 1930년대 중반에 나타났다. 곧 신학교육의 주체가 바뀌던 시기에 나타난 것이다. 1935년 선교 50주년을 기념하여 채필근, 한경직, 송창근, 김재준 등 몇 몇의 목회자들이 현대주의적 성경 해석을 따르던 아빙돈 주석 번역 작업에 동참하면서 교회에 소개하려는 일이 있었다. 얼마 후에는 김재준 목사가 성경의 축자 영감을 비판하고, 모세의 모세 오경 저작설을 부인하는 등 성경 무오에 대한 신앙에 도전하였다.

이에 맞서 죽산 박형룡은 선교사들이 전해 준 개혁주의 신학의 전통을 지키기 위해 부단한 노력을 기울였다. 그는 철저한 개혁주의 신학자로, 미국 프린스턴 신학교에 유학하여 그레셤 메이첸(Gresham Machen)에게 성경적 보수 신학을 배운 후 켄터키 주의 루이빌에 있는 신학교에서 신학박사를 받은 학자였다. 미국 유학 당시 자유주의 신학 운동이 미국 교회에 미치는 폐해를 깨달아 성경의 무오와 영감 교리를 파수하는 것이 한국 기독교를 지키는 것임을 확인하였다.

죽산은 귀국하여 평양신학교 교수로 부임하여 보수적 신학 운동을

---

10 김영재, 『한국교회사』 (수원: 합동신학대학원출판부, 2004), 123.

전개하면서 진보적 신학 운동의 위험성을 경고하였다. 1935년 아빙돈 주석이 나오자, 이를 한국교회에 대한 큰 위협으로 간주하고 한국인 최초로 목사 안수를 받은 길선주 목사와 함께 성경적 신앙을 지키기 위해 앞장섰다. 현대주의적 성경 해석을 따르고 있는 아빙돈 주석의 위험성을 한국교회에 알리는 등, 죽산의 노력에 의해 결국, 상기의 목사들은 총회 앞에 사죄를 구하게 되었고, 김재준 목사도 총회의 치리를 받게 되었다.

이성과 상식을 강조하는 자유주의와 합리주의적 현대신학이 좌편에서의 공격이라면 하나님과의 만남을 추구하면서 영적 체험을 강조하는 신비주의 운동은 우편으로부터의 도전이었다. 1930년대에 김익두 목사에 의한 신유 운동이 활발하게 일어나면서 영적인 체험을 절대화하는 분위기가 조성되었고, 이에 힘입어 황국주와 이용도의 신비주의 운동이 한국교회의 개혁주의적 신앙을 위협하였다. 이 영향으로 성경의 절대적인 권위를 고백하던 한국교회의 개혁 신앙은 개인의 체험에 기초하여 신앙을 판단하는 일들이 나타나기 시작하였다.

신비주의가 도전해 오기 시작하자, 한국교회는 신학적 자유주의에 대해서 비판하고 개혁신앙을 고수했지만, 신유와 은사 등을 강조하는 신비주의의 현상에는 거의 침묵하였다. 극단적인 신비주의 또는 혼합주의 운동에 대해서는 비판하거나 정죄하였지만, 일반적인 신비주의의 도전에 적극적으로 응전하지 못한 것이다. 신비주의의 영향이 확대되면서 성경중심의 객관적 신앙이 주관주의적 신앙에 자리를 내어주는 일이 빈번해졌다. 성경 말씀을 삶의 현장에 적용하게 위해 시작한 성경 공부, 곧 사경회는 은사 또는 이적을 중시하는 심령수련회 또는 심령부흥회로 변질되어 갔다. 하나님의 말씀을 듣는 것보다는 인기 있는 강사의 간증을 선호하는 현상이 나타났다.

21세기에 와서는 더 진전하여 전 교인을 대상으로 하는 사경회보다는 QT(Quiet time)나 단편적인 성경 지식을 논하고 구원을 강조하는 제자 훈련 프로그램이 교회 안에 자리를 잡아가게 되었다. QT는 성경의 객관적인 진리보다는 주관적인 은혜를 강조하게 만들었고, 성경의 전반적인 진리보다는 개인의 성향에 따른 성경공부로 흐르는 결과를 낳았다. 이는 결국 주관주의적 신학 운동의 가능성을 열어 놓았고, 궁극적으로 교회의 약화를 초래하게 된 셈이다. 성경의 영감과 무오를 부정하는 자유주의 신학과 영적인 체험을 절대화하는 신비주의 신학은 양면으로 된 칼 같이 성경적 개혁신학을 위협해온 주요한 공격 수단이었고, 그 결과 한국교회는 서구 교회들이 겪었던 것처럼, 교인의 감소 현상을 체험하게 되었다.

2. 개혁 신앙의 토착화

한국교회는, 위에서 살펴본 것과 같이, 성경의 절대적 권위를 따르는 개혁신학 위에 서서, 개혁주의 신학을 가장 잘 해석해 온 사람들로 알려진 청교도의 신앙을 한국교회 속에 뿌리내리게 했다. 개혁교회는 삶의 현장에서 성경의 교훈을 바로 적용하기 위해 우선 올바른 교리를 알아야 한다고 주장한다. 교리란 성도들이 믿는 믿음의 도리를 말하는 것으로, 바른 성경에 대한 해석에 기초해야 한다. 그릇된 성경 해석을 따르다가는 순식간에 교회가 와해될 가능성이 높기 때문이다. 그래서 칼빈과 청교도들은 성경을 바르게 해석하기 위한 방법으로 역사적 · 문법적 해석(Historico-grammatical exegesis)의 원리를 따를 것을 주장했으며 그 중 가장 뛰어난 것이 웨스트민스터 신앙고백서이다.

한국교회와 웨스트민스터 신앙고백

한국교회의 지도자들은 교회 설립의 초기부터 같은 신앙의 울타리 안에서 교회를 세우고, 그 안에서 바른 신앙을 고수하기 위하여 성경적 신앙고백이 마련되어야 한다고 보았다. 선교 20년을 지나면서 교회가 성장하자, 교회 지도자들은 1907년 9월 17일 한국 역사상 최초의 노회를 조직하였고, 1904년 영국 장로교회가 인도 장로교회를 위하여 작성한바 있는 「12 신조」를 한국교회가 고백할 신앙고백으로 채택하였다.

한국 초대 교회가 「12 신조」를 택한 이유는 성경적이었고, 『웨스트민스터 신앙고백서』의 핵심 사상을 잘 나타내고 있기 때문이었다. 독노회는 「12 신조」를 채택하면서 "대한 예수교 장로회를 설립한 모(母)교회의 교리적인 표준을 버리려 함이 아니오, 오히려 찬성함이니, 특별히 『웨스트민스터 신도게요서』와 『대소요리문답』은 성경을 밝히 해석한 책으로 인정한 것인즉 우리 교회와 신학교에서 마땅히 가르칠 것으로 안다"고 설명하였다.[11] 「12 신조」를 웨스트민스터 표준 문서의 요약으로 보고, 이를 기초가 연약한 한국교회의 신앙고백으로 수용함으로 『웨스트민스터 신앙 고백서』를 한국에 접목시키고자 한 것이다. 독노회는 「12 신조」와 함께 웨스트민스터 표준 문서 가운데 가장 부피가 작은 『소요리 문답』을 교리문답서로 채택하였다.

「12 신조」는 하나님의 주권, 그리스도의 신성과 동정녀 탄생과 대속적인 죽음, 성령의 2중적인 발현, 인간의 예정, 불가항력적인 은혜, 성례와 육체적인 부활, 최후의 심판과 같은 철저한 칼빈주의 신학을 골간으로 하고 있다.[12] 곧 (1) 성경의 영감과 무오, (2) 하나님의 절대성, (3) 삼위일체 교리, (4) 하나님에 의한 세상 창조, (5) 인간 창조, (6) 인간의

---

11 『대한 예수교 장로교 헌법』 (서울: 대한예수교장로회총회 출판부, 1976), 17.

12 Lak-Geoon George Paik, *The History of Protestant Missions in Korea 1832~1910* (Seoul: Yonsei University Press, 1970),389.

타락, (7) 그리스도의 속죄, (8) 성령과 말씀, (9) 예정론, (10) 성례, (11) 신자의 본분, (12) 부활과 심판이 포함되어 있으며,13 웨스트민스터 신앙고백서의 모든 내용을 집약적으로 소개하고 있다. 한국 초대 교회가 「12 신조」를 수용한 것은 청교도들이 작성한 웨스트민스터 신앙고백을 채택한 것과 다름없으므로 한국 내에 성경적 신학이 활발하게 일어날 수 있는 토대를 마련한 셈이라고 할 수 있다.

교회 정치 문답의 채택

한 걸음 더 나아가, 한국교회는 웨스트민스터 표준 문서에 근거하여 교회를 운영하였다. 미국 남 장로교회와 북 장로교회, 캐나다 장로교회, 호주 장로교회 등에서 파송한 선교사들이 한국에 도착하면서 갈등이 일어날 소지가 있었지만 선교사들은 상호간 협력을 강화하기 위해서 1893년 선교사 공의회를 조직하였다. 이때부터 한국 장로교회는 영국 청교도들이 작성한 교회 헌법을 채택하여 사용하여 왔다. 김윤찬 목사는 『교회 정치문답조례』의 서문을 통해 "우리 대한 예수교 장로회도 일찍이 공의회 시대부터 이 웨스트민스터 헌법 정신에 준하여 교회를 다스리다가, 1917년 제 6회 총회에서 동 헌법을 적당하게 수정하여 채용하게 되었고, 그 후 수차 수정되었다."고 서술하였다.14 김윤찬의 증거로 미루어 보아, 한국교회는 1893년부터 1919년까지 웨스트민스터 총회가 작성한 『교회 정부 형태론』(Form of the Presbyterian Church Government)을 교회의 치리서로 채택해 왔다.

그러나 『교회 정부 형태론』이 교회 정치의 원리를 제시할 뿐 구체적인 치리의 예를 제시하지 않았으므로 신앙적 역사가 없던 한국교회가

---

13 이만열, 『한국기독교사 특강』(서울: 성경읽기사, 1985), 71.
14 J. A. Hodge, *What is Presbyterian Law?*, 박병진 역 『교회정치 문답조례』, (서울: 성광문화사, 1980), 서문.

초기부터 사용하는 데는 무리가 뒤따랐다. 수정을 거듭하던 조선예수교장로교회는 1919년에 열린 총회에서 웨스트민스터 총회가 작성한 『교회 정부 형태론』과 함께 일목요연하게 해석된 『교회정치 문답조례』를 치리 해석서로 채택하였다.

　『교회정치 문답조례』는 미국의 저명한 장로교 법학자인 아스핀월 하지 박사(Dr. J. Aspinwall Hodge, 1861~1916)가 쓴 『장로교 법은 무엇인가?』(What is Presbyterian Law?)라는 책으로, 1917년 선교사 곽안련(Allen C. Clark) 목사가 국역한 것이다. 이 책은 "웨스트민스터 교회 정치를 축조 해석하되 만국 장로교회의 해석 조문을 모두 참작하여 문답식으로 해설하여 편성한 치리상의 지침서"였다(Hodge, 1980, 서문). 조선예수교장로회 제8회 총회는 1919년 『교회정치 문답조례』를 교회 정치를 위한 정식 참고서로 채용하였고, 그 후로 널리 사용되게 되었다.

　한국장로교회는 독노회 때에 웨스트민스터 신조의 정신에 충실하였던 「12신조」만을 잠정적으로 채택하였지만, 시간이 흐르면서 웨스트민스터 표준 문서를 전부 교회의 신앙 고백으로 채용하기에 이르렀다. 1907년의 독노회는 『웨스트민스터 신앙고백서』, 『대요리문답서』와 『소요리문답서』를 "성경을 밝히 해석한 책으로 인정"하면서 "우리 교회와 신학교에서 마땅히 가르칠 것"이라고 밝혔다. 하지만 사정상 『소요리문답서』를 제외한 다른 문서들은 공적인 신앙의 표준문서로 채택하지는 못했다. 일제의 지배 아래 신사참배 등의 문제로 어려움을 당하고 있었고, 해방 이후에는 교회의 분열 등 혼란 가운데 처했기 때문이었다.

　점차 사회적 안정과 함께 독노회의 결정은 현실화되었다. 1960년대부터 한국 장로교회는 웨스트민스터 표준문서를 공적으로 채택하기 시작한 것이다. 1963년 합동 측 총회가 『웨스트민스터 신앙고백서』와 『대요리문답서』를 공적인 신앙으로 고백하였고, 1969년에는 고신측이 공적인 고백으로 받아들였다. 그 후 박윤선 박사를 중심으로 소수의 교수들이 1980년 총신대에서 나와 1981년 개혁파 교단을 구성하면서 "웨스트민스터 신앙고백서, 대소요리문답서, 교회정치, 권징조례 및 예배모범을 우리의 교의와 규례의 표준으로 삼는다."고 선언함으로 17세기 청교도의 교리와 예배, 교회 정치사상은 한국교회의 표준 문서가 되었다.[15] 연이어 통합측과 기독교장로회까지도 웨스트민스터 신앙 고백서를 표준문서로 채택함으로 대부분의 한국교회가 개혁주의 신학의 울타리 안에 거함을 온 천하에 천명하였다. 한국장로교회는 모든 교파들이 웨스트민스터 표준문서를 신앙의 유일한 해설서로 승인함으로 대체로 하나의 신앙을 유지하고 있다.[16]

개혁주의적 경건 신학의 정착

웨스트민스터 표준 문서들이 한국교회 신앙의 기준이 되고, 동시에 활발한 문서 운동을 통하여 개혁주의 신학은 한국에 정착하게 되었다. 19세기 말 성경이 한글로 번역된 이후 많은 권서인(勸書人)들이 성경을 보급하는 데 앞장서면서 성경은 한국인의 베스트셀러가 되었고, 성경에 대한 관심과 함께 많은 경건 서적과 신학적인 논문들이 속속 출판되었다.

한국에 최초로 소개된 경건 서적은 영국의 청교도인 존 번연(John Bunyan, 1628~1688)이 쓴 『천로역정』(Pilgrim's Progress)이었다. 이 책은 초대 선교사인 호러스 언더우드(Horace G. Underwood, 1859~1916)에 의해 1890년 한글로 번역되었고, 후에 제임스 게일(James S. Gale, 1863~1937) 선교사에 의해 재 번역되어 한국인의 개혁 신앙 형성에 막대한 영향을

---

15 신복윤, "한국 개혁주의 신학의 어제와 오늘과 내일,"119.

16 그럼에도 불구하고, 통합측과 기장 교단은 미국 북장로교회 1967년 신앙고백을 수용하는 등 새로운 신앙고백서를 만들거나 수용함으로 전통적인 개혁신앙에서 이탈해가고 있음을 확인할 수 있다. 따라서 한국교회가 원래의 모습으로 돌아가려고 한다면 모든 교회들의 공통분모인 웨스트민스터 표준문서에만 권위를 두도록 해야 할 것이다.

미쳤다. 번연은 이 책에서 세상을 장차 망할 도성으로, 성도는 이 세상을 떠나 천상으로 여행하는 나그네로 설명하면서 성도가 세상 유혹을 이길 때 천성에 이를 수 있다고 가르쳤다. 번연의 영향으로 한국 기독교인들은 현세보다는 내세지향적인 신앙을 가지게 되었다.

경건 서적과 함께, 개혁주의적인 신앙을 표방하는 신학 저널들과 논문들이 출판되기 시작하였다. 1918년 평양신학교의 기관지로 창간된 「신학지남」(神學指南)이 그 대표적인 저널로, 이 책은 제목이 보여주는 것처럼 한국 신학이 나아가야할 방향성을 제시하기 위해 발간되었다. 이 잡지는 매년 수차례 개혁주의적인 논문들을 게재함으로 개혁주의 신학이 한국에 든든히 뿌리내리는데 크게 공헌하였다.

연이어 수많은 개혁주의 신학서적들이 출간되었다. 1929년에는 미국 웨스트민스터 설립자인 그레샴 메이첸(Gresham Machen)의 『신앙이란 무엇인가』(What is Faith?)가 함일돈(Floyd Hamilton) 선교사에 의하여 번역되었고, 1937년에는 구례인 선교사(John Curtis Crane)에 의하여 한국 최초의 개혁주의적인 『조직신학』이 출판되었다.[17] 1937년에는 뵈트너 박사(Lorane Boettner)의 『예정론』(Reformed Doctrine of Predestination)이 박형룡 박사에 의하여 번역되어 무천년설을 확산시켰다.[18] 개혁주의 신학 도서의 확산으로 한국 신학은 점차 개혁주의 신학의 면모를 갖추게 되었다.

주일 성수와 절제 운동

개혁주의 신학이 한국 사회에 정착하면서 그 열매로 나타난 것이 바로 주일 성수와 절제 생활이다. 주일 성수와 절제 운동은 초기 한국장로교회의 특징이었다. 미국 북 장로교회 선교책임자였던 브라운(Arthur Judson

---

[17] 이 책은 1954년까지는 활자화되지는 못하였지만, 강의안이었기 때문에 한국교회에 많은 영향을 주었다고 할 수 있다.

[18] 신복윤, "한국 개혁주의 신학의 어제와 오늘과 내일,"21.

Brown)은 1916년 한국을 방문한 후 한국인의 신앙 성격에 대해 논하면서, 한국 기독교인들은 "청교도적인 신앙인이며, 안식일을 지키고, 춤이나 흡연이나 카드놀이를 죄악시한다. 재림론에 있어서는 전천년기설적인 입장을 견지하고, 고등비평과 자유주의 신학은 위험한 이단으로 간주한다."고 지적하였다.[19]

한국교회가 주일 성수를 중시하게 된 것은 호리스 언더우드(Horace G. Underwood, 1859~1916)나 사무엘 마펫(Samuel Moffet)과 같은 초대 선교사들의 영향이다. 미국은 건국 초기로부터 주일 성수를 강조해 온 국가로, 특히 19세기 말의 미국인들은 주일 성수를 신앙의 덕목 가운데 가장 존귀한 것으로 간주하곤 하였다. 이 같은 사회의 영향을 받고 장로교 신학교에서 청교도적 경건으로 훈련된 이들이 한국에서 선교 사역을 펼쳤기 때문에 주일 성수 사상은 자연스럽게 한국교회의 것이 되었다.

초기 선교사들의 네비우스 선교 정책(Nevius Method of Church Planting)도 일조했다. 중국 산동성에서 선교 활동을 펴던 존 네비우스(John Livingstone Nevius, 1829~1893)는 주한 선교사들의 초청을 받고 1890년 내한하여 선교 정책 세미나를 개최하였다. 그는 주일 성수의 원칙을 다음과 같이 설명하였다. "(1) 주님께서는 안식일에 선을 행하는 것, (2) 필요한 행위를 하는 것, (3) 자비롭고 친절한 행위를 하는 것, (4) 하나님을 경배하고 예배드리는 일에 관련되거나 필요한 일을 행하는 것, (5) 안식일은 사람들을 위해 있는 것이지 사람이 안식일을 위해 있는 것이 아니므로, 이 명령은 사람의 최선 · 최상의 행복을 보장해 주고 방해하지 않도록 해석돼야 한다."[20] 주일을 거룩하게 지키는 것은 신자의 당연한 의무라는 것이다.

---

[19] Arthur Judson Brown, *The Mastery of the Far East*(New York: Charles Scribners Sons, 1919), 540; Harvie M. Conn, 『한국장로교 신학사상』, 2.

[20] 네비우스, 『네비우스 선교방법』, 77.

초기 선교사와 네비우스의 주일 성수 신학은 한국교회에 토착화되어 신학적 유산이 되었다. 한국교회의 성도들은 일요일을 주의 날로 간주하여 상거래를 금함으로 기독교인의 정체성을 나타냈다. 폭정이 난무하던 일제 강점기에도 기독교인들은 주일을 성수하였다. 북한의 선천과 철산 지역에서는 5일 장(場)이 열렸는데, 장날이 주일일 경우 문을 여는 가게가 없어 철시될 정도였다.

주일 성수는 한국교회의 특징이 되었다. 성도들은 일제 강점기나 해방 후에도 주일에 주일 성수를 방해하는 행사를 하는 데 반대하였다. 1946년 11월 3일 북한 지역에서 김일성 집단이 주일에 총선거를 하려고 하자, 북한 5도 교회 연합회는 10월 20일 모임을 갖고 "성수주일을 생명으로 하는 교회는 주일에는 예배 이외에는 어떠한 행사에도 참가하지 않는다."고 밝히면서 총선거 거부를 결의하였다.[21] 남한에서도 정부가 공무원 시험이나 국가 행사를 주일에 행하려고 할 경우는 정부에 시정을 요구하거나 거부하곤 하였다. 최근에는 복음주의협의회가 앞장서 주일 날 실시하던 공무원 시험, 각종학교 졸업자격 검정고시 등을 평일로 옮겨줄 것을 정부에 건의하기도 했다. 한국교회는 주일 성수 외에 금주와 금연 운동을 확실하게 전개하였고, 아편 금지 운동 등에도 앞장서서 한국 사회를 이끄는 향도의 역할을 충실히 감당해 왔다.[22]

나가는 말

한국장로교회는 개혁신학 위에 기초를 두고 있다. 영국 청교도의 신학과 미국의 장로교회 신학 전통 위에 한국교회의 신앙이 세워진 것이다.

---

[21] 곽안전, 『한국교회사』 (서울: 기독교서회, 1961), 203.
[22] 이만열, 『한국기독교사 특강』, 106 참고.

지난 한 세기의 한국 교인들은 웨스트민스터 신앙고백이 제시하는 것처럼, 오직 성경만을 최종적인 것으로 삼고, 예배 모범이 보여주는 대로 성경이 명한대로 예배하며, 교회 행정 규범이 제시하는 대로 교회를 운영하고자 하였다. 성경의 권위와 영감을 믿으면서 현대주의 신학을 거부하고 보수적인 신앙을 고수하면서 성경대로 믿고 성경대로 예배하고, 생활하는 교회를 세우고자 한 것이다. 사회의 악습을 타파하고, 거룩함을 실천함으로 경건을 유지하고, 주일 성수를 통해 그리스도인의 정체성을 드러내고자 애써왔다.

한국교회의 개혁주의적 신앙과 신앙적 전통들은 교회와 세상을 구별하는 척도요, 그리스도인으로써의 정체성을 확인하는 기준이었다. 우상을 금하라는 말씀을 지키기 위해 수많은 성도들이 박해를 받았고, 금주와 금연, 절제 운동을 통해서 그리스도인 됨을 나타내려고 하였기 때문에 세상의 질타를 받기도 하였다. 반면에 세상은 그리스도인들이 권위있는 성경 말씀을 지키기 위해서는 목숨까지도 내놓을 수 있는 사람들이라고 인식하기도 했다.

이와 같은 초기 한국교회의 개혁주의적 전통은 21세기의 교회에서도 여전히 유지되어야 한다고 본다. 오늘날에는 소위 종교 다원주의가 확산되면서 성경의 절대적인 권위가 무시되고, 그에 편승하는 이들이 허다하지만 우리가 지켜온 고귀한 신앙의 전통은 아름다운 것이다. 세상은 변해도 하나님의 말씀은 불변하다는 진리를 믿는 우리로서 시대에 동화되지 않고 세상을 역류하는 신앙의 정체성을 유지한다면 한국 사회를 다시 한 번 새롭게 변화시킬 수 있을 것이다. 초기부터 개혁주의 신학이라는 좋은 전통에 기초하여 한국교회가 세워졌다는 것을 명심하고, 처음 사랑을 회복함으로 우리의 신앙을 후대에도 이르도록 전수해야 할 것이다.(*)

제3장

한국 근대사회와 장로교회

오늘날 우리나라는 세계에서 12번째의 경제대국으로 전 세계 GDP의 60%에 해당하는 나라들과 관세 없이 무역할 수 있는 위치로 부상했다. 골드만 삭스(Goldman Sachs)는 2050년에 이르면 한국 경제가 세계 2위가 되리라는 예측을 내어놓기도 하였다. 오랫동안 변방에 속하였던 우리나라가 세계의 중심 국가로 발전하게 된 요인 중 하나는 기독교의 영향이라고 단언할 수 있다. 나라의 운명이 세계 열방의 침략으로 위기에 처하였을 때 기독교회는 민족과 함께 역경을 극복하여 근대화를 이끌었고, 노동을 신성시하는 문화를 일으키는 등 경제 부국의 기초를 마련하였다.

1. 조선 왕조 아래서의 장로교회(1883~1910)

철저하게 은둔의 나라였던 우리나라에 복음의 빛이 비추이게 된 것은 전적인 하나님의 역사였다. 하나님은 이 땅을 복음화하기 위해 바실 홀(Basil Hall, 1788~1844)과 귀츨라프(Karl Gützlaff, 1803~1851)와 같은 인물
들을 사용하였으며, 넓게는 윌리엄 캐리(William Carey, 1761~1834) 등의
인물들을 통해 세계 선교운동이 가능하게 만들었다. 라토렛 교수
(Kenneth Scott Latourette, 1884~1968)가 지적한 것처럼 19세기에 이르러서
는 지구촌 선교 시대가 열리게 되었다.[1] 지구촌 선교운동은 페르시아,
아라비아 등지의 이슬람권과 인도네시아, 인도차이나, 중국 등 아시아
지역에 서구의 선교사들이 발을 디딤으로 시작되었다. 영국과 미국을
비롯한 여러 나라의 젊은이들이 세계 선교에 참여하여 큰 업적을 남겼으
며, 최고의 결실을 맺은 곳이 한국이라고 할 수 있다. 선교 100년 만에
인구의 4분의 1이 그리스도인이 되었고, 지구촌에서 가장 규모가 큰
교회, 가장 큰 감리교회와 장로교회가 있으며, 매년 7,000명이 넘는 신학
생의 배출과 미국 다음으로 많은 선교사를 파송하는 나라가 되었다.

특히 장로교회는 괄목할만한 발전을 이루어 130여년의 기독교 역사
를 통하여 전 교인의 70% 이상이 장로교 신앙을 고백하게 되었다. 개인
적 혹은 기관별로 자주 장로교회로 적을 옮기는 사례들을 보면 장로교회
가 한국 기독교의 중심으로[2] 장로교회의 역사는 한국 기독교의 역사라
고 할 수 있다. 장로교회는 1907년 독노회[3]를 조직하고, 1912년 총회를

---

[1] Kenneth Scott Latourette, *Christianity in a Revolutionary Age: A History of Christianity in the 19th and 20th Centuries* (Grand Rapids, MI: Zondervan Publishing House, 1976), vol. I. vii~ix.

[2] 개인적으로 장로교회로 적을 옮기는 일은 일반적인 현상이라 논할 필요가 없다고 본다. 기관적인 이적의 대표적인 예로 5년 전 오순절교회 계통이었던 '하나님의 교회' 교단이 장로교단으로 바꾼 것을 들 수 있다.

[3] 독노회는 1907년 9월 17일 조직되었고, 정식 명칭은 "대한 예수교 장로회 노회"였다. 회장에 사무엘 마펫(Samuel H. Moffet, 1864~1939)이 맡았고, 총대는 한국인 장로 36인, 4개 선교부의 선교사 33명, 대한성서공회 · 기독교서회 · YMCA 등 단체에 와 있던 외국 목사들로 구성된 찬성 회원 9명으로, 도합 78명이었다. 이만열, 『한국기독교사 특강』 (서울; 성경읽기사, 1987), 71. 당시 교세는 989개의 교회와 예배처소, 1만 9천명의 세례교인을 포함하여 전 교인이 7만 명이었고 장로가 53명이었다. 김영재, 『한국교회사』 (수원: 합동신학대학원출판부, 2004), 155. 독노회는 <12신조>를 채택하고, 노회 설립 기념으로 제주도에 이기풍을

설립한 이래 100 여년의 역사를 지니게 되었고, 봉건적이던 한국 사회를 근대화로 이끄는데 큰 역할을 감당하였다. 장로교 총회의 설립 100주년을 맞는 시점에서 한국 장로교회사가 걸어온 발자취를 더듬어보면서 장로교회가 한국 사회에 미친 영향에 대해서 살펴보고자 한다.

성경의 번역과 첫 교회의 설립

이 땅에 기독교를 처음으로 전파한 이가 외국인이 아니라 한국인이었다는 점이 의미가 있다. 최초의 교회가 한국인에 의해 세워졌고, 한국인에 의하여 번역된 성경을 통하여 기독교가 정착되었다. 성경 번역은 만주와 일본에서 비슷한 시기에 한국인들에게 의해 이루어졌다. 만주에서는 이응찬, 백홍준, 서경조 등이 스코틀랜드의 장로교 선교사 존 로스(John Ross, 1842~1915)와 함께 1880년에 요한복음과 누가복음, 1887년에는 신약을 완역하여 『예수셩교젼셔』를 출판하였다. 일본에서는 신사유람단의 일원으로 일본에 가있던 이수정(李樹廷)이 미국성경공회 총무 루미스(Henry Loomis, 1839~1920)의 권고를 받아 성경 번역 작업을 시작한 후 1884년 마가복음을 발행하였다. 1883년 만주에서 성경 번역에 참여했고, 성경 매서를 하던 서상륜이 고향인 황해도 소래에 와서 한국 최초의 교회를 설립하였다.4 한국인에 의해 교회가 자립적으로 세워진 것이다.

이 땅에 정착한 최초의 서양 선교사는 미국 북장로교회의 호리스 앨런(Horace Newton Allen, 1858~1932)이었다. 그는 중국 상해에서 선교 사역을 하던 중 조선이 서방에 문호를 개방하자, 1884년 9월 20일 미국 외교관의 관의(官醫)로 한국에 건너와 복음을 전파하였다. 1885년 부활절에 북장로교 선교사 호리스 언더우드(Horace G. Underwood, 1859~1916)와 감리교

선교사로 파송하였다.
4 김영재, 『한국교회사』 (수원: 합동신학대원출판부, 2004), 65.

선교사 헨리 아펜젤러(Henry G. Appenzeller, 1858~1902)가 입국하였으며, 1889년 호주장로교회, 1892년 미국 남장로교회, 1893년 캐나다장로교회의 선교사들이 연이어 왔다. 한국인에 의해 교회가 세워진 후, 선교사들이 새싹과 같은 한국교회에 물을 줌으로 크게 성장하게 되었고, 교회가 근대화를 위한 선구적 역할을 감당하여 한국 사회를 이끌었다. 장로교회가 우리나라의 근대화를 이끈 몇 가지 사례를 들어보자.

교회와 조선 사회의 근대화 운동

첫째로, 기독교회는 현대적 의료 제도의 도입을 주도하였다. 의료 선교사 앨런은 1884년 12월 8일 갑신정변으로 부상당한 민영익을 치료하여 고종 임금의 신임을 얻은 후, 1885년 4월 9일에는 연세대학교 세브란스 병원의 전신인 광혜원(廣惠院)[5]을 설립하였다. 1894년에 시작된 청일전쟁과 1904년의 노일전쟁으로 생겨난 수많은 조선인 부상자들을 우선적으로 치료하여 기독교를 알리는 데 혁혁한 공을 이루었다.

알렌에 의해 병원이 설립된 후 많은 병원들이 선교사들에 의해 세워져 백성들의 건강을 담당하였다. 1890년경에는 인천, 평양, 개성, 대구, 부산, 신천, 청주, 강계, 전주, 광주, 해주, 안동, 원산, 군산, 목포, 춘천, 진주, 성진, 함흥 등지에 선교 병원이 세워졌다(김영재 2004, 98). 교회를 중심으로 병원이 설립되어 백성을 돌봄으로 기독교와 서양인에 대한 의혹과 편견이 불식되었고, 복음 선교의 기반이 구축되었다.

둘째로, 장로교도들은 구습과 미신의 타파와 위생생활[6]의 보급에

---

5 광혜원은 나중에 제중원이라고 불리기도 했으며, 후일 세브란스 병원으로 이어졌다.
6 게일(James S. Gale)은 1901년 한국인의 민속을 논하면서 구습에 젖어서 미신에 빠져 있는 한인들의 상황을 이렇게 썼다. "…… 내가 마을 농가에 가서 보니 방 안에 더러운 흙만 붙이고 종이로 도배하지 아니하고 또 방을 쓸지도 아니하기에 그 연고를 물은 즉 저희 대답이 우리 농부의 집은 정결하게 하면 못 쓰는 풍속이라 하니, 이것이 이치는 생각지 아니하고 풍속만 따라 행하는 것이요……. 또 사람이 병이 들어 치료하며 약을 쓰는 데도

앞장섰다. 장로교도들은 술과 담배, 아편이 건강을 해치고, 재산 낭비와 범죄의 요인이 된다고 보고, 금주·금연 등 절제 운동을 전개하였다. 특히 아편이 "사람에게 비상보다 더 독한 것"이라고 지적하면서 아편에 중독되면 "집안이 패하고, 몸이 죽고 나라이(가) 망하는 것"이라고 아편 사용을 경계하였다.[7] 한편 장례식에서의 번거롭고 불합리한 절차들, 곧 부모상을 당하여 머리를 풀어헤치고 몸을 씻지 아니하거나 베옷을 입고 3년 상을 모시는 것, 음식을 많이 차려 놓는 등의 허례허식을 비판하면서 장례의 간소화를 계몽하였다. 또한 조혼 제도의 폐해와 부모가 결혼 대상을 정해 줌으로 오는 해악을 비판하는 등[8] 결혼 제도의 변화도 시도하여 현대적 결혼 생활을 가능하게 선도하였다.

셋째로, 사회 제도의 개혁에 앞장섰다. 근대 사회로 나아가는데 걸림돌이 되고 있었던 신분제도, 초혼·축첩 등의 악습들을 폐지하였다. 특히 반상제도는 사회의 발전을 저해하던 악습이었는데, 장로교의 무어 선교사(牟三悅, Samuel F. Moore, 1846~1906)가 조선시대의 7대 천민[9] 가운데 하나인 백정[10]을 전도하는 등 신분 차별 폐지 운동을 벌였다. 그의

위생 이치는 상관치 아니하고 자기 풍속만 지키는 일이오."라고 지적하면서 이를 고칠 수 있는 이는 오직 기독교인뿐이라고 하였다. <그리스도 신문> 5권 32호, 1901년 8월 8일. 이만열, 『한국기독교사 특강』, 105에서 재인용.

7 <그리스도 신문> 5권 14호, 1897년 5월 7일. 이만열, 『한국기독교사 특강』, 106에서 재인용.

8 혼인에서 부모가 자녀의 배우자를 정해주는 것에 대해서 장로교 기관지인 <그리스도 신문>은 "어렸을 때에 부모가 작정한 대로 낯도 모르고 마음도 모르는 사람끼리 혼인을 정하여 줌으로 사람들이 첩을 두는 일이 있느니라."라고 하였고, 1901년 장로교 공의회는 한국에 퍼져있는 5가지 악습으로, "첫째는 남녀가 장성하기 전에 혼인하는 일이요. 둘째는 과부가 두 번 시집가려 하는 것을 금하는 것이오. 셋째는 교중 신도가 믿지 아니하는 자와 혼인하는 것이요. 넷째는 혼인을 맺을 때에 먼저 돈을 받는 것이요. 다섯째는 부녀를 압제하는 것"이라고 지적하였다. <그리스도 신문> 5권 32호, 1901년 8월 8일; 5권 40호 10월 3일, 이만열, 『한국기독교사 특강』, 108.

9 7대 천민은 포졸, 광대, 백정, 고리장, 무당, 기생, 갖바치였다.

10 백정은 거지보다 낮은 최하층 계급으로 호적에 올릴 수 없는 무적자로, 갓과 망건을 쓰거나 도포를 입는 것이 금지 되었다. 모든 사람은 백정에게 말을 놓거나 반말을 사용하였으

영향으로 백정들을 중심으로 공당골교회(승동교회)가 세워졌으며, 1894년 7월 시행된 갑오개혁은 양반과 평민의 신분을 타파하고, 백정과 광대 등 천민 신분을 폐지하도록 하였으며, 공사의 노비 제도를 없애고 인신매매를 금하게 하였다(김영재 2004, 110~111).

넷째로, 여권 신장 운동을 전개하였다. 장로교도들은 남녀평등을 가르치는 성경에 근거하여 남존여비 사상의 철폐와 축첩의 금지 등을 이끌었다. 장로교 기관지였던 <그리스도 신문>은 1901년 2월 28일자 논설을 통해 서구의 발전은 성경의 가르침에 따라 남녀의 권한이 동등해졌기 때문임을 지적하면서 한국 사회에서 남녀평등의 실현을 주장하였다.[11] 1898년 8월 3일자 <대한 그리스도인 회보>는 여권 신장을 위해서 신여성 교육 운동을 촉구하였다.[12] 장로교도였던 선각자 서재필은 남존여비 사상은 전근대적이며. 남편이 아내를 압제하며, "주먹으로 때리며 호령질하며 하등 인물로 대접"하는 현상을 비판하였다. "구라파 각국에서는 남녀를 같은 학문으로 교육시키고 남녀를 동등권을 준 것은 이미 몇 백 년 전에 작정한 일인 고로 국부 민강하여 복음이 장원한지라. 대한 인민도 남녀를 같은 학문으로 교육하고 동등권을 주어 전국이 복음을 누리게 하는 것이 마땅하다."고 주장하면서 여성에 대한 교육을 강화할 것을 역설하였다.[13] 수천 년 동안 무시당하던 여성의 지위가 회복되고, 양성 평등이 이루어지게 된 데도 기독교의 역할이 컸다.

다섯째로, 장로교회는 한글의 보급으로 조국의 근대화를 이끌었다.

나 백정은 그들에 대해 항상 존댓말을 써야 했고, 백정의 신분은 자손들에게 세습되었다(김영재 2004, 112).

[11] <그리스도 신문> 5권 9호. 1901년 2월 28일

[12] 회보는 "일본이 여학교를 확장한 후에 나라이 강하게 되었으니, 국가의 흥황하고 쇠패함이 실로 여자를 가르치고 아니 가르치는 데 있는지라. 현금에 외국 사람들이 대한에 와서 학교를 설립하고 우리나라 여아들을 가르치거늘 본국 형제들이 어찌 여학당을 설치치 아니하리오."라고 주장하였다. <대한그리스도인 회보> 2권 31호. 1898년 8월 3일, '여학교론.'

[13] 독립신문 3권 1호. 1898년 1월 4일. 이만열, 『한국기독교사 특강』, 111.

한글은 15세기 중반 세종대왕에 의해 창제되었지만 사대부와 사대주의적
인 관료들에 의하여 오랫동안 언문 취급을 받고, 무시되어 왔다. 유교와
불교에서는 한글 사용을 금하였고, 천주교도들도 한글에 대해 무관심하
였다. 하지만 장로교도들은 성경을 한글로 번역하고, 한글 보급에 앞장섬
으로 한글이 이 나라 민족의 글이 되게 하였다.[14] 1893년 장로교 공의회는
한글 전용정책을 전개하여 "한글을 대중화시켰고, 한글의 보급은 한국
사회에서의 문맹을 퇴치하고 개화를 촉진하는 데에 큰 역할을 하였다."[15]
　　장로교도들은 한글 연구에도 힘을 기울였다. 1894년 게일(James S.
Gale, 1863~1937) 선교사는 한국어의 동사를 연구하여 『한국어 문법 형
식』(Korean Grammatical Form)을 펴냈고, 1896년에는 『한영사전』을 처
음으로 출판하였다. 베어드 부인(ㅊ)은 한국어를 처음 배우는 이들을
위해서 <50가지 도움>(ㅊ)이라는 소책자를 냈다(김영재 2004, 105). 성경
번역 과정에서 한글 문법에 대한 관심이 높아지자, 장로회 공의회는
1904년 한글 문법을 연구하기 위한 공식 기구를 세웠다.[16] 이 기관은
대한제국이 학부(學部) 내에 국문연구소를 설치(1907년) 하기 3년 전에
설립된 것으로, 교회가 정부보다 한글 연구에 앞장섰음을 보여준다.

---

　　[14] 한글의 보급은 교회에 의해 활발하게 이루어졌다. 주일 오전에 예배를 드린 후, 오후에
교회당에서 한글을 가르쳤다. 1901년의 장로교 기관지인 <그리스도 신문>은 다음과 같이
당시의 한글 보급 상황에 대해 기록하였다. "제중원 여의사 필 부인이 경기 남도 죽산 둠벙이라
하는 곳에 가서 본즉 인가가 12호나 되는데, 두 집 외에 다 믿은 집이 되어서 삼간초옥을
예배당으로 쓰는데, 주일이면 먼 데 사람들도 다 와서 예배를 보고, 또 그곳 여인들이 국문을
알지 못하는 자가 별로 없고 혹 국문을 아지 못하는 여인이 있을 것 같으면 그 남편이 가르쳐
준다 하니 주 앞에 참 감사한 일이더라." 이렇게 성경을 통한 한글 보급에 힘쓴 결과, 교회에
출석하는 대부분의 부녀자들이 성경을 읽을 수 있게 되었다. <그리스도신문> 5권 52호, 1901
년 12월 26일.
　　[15] 장로교 공의회는 1893년 첫 모임을 갖고, "모든 문서는 한문을 섞지 않고 순전히
한글로 기록한다."는 방침을 세움으로 한글 전용 정책을 확립하였다. 이만열, 『한국기독교사
특강』, 100.
　　[16] 장로교회가 한글 문법을 연구하면서 최현배, 이윤재, 김윤경과 같은 한글 학자들을
배출할 수 있었다.

여섯 번째로, 신교육 기관을 설립하여 민족 계몽을 주도하였다. 신교육 운동은 선교사들의 일관된 정책으로 입국 후 1년 만에 학교를 세워 지도자들을 양육하였다. 1886년 감리교 선교사 아펜젤러와 스크랜튼 (Mary F. Scranton)이 배재학당과 이화학당을 세웠고, 장로교 선교사 언더우드는 경신학교와 정신여학교를 설립하여 신교육 운동을 전개하였다. 이렇게 시작된 미션 스쿨 운동은 1893년 장로회공의회가 노동자와 하층 계급을 선교의 대상으로 삼고, 교육 사업을 효과적인 선교 방법의 하나로 채택하면서 크게 발전하였다. 교회 지도자들은 민족의 장래가 교육에 있음을 인식하고, 교회를 건축할 때는 반드시 예배당과 함께 학당을 세워 미션 스쿨 운동을 펼쳐 나아갔다. 1910년경에 정부의 인가를 받은 사립학교 2,250개[17] 가운데 800여 개교가 미션 스쿨이었다. 감리교 소속이 158개교, 장로교는 501개교이며 재학생은 41,000명으로, 이 수치는 정부가 운영하는 학교의 학생 수보다 2배가 많은 규모였다.[18] 미션 스쿨들은 신앙 교육 외에 한글과 한국사를 가르치는 등 한국인의 정체성을 확인시킴으로 민족 지도자 배출에 일익을 담당하였다.

마지막으로, 장로교회는 민족의 자주 독립운동을 이끌었다. 문호 개방 이후 열방이 한반도 점령을 노리던 당시 1895년 명성황후가 시해되자, 장로교도들은 국왕을 중심으로 나라 수호에 전력을 다하였다. 선교사들은 고종을 보호하였고, 교인들은 국기 게양 운동을 진작하는 등 애국충군 운동을 벌였다. 성탄절과 교회 명절에는 십자가와 태극기가 교회당

---

[17] 사립학교들 가운데 대부분은 서당을 개편하여 만든 것이었으므로 사립학교 수가 미션 스쿨보다 많았다. 하지만 서당중심의 사립학교들은 학생 수나 교육의 질이 미션스쿨에 떨어졌다.

[18] 이만열, 『한국기독교사 특강』, 95~96. 하지만 민경배는 이만열이 지적한 1910년 통계보다 많은 수치를 대고 있다. 곧 1909년에 950개의 기독교 학교가 있었고, 그 가운데 605개가 장로교회, 200개가 감리교회에서 운영하였다고 하였다. 민경배, 『한국기독교회사』, (서울: 대한기독교출판사, 1982), 198.

좌우에 게양되었고, 미션 학교들은 태극기를 걸어놓고 애국가를 제창하기도 하였다. 북장로교 선교 보고서는 다음과 같이 밝히고 있다. "주일날이면 국기를 그들의 집이나 교회 위에 띄운다는 것은 선교사들의 아무런 지시도 없이 기독교인들 사이에 일어난 실천이었다. 그들이 이렇게 하는 것은 그 날의 성격을 표명하고 그들의 존경을 표시하기 위한 것이다."[19] 1896년부터는 국왕탄신일을 기념하는 예배를 드리기 시작했다. 그 날 오전에 교회에서 기념 예배를 드리고, 오후에는 교회 연합으로 충군적인 집회를 열었다. 집회에는 정부의 각부 대신과 관리들이 참석하였으며, 그 결과 독립협회와 협성회가 결성될 수 있었다.[20] 장로교회가 민족 운동의 중심에 서면서 일제의 감시와 협박 아래 놓이게 되었다.[21]

위에 언급한 것처럼, 초기 장로교도들은 조혼과 축첩 제도의 비판으로 일부일처 중심의 성경적 가정 질서의 회복, 구습과 미신의 타파, 금주와 금연과 같은 절제 운동을 이끌었으며, 반상제도 등 신분제도, 남존여비 사상 타파 등 사회의 빛과 소금의 역할을 다하였다. 장로교도에 의해 현대적 의료 제도가 소개되고, 한글 보급이 확산되었으며, 애국애족 운동이 전개되어 허다한 무리가 교회로 돌아왔다. 이러한 상황에서 1907년에는 원산과 평양을 중심으로 대 부흥운동이 일어났다. 대 부흥운동은 회개를 특징으로 하면서 생활 개혁을 이루었는데, 이를 기점으로 하여 한국교회는 더욱 새롭게 태어나게 되었다.

---

[19] 이만열, 『한국기독교사 특강』, 130 재인용.

[20] 애국 운동이 확산되면서 서재필, 이승만, 남궁억, 신흥우, 윤치호, 이상재 등 기독교인들을 중심으로 협성회와 독립협회가 조직되기도 하였다.

[21] 장로교도들의 애국운동은 한 반도를 삼키려는 일본 제국주의자들에게는 눈에 가시와 같았으므로, 일제는 105인 사건을 날조하였다. 1910년 11월 압록강 철교 낙성식에 참석한 데라우치 총독과 장로교회 미션스쿨인 신성 중학교 교장 윤산온(G. S. McCune) 선교사가 악수할 때 기독교인들이 총독을 살해하려 하였다는 음모를 꾸미고, 전국에서 기독교의 지도급 인사 157명을 체포하여 105명을 투옥시켰다. 투옥된 자들 가운데 82명이 장로교도였다는 것은 장로교회가 애국운동의 중심에 서 있음을 보여준다고 하겠다.

2. 일제하에서의 장로교회(1910~1912)

1910년 한일병탄 이후 일제는 창씨개명을 강요하고, 한국 역사 교육과 한글 사용을 금지하는 등 민족 말살 정책을 전개하였다. 일제의 폭거에 대항할 만한 일정 규모의 단체나 모임 없이 개인 또는 의병들에 의한 간헐적인 항의만 간간히 이어지는 상황에서 전국적인 규모를 가진 장로교 총회가 설립되었다. 장로교가 전국적인 총회를 설립하자, 교회는 자연스럽게 일제 아래 들어갔다.

총회의 설립과 장로교회의 사역

장로교 총회는 1912년 9월 1일 오전 10시 30분 평양 경창문안여자성경학원 강당에서 목사 96명(외국 목사 44명, 조선 목사 52명)과 장로 125명 등 총 221명의 총대들이 참석한 가운데 개회되었다. 독노회장 이눌서(William D. Reynolds, 1867~1951) 목사가 <장자회>라는 제목으로 설교하였고,[22] 언더우드(Horace G. Underwood, 1859~1916)를 회장, 길선주 목사를 부회장, 서기 한석진, 회계 방위량(William Blair)을 선임하고, <12 신조>를 재승인[23]한 후 장로교 정치 원리에 근거하여 총회 헌법을 제정하였다. 장로교 총회는 일제의 강압기에 전국 교회를 아우르면서 신앙적으로 교회를 이끌었고, 시대에 주어진 사명을 다하였다. 일제 강점기의

---

[22] 총회에는 7개의 지방 대리회(代理會)가 개편된 경충노회(목사 11인, 장로 11인), 경상노회(목사 12인, 장로 12인), 함경노회(목사 9인, 장로 6인), 전라노회(목사 10인, 장로 12인), 황해노회(목사 8인, 장로 18인), 북평안노회(목사 17인, 장로 12인), 남평안노회(목사 29인, 장로 54인) 등 7개 노회로 구성되었다. 교세는 조직교회 134, 미조직 교회 1,920처 등 2,054처의 교회, 목사 128명, 조사 136명, 장로 225명, 남녀전도인 116명, 신학생 8인, 대학교 2곳(83명), 중학교 25교 1778명, 소학교 539교 1294명이었고, 예산은 전도비 15,110원, 교육비 45,782원이었다. 채기은, 「한국교회사」 (서울: 예수교문서 선교회, 1977), 67~68. 이만열은 당시에 교회 건물 1,438, 한국인 목사 69, 선교사 77, 장로 225, 조사 230, 장립집사 16, 세례교인 53,008, 학습교인 26,400, 총 신자 수 127,228명이었다고 하였다. 이만열, 「한국기독교사 특강」, 72.

[23] <12>신조는 1907년 독노회가 이미 승인한 바 있었다.

장로교회 활동상에 대해 간략하게 살펴보도록 하자.

첫째로, 장로교회는 선교 운동을 계속하면서 한인 디아스포라를 지원하였다. 장로교 총회는 총회 설립 기념으로 중국에 선교사 파송을 결의함[24]으로 주님의 지상 명령을 이루고자 하였다. 동시에 일제의 압제로 인해 만주와 연해주, 일본에 흩어진 백성들을 돌아보는 일에 앞장섰다. 나라 없이 유리방황하는 한인 디아스포라를 보호하고, 독립운동을 음양으로 지원하기 위해 주변국에 전도목사를 파견함으로 민족 운동의 중심에 선 것이다.[25] 중국 상해에 김구 등 독립 운동가들이 모여 임시정부를 세우고 활동하자, 1916년에 열린 제5회 장로교 총회는 상해에 교회를 세울 전도목사를 파송키로 결의하였고, 1918년에는 연해주에 있는 한인들을 돌아보기 위해 김현찬을 파송하였다. 1921년에는 일본 고베, 1922에는 러시아', 시베리아, 1930년에는 내몽고의 열하에 전도목사를 파송하여 한인 교회를 세워 독립운동을 지원하였다. 이러한 총회의 해외 한인 디아스포라 지원 정책에 힘입어 여전도연합회도 1931년 중국 산동에 여전도사를 파송하였다.

둘째로, 항일 독립운동에 앞장섰다. 조선 말기 해외 열강의 침입으로부터 구국 운동을 전개했던 장로교도들은, 한일병탄 이후 일제로부터의 독립을 위해 적극적으로 활동했다. 제1차 세계 대전 후 미국 대통령 윌슨(Woodrow Wilson, 1856~1924)이 식민지 국가에 대한 자주 독립 원칙을

---

24 총회는 1913년 김영훈, 박태로, 사병순 목사를 중국 선교사로 파송하였고, 1917년에는 방효원, 홍승한, 1918년 박상순, 1923년 이대영, 1931년 김순효, 1937년 방지일을 중국 산동성에 파송하였다. 이들의 노고에 힘입어 1942년경에는 35처에 교회가 산동성에 세워졌고 세례교인은 1710명이 되었다. 산동성 내양에 애린학교, 지푸에 애도학교를 세워 중국인을 교육하였고, 1933년 조직된 내양노회는 중화 기독교회 산하의 산동대회에 들어가 중국 선교의 중심 역할을 하였다. 채기은, 『한국교회사』, 69.

25 장로교회는 1909년 일본 동경에 있는 한인 유학생들을 위해 초대 목사인 한석진을, 1910년 북간도 한인들을 위해 김영제 목사를, 같은 해 평북 대리회가 김진근을 서간도의 전도목사로 파송하였다(김영재 2004, 177).

선언하자, 중국에 있던 대한청년단 단원들(거의 대부분이 장로교인)은
거족적 독립 운동을 벌이고자 김규식을 파리강화회의, 여운형을 러시아
의 연해주, 선우혁과 서병호를 국내에 파견하여 독립 운동을 주도하도
록 하였다. 1919년 2월 중순에 천도교 지도자들을 설득하여 3·1 독립
운동을 준비하였다. 그해 3월 1일을 통해 독립선언서를 발표하고, 만세
운동을 주도하였다. 당시 기독교인은 인구 대비 소수였지만, 독립선언
서 서명자 33인의 절반이 되는 16명이 기독교인이었다.[26] 이는 기독교회
가 독립 운동을 주도했음을 보여주는 실례이다.

장로교도들이 3·1운동을 주도하였다는 것은 당시의 희생자 가운데
다수가 장로교도였다는 점을 통해서 확인할 수 있다. 1919년에 열린
제 8회 장로교 총회는 만세 사건으로 인하여 체포된 기독교인의 수
3,804명임을 확인했다. 그 가운데는 목사와 장로가 134명, 기독교 관계
지도자가 202명이었고, 나머지는 평신도였다. 이중에서 매 맞고 죽은
자 6명, 사살된 자 41명, 현재 수감 중인 자 1,642명, 그리고 훼손된
교회 수가 12개였다고 발표하였다. 일제의 통계에 의하면, 만세 운동에
참여하여 투옥된 자의 95%가 장로교인이었다.[27]

3·1운동이 일어났을 때 장로교 총회는 수감자들과 순국자들을 적극
적으로 지원하였다. 수감자 가운데는 총회장 김선두, 전 총회장 양전백,
전 서기 함태영, 부흥사 길선주 등이 포함되어 있었다. 총회는 수감자들

---

26 당시 인구가 1,700만 명이었고 기독교인 인구는 219,000명이었으므로 전 인구의 1.3%
에 불과하였으나 만세 운동에 참여한 자는 많았다(김영재 2004, 212~213).

27 독립 운동의 확산을 두려워한 일제는 평화롭게 시위에 참석한 한국인들을 잔인하게
진압하였다. 만세 운동은 3월 1일 시작하여 수개월에 걸쳐 일어나 7,509명이 일제에 의해
살해되었고, 15,961명의 부상과 47,000명이 체포되었다. 그해 작성된 일제의 통계에 의하면,
투옥자 19,525명 중 3,426명이 기독교인으로, 전체 투옥자의 17.6 퍼센트에 해당하였다. 기독교
인 투옥자 가운데는 감리교인 약 50여명, 구세군 10명, 기타 20명 교파 불명의 교인 81명이었고
나머지는 장로교도였다(민경배, 『한국기독교회사, 262). 95%가 장로교인인 셈이다. 따라서
3·1운동은 장로교도들이 주도한 운동이었다.

을 위로하기 위하여 전국교회가 1주간 기도회를 가질 것을 결의하고 시행하였다. 또한 총회는 미국에서 개최되는 만국 장로회 연합공의회에 대표를 파송하여 3·1운동에 대해 소개하고 한국의 독립 지원을 요청하기도 하였다.[28]

독립운동은 한인들의 전유물이 아니었다. 장로교 선교사들의 수고가 뒷받침되었다. 한 예로 3·1운동 후 일제가 교회당, 설교 장소, 강의소 등을 허가제에서 신고제로 바꾸는 등 기독교인에 대한 회유정책을 전개하자, 일제의 기만성을 알고 있던 윤산온(G. S. McCune), 마포삼열(Samuel Moffet), 모우리(E. M. Moury) 등 100여명의 장로교 선교사들은 1921년 6월 27일부터 5일간 평양신학교에서 비밀 모임을 갖고, 일제에 대항할 수 있는 정책을 논의하였다. 그들은 "(1) 일본 관헌의 선교사 압박에 대한 대항책, (2) 일본 관헌의 조선인 신도 무차별 대량 학살로 흩어진 간도지방 교회에 대한 교권 회복책, (3) 1920년 여름 동경에서 열렸던 주일학교대회에서 미국 대표의 조선 사정 보고 중 친일적 발언에 대한 변박서 송부, (4) 조선 각지에의 신학교 증설 및 조선인 교직자의 미국 유학 방법 등을 논의하였다."[29]

셋째로, 경제 살리기에 앞장섰다. 일제의 토지 수탈과 경제 침탈로 농촌 경제가 극도로 피폐해지자, 장로교도들은 민족 경제 살리기 운동을 폄으로 민족과 함께 하였다. 1920년 대 초반 장로교 총회는 일제의 경제 수탈을 비판하면서 "前時代(전시대)에는 有恒産 有恒業(유항산 유항업)하더니 今時代(금시대)에는 失恒産 失恒業(실항산 실항업)하니 경제 파멸" 상태에 이르렀다고 선언하였다.[30] 일제의 경제 침탈을 비판하면서 장로교도들은 조선물산 장려운동과 농촌 진흥을 위한 계몽 운동, 절제

---

28 <대한예수교장로회 총회록> 1919년.

29 이만열, 『한국기독교사특강』 167.

30 『조선예수교장로회 사기』, 상권 53.

운동을 전개하였다. 1921년 연희전문학생들은 '자작회'(自作會)를 만들어 조선 물산 장려 운동을 시작하였고, 1922년 조만식 장로는 평양에서 '조선물산장려회'를 조직한 후 전국적으로 확산시켰다.

이에 힘입은 장로교 총회는 농촌을 살리기 위해 1928년 총회 안에 농촌부를 신설하고, <농민생활>이라는 잡지를 발행하여 농민 계몽 운동을 선도하였다. 농촌 계몽 운동은 총회의 지원 아래 기독교 학교와 개별 교회들이 적극적으로 참여함으로 큰 호응을 얻었다. 1932년 총회는 "숭실대학 농과 안에 고등농사학원을 설치하고 덴마크 식 교육을 실시하기로" 결의하여 농업 개혁 운동을 이끌었다.[31]

넷째로, 사회 개혁과 민족의 정체성을 지키는 운동을 주도하였다. 장로교도들은 성경에 근거하여 왜곡된 사회의 질서를 바로 잡고자 하였다. 당시 사회적 문제로 떠오른 공창(公娼) 제도의 폐지를 외치는 등 사회 개혁에 앞장섰다. 1926년 열린 제 15회 총회는 공창 제도가 사회악의 뿌리임을 지적하면서 폐지를 촉구하였다.[32] 사회 개혁 운동 역시 선교사들의 적극적인 후원이 뒤따랐다. 1932년 조선예수교 공의회는 조선의 소망이 사회악의 발본색원에 있다고 지적하면서 아동의 인격 존중, 소년 노동의 금지, 여성에 대한 교육 및 지위 개선, 공창의 폐지, 금연의 촉진, 노동시간의 감축 등을 주장하고 주일을 공휴일로 제정할 것을 촉구하였다.[33]

한편, 장로교도들은 민족 문화의 수호에도 앞장섰다. 이윤재, 최현배, 김윤경, 장지영 등 장로교도들은 일제의 민족정신 말살 정책에 항의하면서 한글 지키기 운동을 벌였으며, 남궁억은 일본의 국화인 벚꽃 보급에 맞서 1938년 강원도 홍천에서 무궁화 보급 운동을 전개하여 민족적 정체성 운동을 확산시켰다.

---

[31] <대한예수교장로회 총회록>, 1932년.
[32] <대한예수교장로회 총회록>, 1926년.
[33] 이만열, 『한국기독교사 특강』, 173.

신비주의와 자유주의 신학의 도전

이와 같이 한국 장로교회는 민족과 함께 고난을 당하면서 독립 운동에 앞장섰고, 경제 살리기와 사회 개혁 운동을 전개하여 한국 사회의 빛과 소금의 역할을 감당하였다. 하지만 1920년대에 나타난 신비주의, 1930년대에 일어난 신학논쟁, 일제의 신사참배 강요 등의 내적인 도전을 받으면서 무기력하게 변해갔다. 외부의 적에 대해서는 강력하게 대처하였지만, 내적인 균열로 인하여 영향력을 상실한 것이다.

장로교회가 영향력을 상실하고, 장로교회로서의 정체성을 잃기 시작한 것은 1920년대부터이다. 일제의 박해 가운데서 혁명을 통한 민중 해방을 주장하는 공산주의 운동이 시작되고, 치유·신유 등을 강조하는 신비주의 운동이 일어나면서 성경의 객관적인 진리보다는 종교 체험을 중시하는 주관적인 신앙이 확산되기 시작하였다. 1919년 김익두 목사가 턱이 떨어져 구걸로 연명하던 박수진을 안수하여 고친 후로 신유주의 운동은 전국적으로 번지게 되었다. 체험을 중시하는 주관주의가 확산되면서 하나님과의 합일만을 강조하는 신비주의 운동이 뿌리 내리기 시작한 것이다.

신비주의 운동은 감리교회의 목사 이용도에 의해 조직화되었다. 그는 "사도신경과 삼위일체 교리와 예수에 의한 사죄의 교리를 폐기하고, 신비적이고 신지적(神智的)인 경험을 통하여 하나님과 하나 되어야한다"(김영재 2004, 184)고 주장하는 등 영지주의적 기독교 운동을 이끌었다. 영지주의적 신비주의가 확산되면서 장로교도들의 신앙은 체험중심적인 주관주의로, 목회자들의 설교는 내세 지향적으로 변하여갔다.

한편으로는 성경의 영감과 무오를 부정하는 자유주의 신학의 도전으로 장로교회는 크게 흔들리게 되었다. 1930년대에 접어들어 김재준 목사가 모세 5경은 모세가 지은 것이 아니라는 주장으로 성경의 영감을 부인하기 시작하였다. 그 후 적극 신앙단[34]에 동조하는 자들이 나타나 성경의 절대 권위에 도전하며 초대 선교사들이 전해 준 성경적이고 청교도적인 신앙은 비판받기 시작하였고, 신앙생활에서 이성과 상식 또는 체험을 중시하는 풍조가 나타났다.

이와 같은 신학의 변화는 절대적 진리에 대한 회의를 불러일으켰으며, 신학적 혼란을 틈타 교권주의자들이 등장하는 계기를 마련하였다. 교권주의자들은 대체로 친일적인 입장을 취하였는데, 목적을 위해서는 수단과 방법을 가리지 않았고 권모술수를 일삼기도 하였다. 일제가 신사참배를 강요했을 때, 그들은 일제에 타협하면서 정통적인 신앙에 도전하였으며, 이로 인하여 기독교회는 존폐의 위기에 처하게 되었다.

신사 종교의 도전

신사참배 운동은 일제가 1925년 남산에 신사를 세우고 신도(神道)를 온 국민에게 강요하면서 시작되었다. 신사참배 운동이 시작될 당시만 해도 대부분의 기독교인들은 신사참배에 대해 비판적이었다. 1931년 경남노회는 신사참배가 우상숭배임을 지적하였고, 1935년 평양에서 열린 장로교 계통의 학교장 회의도 신사참배 거부 의사를 밝혀 1936년 평양 숭실전문학교와 숭의여학교의 교장이 파면되었다. 1937년 미국 남장로교회는 신사참배가 우상 숭배임을 선언하고, 남장로교회에 속한 학교들을 자진 폐교 · 폐쇄함으로 일제의 신사 참배 정책에 대항하였다.[35] 그 후 타협적인 입장을 고려하던 북장로교회 계통의 학교들도 일제히 폐교를 결정하였고, 평양신학교도 폐교하였다. 하지만 감리교회

---

34 적극신앙단은 YMCA의 총무로 있던 신흥우가 조직하고, 서울을 중심으로 한 감리교회와 장로교회의 일부 목사들이 참여한 단체로, 마포삼열과 이길함 등 보수적인 선교사들의 영향으로 축자 영감을 믿는 서북 지방의 보수적인 신앙인에 반대하는 운동을 벌였다. 이 운동에 참여한 대부분의 인사들은 1950년대 초반에 기장의 핵심 멤버가 되었다.

35 남장로교회에 속한 학교로 숭일, 수피아, 영흥, 정명, 매산, 신흥, 기전, 영명학교 등이 있었는데, 이들은 다 신사참배를 반대하며 폐교하였다.

와 천주교회는 일제의 신사참배 정책에 순응하여 적극 참여하는 등 다른 자세를 보였다.

시간이 지나면서 신사참배 반대 운동은 점차 소수 운동으로 전락해 갔다. 이성과 상식, 체험을 중시하며, 실용주의를 따르는 사상이 만연해 진 가운데 교권주의자들이 신사참배를 선동하고 총독부의 협박에 다수 의 교회들이 굴복하였기 때문이다. 1938년 봄 전국 27개 노회(만주에 있던 4개 노회 포함) 가운데 17개 노회가 신사참배를 결의하였고, 그해 9월 총회는 신사참배를 총회 정책으로 결의하였다. 총회장이 '가'를 물은 후 '부'를 묻지 않고 가결되었음을 선언하자, 한부선 선교사와 방위량 선교사를 비롯한 신실한 하나님의 종들은 사회자의 불법적이고 일방적인 가결 선언에 항의하였다. 하지만 총회는 그들의 주장을 묵살 하였고, 신사 참배를 국민의 의례라고 간주하기 시작하였다.

신사 참배가 결정되면서 허다한 성도들이 박해를 받았다. 박형룡 박사와 박윤선 목사 등은 만주로 피신하였고, 국내에 남아있던 2,000여 명의 신실한 성도들은 투옥되었다. 주기철 목사, 최봉석 목사, 박관준 장로, 박의흠 전도사, 서정명 전도사 등 50여 명이 순교의 제물이 되었다. 신사 참배 반대 운동은 우상숭배를 거부함으로 신앙의 순수성을 지켰다 는 교회사적인 의미를 가짐과 동시에 "민족 말살 정책에 대한 저항적인 성격"을 가지고 있었다. "신사로 대표되는 일본 체제와 그 정신에 대한 전면적인 부정을 의미하는" 민족사적인 운동이었던 것이다.[36]

하지만 교권주의자들은 신사참배를 정당화하고, 일제에 협력함으 로 민족 앞에 죄를 지었고, 교단 분열의 씨앗을 잉태하게 된 셈이 되었다. 그들은 평양신학교가 폐교되자, 친일적인 반 신앙운동을 전개하였다. 1939년 3월 기성회를 조직하고, "충량유의(忠良有爲)한 황국(皇國)의 기

36 이만열, 『한국기독교사 특강』, 189.

독교 교역자(基督教 教役者)를 양성(養成)한다."[37]는 교육 목표아래 조선
신학교를 개교하였고,[38] 1940년에 열린 장로교 29회 총회에서는 "구미
의존에서 이탈하여 주체적인 기독교를 세운다."는 명분으로 신사참배
를 반대한 외국인 선교사들의 강제 출국을 결의하였다. 1942년에는 조
선혁신교단을 설립하였고, 모세 오경과 요한계시록을 성경에서 삭제하
였으며, 천조대신의 이름으로 청결 예식을 하는 '미소기바라이'를 시행
하기도 하였다. 1943년에는 조선예수교장로회총회를 해체하고, 일본
기독교단 조선장로교단으로 개칭하였으며, 신사참배 운동을 주도한 친
일파 채필근을 초대 통리로 추대하였다.

3. 해방 이후의 장로교회

1945년 8월 일제로부터 해방을 맞이한 한국교회는 신사참배 처리 문제
로 분열의 위기에 처하게 되었다. 출옥한 성도들과 망명했던 교회 지도
자들이 돌아와 교회 혁신 운동을 전개하였지만, "교권주의자들(신사참
배자, 친일파, 자유주의신학자 등등)은 출옥자에 대한 경계심으로"[39]
교회 재건 운동에 출옥 성도들을 소외시키고, 배제하여 교단 분열의
단초를 제공하였다.[40] 그들은 신사참배를 정당화하고, "신사참배는 양
심적으로 이미 해결한 것"이라는 등의 변명에 급급하였다.

---

[37] <총회록> 1940, 43.

[38] 교수진은 채필근, 김영주, 함태영, 김재준, 윤인구, 이정로 목사 등으로 자유주의적인
신학을 옹호하거나 친일적인 인사들이 중심을 이루었다.

[39] 채기은, 『한국교회사』, 109.

[40] 일본 기독교단 조선교단 통리를 지낸 바 있는 친일파 목사 김관식은 1949년 당시
총회 정치부장으로 일하면서 고려신학교에 입학생을 추천해도 좋으냐는 질문에 "고려신학교
는 우리 총회와 아무 관계가 없으니 노회가 추천서를 줄 필요가 없다"는 답변을 채택하게
하였고, 1950년 대구 총회는 경남 노회의 총대 자격을 부정하기도 하였다.

교권주의자들의 횡포로 1952년 고신 교단이 분열하였다. 그 후로 한국교회는 신학적 또는 정치적 이유로 분열을 거듭하였다. 1953년 기장측, 1959년 통합 측과 합동 측의 분열, 1979년 합동측 안에서 주류와 비주류의 분열, 비주류의 분열에 이은 분열로 한국장로교회는 200여 교단으로 나뉘게 되었다. 결론적으로 해방 이후의 장로교회 역사는 분열의 역사라고 단언할 수밖에 없다.

교단 분열 운동

장로교회가 분열을 거듭한 배경을 살펴보면, 첫째는 신사참배자 처리 문제에서 비롯된다. 해방 이후에도 총회가 교권주의자들에 의해 좌지우지되면서 교단 분열이 불가피하게 된 것이다. 둘째로는 신학적인 이견이 주된 이유이다. 성경의 영감과 무오 교리에 대한 차이로 총회가 김재준 목사를 징계하자 기장측의 분열이 있었고, 세계교회협의회(World Council of Churches) 가입에 대한 입장 차이로 통합측과 합동 측의 분열이 있었다. 셋째로 지역주의를 들 수 있다. 호주 장로교 선교 구역인 경남을 중심으로 고신측, 캐나다 선교부 구역인 함경도를 중심으로 기장측이 생겨났다. 합동측은 경상도 · 평안도 중심의 주류와 전라도 · 황해도 중심의 비주류로 나뉘어졌다가 1979년 분열하였다.

교회의 분열은 성경이나 역사의 지지를 얻을 수 없으므로 결코 정당화될 수 없다. 교회 연합은 우리 주님의 기도 제목(요 17:11)이었고, 사도 바울의 가르침이었다(엡 4:3).[41] 이사야와 예레미야의 시대의 이스라엘 백성이 비록 배교하고 부패했지만 하나님은 그들을 떠나 새로운 공동체를 세울 것을 명하지 않았고, 고린도 교회 안에 온갖 죄악이 만연하였지만 사도는 교회를 떠나는 대신 개혁하라고 명하였다. 아우구스티

---

41 바울은 "평안의 매는 줄로 성령이 하나 되게 하신 것을 힘써 지키라"고 하였다.

누스(Augustinus of Hippo, 354~430)는 "그리스도가 나누어지지 않는 한, 있을 수 없는 일이지만, 교회가 둘이나 셋이 될 수 없다."[42]고 가르쳤고, 존 칼빈(John Calvin, 1509~1564)도 "그리스도가 한 분이신 것과 같이 교회도 하나"라고 주장하였다.

아울러 칼빈은 교회의 표지(the marks of the Church)를 내세우며 가능한 한 하나 될 것을 주장하였다. "하나님의 말씀이 순수하게 전파되며, 성도들이 그 말씀을 들으며 그리스도께서 제정하신 대로 성례를 지키는 교회"로부터 순수성을 핑계, 또는 "비본질적인 문제에 대한 의견 차이"로 교회를 나누어서는 안 된다는 것이다(Calvin 1960, 4.1.10; 4.1.12). 더구나 교회의 표지가 있는 "교회를 떠나는 것은 하나님과 그리스도를 부정하는 것"이기 때문이다(Calvin, 1960, 4.1.10.).

성경과 역사의 가르침을 따라 장로교도들은 여러 가지의 차이에도 불구하고 하나의 교회를 유지하려고 부단히 노력하여 왔다. 미국 장로교도들은 1706년 필라델피아에서 최초의 장로교 노회를 조직할 때 영국과 스코틀랜드를 배경으로 갖고 있었지만, 지역적 차이와 민족적이고 신앙적 전통의 차이를 극복하고 하나의 노회를 세웠다. 이러한 선례를 따라, 미국 북장로교회 선교부와 남장로교회 선교부는 한국에 하나의 장로교회를 세우고자 하였다. 그들은 1893년 1월 한국교회 연합을 위한 "장로정치 형태를 취하는 선교부공의회"(The Council of Missions holding the Presbyterian Form of Government)를 구성하였고, 1901년 9월에 오스트레일리아 장로교회와 캐나다 장로교회를 수용, '장로교 공의회'를 만들면서 한국 땅에 각 나라별로 장로교단을 세우지 않기로 재확인하였다. 성경과 장로교 전통에 따르면서 한국교회를 바로 세우기 위한 시도였다. 우리에게 주신 이러한 일련의 가르침에 비추어 볼 때 교회 분열은 결단

---

[42] John Calvin, *Institutes of the Christian Religion* (Philadelphia, Westminster Press, 1960), 4.1.2.

코 합리화될 수 없다.[43]

민족복음화와 사회 참여

한국장로교회는 분열 중에도 괄목할만한 발전을 이루었다. 이는 장로교회가 교회에 주신 사명을 완수하기 위해 부단히 노력한 결과였다. 이념 대결로 남북이 나누이고, 6.25가 발발하여 낙동강까지 전선이 밀려왔을 때, 장로교도들은 부산의 초량교회당에 모여 회개 운동을 일으켰으며, 전쟁고아를 돌보기 위한 구제 운동에도 앞장섰다. 한편 교회 개척과 선교에도 특별한 열심을 내어 1954년에 모인 제 42회 총회는 교회가 없는 500개의 면에 교회를 설립하기로 결의하였고, 1955년 총회는 태국에 김순일과 최찬영 선교사, 1956년 총회는 대만에 계화삼 목사와 정성원 전도사를 선교사로 파송할 것을 결정하였다.

또한 교회 합동 운동을 전개하여 1960년 9월 승동측과 고신측이 합동을 결의하고 10월에 합동 총회를 구성하였다.[44] 1962년에는 통합측과 합동측이 합동 원칙을 채택하고 1968년에는 양 총회 합동 위원이 만나 합동에 합의하였다. 하지만 교권주의와 이해관계로 정작 합동이 이루어지지는 못하였다. 합동과 통합으로 나누인 후, 한국장로교회는 1960년 이후 교단의 벽을 넘어 뜻이 맞는 이들과 함께 일하는 초교파적 연합 활동을 시작하였다. 예장 통합측은 기독교장로회와 함께 일하기 시작했고, 예장 합동측은 고려측과 함께 일하였다.

50년이 지난 지금까지 한국교회는 이 양대 구조를 이루어 왔다. 정교

---

43 그러므로 어떤 명분으로도 교회의 분열을 합리화할 수 없고, 분열시키는 일이 있어서는 안 될 것이다. 경솔하게 교단을 나누거나 교권의 힘으로 의로운 소수를 축출하여 새로운 교단이 생겨나도록 해서도 안 될 것이다. 우리 주님께서 교회에 주신 치리권은 다수에 의한 물리적인 힘의 행사가 아니라 말씀과 성령에 의존하여 권고하는 영적인 것이기 때문이다.

44 하지만 1962년에 고신측은 합동측이 고려신학교를 폐쇄하려고 하자 반발하며 환원하였다.

분리 원칙에 충실했던 보수파는 1960년에 일어난 3·15 부정 선거, 1961년의 5·16 군사 쿠데타, 1972년의 유신 헌법 통과 등에 대해 침묵하였지만, 진보파는 정치 외에도 노사, 인권 문제에 적극적으로 개입하였다. 진보적인 장로교도들은 독재 정권에 항거하였고, 1987년 군사 정부가 막을 내리는데 일조하였다.

1970년대의 대 부흥운동

한국교회는 1960년대와 1970년대에 크게 발전하여 대중 집회 시대를 맞게 되었다. 대중 집회 운동은 1960년대 중반에 일어난 민족복음화 운동, 전군 신자화 운동과 함께 막을 열었다. 1960년대 중반부터 교회 지도자들을 중심으로 민족복음화에 대한 비전이 제시되었고, 1965년 이화여자대학교 김활란 총장의 제안으로 통합 측의 한경직 목사와 합동 측의 김윤찬 목사, 감리교회의 홍현설 목사 등이 회동하여 전군신자화 운동 본부를 발족시켜 군대의 복음화가 이루어갔다. 1970년대가 시작되면서 미국의 대중 설교가인 '빌리 그레이엄(Billy Graham) 전도 집회'(1973년), 'Explo'74'(1974년), '민족복음화 대성회'(1977년) 등이 서울 여의도 광장에서 개최됨으로 한국교회는 유사 이래 최고의 부흥을 체험하게 되었다.

'빌리 그레이엄 전도 집회'는 1973년 5월 16일부터 27일까지 부산, 광주, 대구 춘천, 대전 등의 6개 도시와 5월 30일부터 6월 3일까지 서울 여의도 광장에서 개최되었다. 지방 집회에는 연인원 136만 명이 참석하여 37,000명이 결신하였고, 서울 집회에는 5일간 연 인원 300만 명이 참석하였다. 특히 마지막 날에는 기독교 역사 상 최대의 인파 110여만 명이 한 곳에 모여, 마치 하나님의 나라가 도래한 것과 같은 분위기가 이어졌다.

1974년에는 기독교 역사상 최초의 대형 집회인 엑스플로 74가 개최되었다. 장로교도였던 김준곤 목사의 지도 아래 "예수 혁명, 성령 폭발"이라는 주제와 "모이게 하소서! 배우게 하소서! 전하게 하소서!"라는 캐치프레이즈를 내걸고 8월 13일에서 18일까지 5박 6일 동안 진행되었다. 주 강사는 한국대학생선교회(Campus Crusade for Christ) 총재 김준곤 목사와 미국 대학생선교회의 총재인 빌 브라이트(Bill Bright)였다. 이 모임은 전도요원 훈련을 위해 개최된 것인데, 훈련을 받기 위해 회비를 낸 등록자가 323,419명이나 되었다. 그들은 서울 전역의 초등 · 중등학교에 기숙하면서 낮에는 전도 훈련과 전도 실습을 받았고, 저녁에는 여의도 광장에서 열린 집회와 철야 기도회에 참석하였다. 저녁 집회에 연인원 650만 명 이상이 참석하였고, 이어 열린 철야기도회에도 수십만 명이 모여 기도하였다. 무려 420만 명에게 전도하여 274만 명의 결신자를 얻었다.

1977년 8월에는 여의도 광장에서 민족복음화대성회가 열렸다. '빌리 그레이엄 전도 집회'와 '엑스플로 '74'에 고무된 한국의 부흥사들이 뜻을 모아 마련한 성회로 신현균, 조용기, 오관석 목사 등이 주강사로 나서, 매일 80만 명의 참석과 30만 명이 철야 기도회로 모였으며, 결신자의 수가 3만4천명에 이르렀다.

대중 집회 운동을 통하여 한국교회는 괄목할만한 성장을 이루었다. '엑스플로 74'가 끝난 1년 뒤에는 110만 명의 교인이 더해졌고, 헌금 액수도 64%나 늘었는데, 1970년대의 통계에 비하면 크게 증가한 수치이다. 교회 개척운동이 확산되고, 신자의 수가 배가되었다. 1970년에 13,007개의 교회와 3,235,475명의 등록교인이던 규모[45]가 1976년에는 16,351개의 교회와 4,319,315 명의 신자로, 1980년에는 21,243개의 교회, 7,180,627명으로 집계되었다.[46] 10년 만에 8,200개 교회와 230퍼센트

---

45 한국기독교교회연합회, 『NCC연감』 (서울, 1970).

46 문화공보부, 『한국종교편람』 (서울, 1980. 12).

늘어난 교인을 둔 교세로 발전하였다. 교회의 부흥은 도덕성의 고양으로 나타났고, 이러한 질적인 변화는 후진국에 불과하였던 한국 사회를 중진국으로 이끄는 원동력이 되었다.

교회성장 신학의 도전

안타깝게도 부흥운동의 불길은 오래가지 못하였다. 부흥운동의 중심에 서 있던 합동측이 교권 투쟁으로 1979년 이후 사분오열되면서 부흥의 열기가 사그라지기 시작하였고, 1980년대 이후로 쇠퇴기로 접어들었다. 합동측 교단은 1970년대 초반부터 영남 중심의 주류와 호남 중심의 비주류의 대결이 심하였는데, 부흥의 불길이 한창 번지던 시기에 분열함으로 세상의 지탄을 받게 되었고, 교권주의자들이 득세하면서 총신대 사태가 발생하여 1980년에는 합신이 탄생하는 계기를 마련하였다. 교권주의의 득세와 신학교의 분열로 교회의 영향력은 감소되었고, 특히 1987년 이후 민주화 과정에서 침묵하므로 청년들이 교회를 떠나게 되면서 1990년대에 이르러 극심한 침체기를 맞았다.

그 외에도 장로교회 쇠퇴의 이면에 교회성장신학으로 인해 발생한 문제들이 있었다. 대중 집회 운동 이후, 미국에서 시작된 교회성장신학이 한국에 소개되었다. 다양한 교회 성장 프로그램이 도입되면서 대형교회 운동이 일어나면서 개교회주의로 나아가게 되었다. 성장주의의 영향으로 생겨난 초대형 교회의 출현은 장로정치를 경시하게 만들었다. 일개 교회가 노회보다 더 비대해지면서 상회와 상관없이 독주하는 일이 잦아졌기 때문이다. 개교회가 노회나 총회의 주요 업무인 선교, 구제, 복지 업무를 단독으로 실시함으로 총회가 통일된 정책을 펴기 어렵게 되었고, 목사가 교황처럼 군림하면서 교회의 부패를 초래하였다. 개교회주의가 확산되었지만, 노회는 분쟁을 조정할 능력을 발휘하지 못하였고, 그 결과 교계는 무정부 상태에 빠지게 된 것이다.

교회 성장 운동은 제자 훈련 운동과 함께 크게 확산되었다. 제자 훈련 운동은 그리스도의 제자를 만드는 데 목적이 있다기보다 교인 수를 늘리는 수단이 되어 교회의 타락을 촉구하였다. 대형 교회의 목회자들은 교회 성장을 위해서 세속적인 수단과 방법을 동원하는 것을 서슴지 않았다. 교회가 성경의 가르침을 버리고 실용주의적 방법을 채택하면서 세속화 되어갔다. 목적이 수단으로 대체되면서 장로교회의 정체성은 상실되어가면서 장로교 목회자보다는 릭 워렌(Rick Warren)이나 빌 하이벨스(Bill Hybels)와 같은 회중주의자들을 목회의 모델로 삼기 시작했고, 자연스럽게 교회 이름을 '장로교회'에서 '지역교회' (Community church)로 교체하는 현상도 나타났다.

반면 1970년대에 있었던 대 부흥운동은 세계 선교 운동을 가동시켰다. 한국 장로교회는 설립 초기부터 세계 선교에 대한 관심을 기울여 1907년 독노회가 조직될 때 이기풍 목사를 제주도에 파송하였고, 1912년 총회의 설립 후에는 중국 산동성에 선교사를 파송하기도 하였다. 선교 운동은 일제 강압 시대의 박해와 해방 후의 신사참배자 처리 문제, 신학 논쟁과 교권 투쟁 등으로 인하여 잠시 주춤하였으나 대중 집회 이후 다시 일어나게 되었다.[47] 그 결과 1979년 93명이던 선교사가 1988년에는 368명, 1990년에는 687명, 1994년 3,272명, 2002년에는 10,422명, 오늘날에는 24,000명으로 늘어나 35년 만에 약 258배의 성장을 하였다.[48]

하지만 선교 운동도 교회성장신학의 영향으로 교회 성장의 수단으

---

[47] 1980년 여의도 광장에서 열린 세계복음화성회가 10만 명의 선교사를 파송할 것을 결의함으로 본격적인 선교 운동이 시작되고, 1990년 여름 마닐라에 3천 명의 대학생을 단기 선교사로 파송함으로 단기 선교 운동 시대를 열었다. 1995년 잠실 올림픽 주경기장에서 모인 SM 2000 대회에는 8만 명의 대학생이 참석하였고, 이 모임이 10만 명의 대학생 통일봉사단과 세계 선교단원으로 조직하여 헌신할 것을 다짐하는 등 선교운동이 막을 올린 것이다.

[48] 문상철, "21세기 글로벌 선교의 리더", 한국선교연구원, 파발마 제 108호, 1.

로 변질되어갔다. 선교 붐과 함께 인재들이 선교 영역에만 쏠림으로 교회의 균형 발전이 깨지는 부작용이 나타나고 있는 현실이다. 교회의 균형 발전이 깨어지면서 교인 감소 현상이 나타나고 있는 실정이다.

한국장로교협의회와 정체성의 회복

한국장로교회는 1970년대의 대 부흥운동을 체험한 후로 1980년대의 교회의 정체기, 1990년대 이후 교인의 감소기를 보내고 있다. 특히 21세기를 맞아 포스트모더니즘과 실용주의의 도전을 받아 성경만이 신앙의 기초요 성경에 근거한 예배를 드려야 한다는 주장들은 소수의 의견으로 퇴색되었다. 사람들이 선호하는 예배를 추구하여 열린 예배가 장로교회 안에 자리를 잡아갔다. 이러한 예배의 세속화는 세상의 번뇌로부터 벗어나기 위해 교회로 돌아오는 허다한 젊은이들과 새로운 신자들을 교회 밖으로 밀어내고 있다, 실용주의적 가치관으로 장로교회가 정체성의 위기를 맞게 된 것이다.

그럼에도 불구하고, 1970년대의 대 부흥운동은 교회 연합의 기초를 제공하였다는 점에서 고무적이라고 할 수 있다. 부흥 운동으로 진보와 보수의 간격이 좁혀지면서 교회 연합을 위한 시도들이 나타났기 때문이다. 1980년 12월 8일 통합, 합동, 고신, 기장의 4개의 총회장과 총무가 장로교 협의체 구성에 관한 합의를 한 후 1981년 2월 '한국장로교협의회'가 조직되었고, 현재는 29개 교단이 참여하는 단체로 부상하였다. 한국장로교협의회는 장로교회의 일치와 정체성 회복을 위해 2001년 장로교정체성회복위원회를 만들고, 교회 연합과 일치 운동을 전개하였다. 장로교단에 속한 신학자들도 연합의 필요를 인식하고 통합, 합동, 고신, 대신, 백석, 합신 등에 속한 교수들을 중심으로 2002년 6월 한국장로교신학회를 조직하였다.

　　한국장로교신학회는 장로교의 정체성을 회복하는 작업을 벌이는 과정에서, 장로교회 각 교단들이 웨스트민스터 신앙고백서를 비롯한 표준문서를 신앙과 예배, 그리고 교회 정치의 기초로 삼고 있음을 확인할 수 있었다. 2009년 한국장로교협의회회장 이종윤 목사의 지휘 아래 칼빈 탄생 500주년 위원회를 조직하여 칼빈 신학에 대한 세미나 개최와 논문 발표, 출판 작업을 전개하였다. 칼빈의 생일을 장로교의 날로 정하고, 그 날에 장로교도들이 함께 모여 예배하자는 의도로 2009년 7월 9일 장충체육관에서 첫 번째 장로교회의 날 대회가 개최되었다. 설교를 통해 이종윤 목사는 장로교단이 하나 되기 위한 '일 교단 다 체제' 운동을 주장하였다. 장로교 연합 운동은 각 교단의 지지를 얻어 2012년 5월 각 교단 총회장과 총무들이 '일 교단 다 체제'를 이루기 위한 로드맵을 받아들임으로 연합을 위한 첫 발을 내딛게 되었다.

　　나가는 말

지금까지 한국장로교회가 지난 130년 동안 이룬 공로와 과실들에 대해 살펴보았다. 장로교회는 은둔의 나라를 계몽하여 근대 국가로 세웠으며, 일제 강점기에는 나라 잃은 민족의 울타리 역할을 하면서 독립 운동을 이끌거나 후원하였고, 신사참배에 대항하면서 민족의 자존심과 신앙의 자유를 지키고자 하였다. 해방 후에는 신학적 입장 차이, 지방주의, 그리고 교권주의자들에 의해 교회가 분열하는 아픔을 겪었지만 1970년대에는 민족 복음화 운동에 앞장서서 세계 역사상 유래 없는 큰 부흥을 체험하였다. 하지만 부흥운동 이후에 나타난 교단의 분열, 교회성장신학의 확산, 개교회주의 운동과 대교회 목사들의 부적절한 행동, 인재의 편파적인 활용, 기독교 교육의 실패 등으로 침체의 늪에 빠지게 되었음을 확인할 수 있었다.

이제 우리에게 남겨진 과제는 한국 장로교회가 새롭게 부흥을 체험하고, 교회 역사의 주역 역할을 감당하는데 있다. 한국 초대교회의 성도들이 오직 하나님의 말씀에 근거하여 거룩하고 경건하게 생활하면서 그릇된 사회제도를 개혁하고, 애족 · 애국 운동을 전개하여 세상의 칭찬과 존경을 받았던 것처럼, 다시 한 번 돌아가 성경이 보여주는 원칙에 따라 살면서 우리에게 주어진 시대적 사명을 다하여야 할 것이다. 이를 위해 몇 사안을 제안하고자 한다.

첫째는 교회의 세속화를 지양하여야 한다. 교회가 하나님 자녀들의 모임이므로, 하나님이 거룩하신 것처럼 거룩함을 회복해야 할 것이다. 예배와 생활에서 거룩함을 드러내고, 교회의 본질을 회복하여야 한다. 교회 안에 남아 있는 지방주의, 교권주의, 교회 이기주의, 학벌주의, 인맥주의와 인간의 심령에 내재한 성공주의, 쾌락주의, 명예주의 등 세속적 가치관을 타파함으로 예수 중심의 사랑과 은혜의 공동체를 만들어가야 한다.

둘째는 차세대를 준비해야 할 것이다. 노령화 사회에 접어든 한국 사회는 교회의 노령화도 심화되고 있다. 어린이와 청년이 줄고 아예 주일학교가 없는 교회들도 나타나고 있는 실정이어서, 결국은 영국과 서구 등지의 현상처럼 교회 폐쇄로 이어질 가능성도 있다. 교인의 감소는 차세대를 위한 교육의 부재로 인한 것이 크다. 그리고 인구의 감소에 영향을 받고 있다. 인구의 감소는 극단적 이기주의와 만혼에서 기인한다. 교회는 상부상조(창 2:18)와 음행 방지(고전 7:1), 자녀 생산(창 1:27~28)과 자녀의 경건한 양육(말 2:15)이라는 결혼제도의 목적을 실행하기 위해 자녀출산을 독려하고, 초대교인들이 조혼의 해악을 시정했던 것처럼, 만혼의 해로움을 계몽하는 운동을 전개해야 할 것이다. 아울러 가정교육을 강화하여 자녀들이 신앙 안에서 자랄 수 있도록 교회 예산을 대폭적으로 차세대 교육에 투자해야 할 것이다.

셋째는, 인재와 재정을 적절하게 배치하고 분배하여야 한다. 한국 장로교 신학교들이 1년에 배출하는 신학생 7,000여 명 가운데 다수가 선교에 종사함으로, 한국이 세계에서 2번째로 선교사를 많이 배출하는 나라가 되었다. 하지만 선교사가 지난 35년간 258배나 늘었지만, 신자의 수는 수백만 명이나 감소하였다는 것을 기억해야 한다. 교인 감소의 한 원인는 좋은 인재들이 선교사로 편중되는 현상에서도 찾을 수 있기 때문이다. 교회 재정의 큰 부분을 선교에 사용함으로 주일학교 교육에는 투자가 약화되고, 구제와 봉사 사역이 미미해짐으로, 결과적으로 교인의 감소를 초래한 것이다. 교회는 재정의 균형 배분, 인재의 적절한 배치와 활용을 위해서 연구 · 검토해야 할 것이다. 모두가 선교지에 직접 가는 고비용 선교보다는 국내에 들어와 있는 수많은 외국인들에게 복음을 전하고 돌보는 저비용 선교 정책(diaspora 선교 등)을 세워 실행함으로 예산을 절감하고, 대신 차세대를 이끌 지도자 배출을 위해 과감히 투자함으로 미래를 대비해야 할 것이다.

한 걸음 더 나아가 남북통일 문제, 전 세계 178개국에 흩어진 700만 명의 한인 디아스포라들에 대한 선교와 지원 문제, 선교 대국으로 세계 교회를 섬길 수 있는 신학적 · 인적 준비와 신학 교육의 국제화 등에 대해 적극적인 관심을 가지고 문제 해결자로서의 역할을 감당해야 할 것이다. 약화된 가정 예배를 다시 세우며, 모이기에 힘쓰고, 특히 한국교회의 부흥의 원동력이 되었던 저녁 예배를 회복해야 할 것이다. 15퍼센트의 자립교회와 85퍼센트의 미자립 교회로 나누어진 교회의 양극화 현실도 직시하고 해결책을 만들어 건강한 교회들을 세워야 한다.

무엇보다 중요한 것은 200여개로 나누어진 교단의 통합이다. 한국교

회는 지연과 학연, 교권주의와 신학적인 차이로 인하여 분열을 거듭함
으로 세상의 지탄을 받고 있다. 교회가 세상으로부터 칭찬과 존경을
받기 위해서는 분열의 원인이 되는 요소들을 비판하면서 배척하고, 상
호간의 동질성을 발견하는데 앞장섬으로 하나 되는 운동을 펴야 할
것이다. 한국장로교신학회가 주재한 여러 차례의 세미나를 통해서 확인
한 것처럼, 한국장로교회들은 웨스트민스터표준문서를 채택하고 있기
때문에 교리나 예배, 교회정치에서 차이점보다는 공통점이 더 많으므로
'일 교단 다 체제' 운동이 실천 단계에 와 있다고 할 수 있다.49

교회 연합이 이루기까지 많은 장애가 뒤따를 것이다. 우선 신학적인
입장 차이로 인한 상호 불신 제거, 초대 교회가 가졌던 성경의 영감과
무오에 대한 신학의 정립, 교단간의 쌓인 감정의 해소 등 헤아릴 수
없다. 그러나 연합이 주님의 기도제목이요, 사도들의 명령이며, 교회
역사가 제시하는 교회다움의 표지라고 한다면 우리 모두는 장애를 극복
하도록 전심전력을 기울여야 할 것이다. 동질성을 가진 교단부터 서로
하나 되기에 힘쓴다면 가능하지 않을까 생각한다.(*)50

---

49 교단 통합을 막는 가장 큰 장애로 작용하는 것이 신학교 문제이다. 한 교단 한 신학교를
추구함으로 교단 통합이 어려운 것이다. 그러나 교단이 하나 되려면 신학교를 다원화해야
한다. "하나의 통합된 거대한 신학교로는 인격적인 제자 교육을 시행해야 하는 바람직한
신학 교육을 할 수 없기 때문이다." 장로교협의회 신학 인준위원회가 인정하는 신학교 출신이
면 모두 강도사 고사에 응할 자격을 주든지, 아니면 공동 시험을 통해서 자격을 부여하면
될 것이다(김영재 2004, 395).

50 이 논문은 2012년 4월 한국장로교신학회에서 장로교단 총회 설립 100주년에 기념하여
발표한 것이다.

제4장

웨스트민스터신학교와 한국교회

말씀의 빛이 전혀 없이 무지와 미신이 지배하던 운둔의 나라 이 땅에 수많은 서양의 선교사들이 건너와 복음을 전했다. 미국, 캐나다, 호주를 비롯한 여러 나라에서 온 장로교, 감리교, 구세군, 침례교, 오순절 교단 등의 선교사들로 인하여 한국교회는 다양한 신학의 집합장이 되었다. 그럼에도 불구하고 한국교회는 성경을 신앙과 삶의 기준으로 삼고 신앙적 통일성을 이루어왔다. 성경의 영감과 권위에 대한 확신이 교인들 간에 자리 잡은 셈이다.

1. 웨스트민스터신학교에 대한 한국교회의 평가

한국교회는 때때로 현대주의 신학의 공격으로 도전을 받기도 했지만, 잘 극복함으로 사도들로부터 전수받은 성경적 신앙을 지켜왔다. 이는 한국교회를 이끌어 온 초대 지도자들의 덕분이며, 특히 다양한 신학

풍토 가운데서도 성경적 신앙을 고수하고자 애쓴 보수 목회자와 학자들의 공헌인데, 그들 다수가 웨스트민스터 출신들이었다. 1930년대 접어들어 자유주의 신학이 침투하면서 미국의 대표적인 신학교였던 프린스턴이 좌경화되었을 때 웨스트민스터신학교는 전통적인 장로교 신앙을 보수하면서 성경적 신학 운동을 전개하였는데, 그곳에서 신학 훈련을 받은 이들이 한국교회를 세우는 데 앞장섰던 것이다.

그럼에도 불구하고, 한국 신학계의 일부에서는 웨스트민스터 신학과 보수주의 신학 운동이 장로교 전통에서 떠난 극단적 분파주의, 또는 분열주의 운동이라고 혹평하기도 했다. 그 대표적인 인물로는 해방 이후 한국교회 형성 역사를 기술한 김양선 목사, 1960년대 이후 한국교회의 변천을 기술한 민경배 교수, 그리고 1970년대 이후의 한국 신학의 맥락을 논파한 이종성 박사 등이 있다.

『한국 기독교 해방 10년사』를 쓴 김양선은 웨스트민스터신학교의 설립자 그레섬 메이첸(J. Gresham Machen, 1881~1937)을 "극단적 보수주의 신학자"[1]라고 평하고, 메이첸의 가르침을 따르는 한국 선교사들은 "타 선교부와 비협동적 태도를 보인" 배타적인 자들이라고 비난하였다. 웨스트민스터 출신들을 메이첸 파[2]로 비하하면서, 한편으로는 신사참배를 거부하는 등 출옥 성도들을 가장 잘 이해한 사람들이었다고 평하기도 하였다. 김양선은 웨스트민스터 사람들을 타협을 모르는 완고한 자로 정죄하였고, 그들의 배타적인 성격 때문에 한국 장로교 총회로부터 배

---

[1] 김양선의 이러한 평가는 메이첸을 교회의 사람(a man of the church)이요, 성경의 사람(a man of the Bible)이며, 신조의 사람(a man of the Confession)"이라고 평한 프람스마 교수의 평가는 전혀 다른 것이다. L. Praamsma, *The Church in the Twentieth Century*, Vol 7. (St. Catherines, Ontario, Canada: Paideia Press, 1981), 227.

[2] 메이첸파라는 단어를 처음으로 사용한 이는 김양선이다. "메-첸 파는 미국 정통 장로회 혹은 성경장로회 소속 선교사를 지칭함인데 차등(此等) 장로파는 일찍 미국장로교파에서 분립 신설된 교파로서 보수주의 신학자 메-첸 박사를 수반으로 창설되었다."고 하였다. 김양선, 『한국 기독교 해방 10년사』 (서울: 대한 예수교 장로회총회 교육부, 1956), 161.

척을 당했다고 지적하였다.[3]

연세대학교의 교수였던 민경배 교수는 해방 이후의 한국교회사를 논하면서 장로교 총회로부터 고려파의 분리를 웨스트민스터 출신 탓으로 돌렸다. 그레셤 메이첸과 코넬리우스 밴 틸(Cornelius Van Til, 1895~1987) 아래서 신학 교육을 받은 박윤선 목사가 "한부선(B. F. Hunt, 韓富善) 및 하밀톤 선교사와 같은 메이첸(J. G. Machen)파 선교사들과 제협" 하여 고려신학교를 세웠지만, 그들의 비타협적인 자세로 인해 일부 목회자들의[4] 반발을 사 "1946년 12월 진주에서 모인 노회에서 고려신학교의 인가 취소론이 대두"되었다고 하였다. 곧 "메이첸파 선교사들의 자기의(義)적인 비타협적 태도와 소수의 열등한 자들의 광기 때문"에 고려신학교가 인가를 받지 못하였고, 결국 총회로부터 분열하게 되었다고 설명하였다.[5]

민경배는 신사참배를 지지했던 경남노회 소속 친일파의 행동을 정당화하면서 신사참배 거부운동을 전개했던 웨스트민스터신학교 출신들을 "비타협적인 자들" "소수의 열등한 자들" "분열을 획책하는 자들"로 비하하였다. 한 걸음 더 나아가, 그들에게 한국 장로교의 운명을 맡기는 것은 "조국을 잊어버리고 타국에 예속하려는 공산주의자"의 소행과 같다(민경배 1982, 459)고 지적하여 웨스트민스터 출신들을 사회적 물의를 일으키는 공산주의자로 비유하기도 하였다.

장로회신학대학교 총장을 역임한 이종성 박사도 동일한 입장을 취하였다. 그는 웨스트민스터 신학을 편협하고 맹목적이며, 전통적인 신앙에서 떠나 있다고 평가하였다. 1975년에 쓴 "한국 신학계의 좌와 우"

---

3 김양선 『한국 기독교 해방 10년사』, 189, 156.

4 이들은 신사참배를 지지하면서 신사참배에 앞장섰던 김길창을 따르던 무리로 친일파가 대부분이었다.

5 민경배, 『한국기독교회사』 (서울: 대한기독교출판사, 1982), 522.

라는 글에서 이 박사는 한국장로교 신학의 성격에 대해 다음과 같이
논하였다: "한국 장로교는 신학적인 보수주의와 정통신학을 기독교의
전체적인 전통과 교리에 비추어 이해하지 않고, 그 가운데 일부분을
전통으로 알고 있기 때문에 신학적인 이해가 편협하다. 따라서 그들은
메이첸(J. Gresham Machen)을 맹목적으로 따르고, 그 결과 맹목적이며
근본적인 신앙에 빠지게 된 것이다."[6] 한국 장로교 신학이 기독교 전통
에서 떠나 있으며 메이첸을 추종하여 근본주의적이 되었다고 본 것이다.
그는 또한 "한국의 장로교회 안에 메이첸 신학 사상을 맹종하는 사람들
이 상당수 있음을 매우 불행한 일로 생각한다."고 진술하면서, 그 맹종하
는 대표적인 무리가 웨스트민스터 출신들로, 그들은 "교리 절대주의"에
빠진 나머지 신학의 발전을 막고 있으며, 그들의 성경 무오에 대한 신앙
은 '문자 절대주의'에 빠져있다고 매도하였다(이종성 1975, 74). 성경의
오류를 인정하고 맹목적으로 전통적인 기독교 신앙을 고집하지 말 것을
요구한 것이다.

　　이종성 박사의 정통신학에 대한 비판은 같은 학교의 김명룡 교수에
게 이어지고 있다. 그는 1997년에 쓴 글에서 웨스트민스터 신학이 편협
하고 비타협적이라고 비판하면서 메이첸을 인신공격하였다. 메이첸이
프린스턴을 떠나서 웨스트민스터신학교를 세운 이유는 프린스턴의 신
학적 좌경화보다는 개인적인 이유로, 교수 승진에 탈락하여 반발하다가
총회와 교단을 떠난 것이라고 주장하였다.[7]

　　김명룡의 지적은 타당하지 못하다. 메이첸이 교수 승진을 하지 못한
것은 교권을 장악한 신학적 자유주의를 추구하는 총대들의 방해 때문이

---

　　6 이종성, "한국 신학계의 좌와 우" 『한국의 기독교 사상』 (서울: 기독교사상사, 1975),
74 이하.
　　7 김명룡, 『열린 신학 바른 교회론』 (서울: 장로회신학대학교 출판부, 1997), 190~199.
참고할 것.

었다. 메이첸은 끝까지 총회를 떠나려고 하지 않았지만, 총회가 그를
제명하여 결국 프린스턴을 나올 수밖에 없었던 것이다. 따라서 메이첸
과 웨스트민스터신학교 설립자들을 분리주의자로 매도하는 것은 논리
상 옳지 않으며, 웨스트민스터신학교의 설립을 비윤리적 사건으로 비난
하는 것은 부적절하다.

사실상 전기한 이들이 웨스트민스터에 대해 비판적인 입장을 취하
는 것은 웨스트민스터 신학이 전통적인 장로교 신앙에서 이탈했기 때문
이 아니라 그들의 신학과 신앙이 전통적 기독교 신앙과 다르기 때문이라
고 볼 수 있다. 성경의 영감과 권위를 부인하는 현대주의적 성경 해석을
수용하는 프린스턴의 편에 서 있으므로 그들의 평가는 매우 주관적이라
고 할 수 있다. 따라서 웨스트민스터신학교와 배출된 졸업생들의 신학
에 대해 보다 객관적으로 평가하려면 웨스트민스터가 프린스턴으로부
터 분리된 배경과 웨스트민스터신학교가 추구해 온 신학 사상에 대하여
살펴보아야 할 것이다.

2. 웨스트민스터신학교의 설립 배경과 신학

웨스트민스터신학교의 설립은 미국 장로교 신학의 보루였던 프린스턴
신학교의 좌경화에서 비롯되었다. 좌경화 현상은 미국 교회가 세속주의
사상과 현대주의 신학을 수용하면서 시작되었다. 찰스 다윈(Charles
Darwin, 1809~1882)이 1859년 『종의 기원』(Origin of Species)을 발표한 후
프린스턴대학의 제임스 맥코쉬(James McCosh, 1811~1894) 총장, 당대의
지도적인 신학자였던 헨리 비처(Henry Ward Beecher, 1813~1887)와 라이맨
애벗(Lyman Abbott, 1835~1922) 등이 진화론을 하나님의 섭리 방편 가운데

하나로 보게 되었다. 진화론에 대한 긍정적인 분위기가 조성되면서 허다한 신학자들이 진화론을 받아들이기 시작한 것이다.[8]

자유주의 신학의 도전

진화론의 확산은 자유주의 신학의 출현을 이끌었다. 뉴욕 유니온신학교(Union Theological Seminary)의 교수 찰스 브릭스(Charles A. Briggs, 1841~1913)는 성경 무오 사상을 부인하고, 모세의 모세 5경 저작설을 부인하는 등 성경의 영감과 권위를 부정하였다. 반 다이크(H. J. Van Dyke, 1852~1933) 등 현대주의자들은 전통적으로 교회가 고백해 온 『웨스트민스터 신앙고백서』를 버리고 새로운 신앙 고백을 만들 것을 주장하였다. 17세기의 농경 사회에서 작성한 신조를 산업 사회인 20세기에 사용할 수 없다는 논리였다. 신학적 자유주의가 미국 교회 안에 팽배해졌다.

현대주의의 도전에 대해 복음주의적 보수주의자들의 응전도 만만치 않았다. 스코틀랜드의 신학자 제임스 오르(James Orr, 1844~1913), 프린스턴신학교의 교수인 버렐(D. J. Burrell), 찰스 어드만(Charles R. Eerdman), 벤저민 워필드(B. B. Warfield, 1851~1921), 성공회 주교 뮬(H. C. Moule, 1841~1920), 세대주의자 스코필드(C. I. Scofield, 1843~1921), 부흥사 토레이(R. A Torrey, 1856~1928), 남침례교 신학자 에드가 멀린(Edgar Young Mullins, 1860~1928) 등 영국, 미국, 캐나다 출신의 보수주의자 64명은 자유주의 신학의 확산을 막기 위해서 응전에 나섰다.

그들은 로스앤젤레스의 부유한 실업가 라이맨 스티워트(Lyman Stewart, 1840~1923)와 헨리 스티워트(Henry Stewart) 형제의 도움을 받아 1910년에서 1915년 사이 『근본적인 것들: 진리의 증언』(The Fundamentals: A Testimony of the Truth)이라는 12권의 책을 출판하였다. 보수주의자들은 이 책 250만

---

[8] Maurice W. Armstrong, L. A. Loetscher, and C. A. Anderson ed., The Presbyterian Enterprise: Sources of American Presbyterian History. (Philadelphia: The Westminster Press, 1956), 235.

부를 미국 전역에 배포하여 세속주의와 현대주의의 해악을 널리 알리면서 전통적인 기독교 신앙을 옹호하였다.9 성경의 영감과 무오를 내세워 진화론의 위험성을 지적하고, 몰몬교와 신령주의자(Spiritualists), 크리스천 사이언즈(Christian Scientist), 천주교회, 사회주의 운동을 비판하고, 죄의 보편성과 하나님의 은총, 그리스도의 인격과 사역, 계시와 복음 전파 등을 골자로 보수주의 신학을 전개하였다.

프린스턴 신학의 좌경화

그러나 미국 교회는 점점 세속주의와 현대주의의 풍조에 물들어갔다. 성경의 영감과 무오, 권위에 대한 믿음을 강조해 왔던 프린스턴신학교마저 이 같은 시대적 조류에 휘말리기 시작하였다. 프린스턴이 현대주의 신학을 수용하게 된 것은 신학적 관용주의를 취하던 실천신학 교수 스티븐슨(Ross Stevenson)이 교장에 취임하면서부터이다. 스티븐슨이 1920년 초반부터 공개적으로 신학적 자유주의를 포용할 것을 선언하자, 메이첸을 비롯한 다수의 교수들은 성경의 영감과 무오, 권위에 대한 신앙을 강조하면서 전통적인 신학을 견지하고자 하였다.

메이첸은 자유주의와 기독교 신앙을 비교함으로 프린스턴 신학교 안에 퍼져가던 자유주의 신학의 위험성을 지적했다. 자유주의 신학은 성경에 기초한 신앙이 아닌 세속주의 사상임을 경고한 것이다. 이에 대해 진보주의자였던 스티븐슨은 1926년 총회를 설득하여 메이첸의 승진을 막고, 프린스턴에서 떠나도록 압력을 가하였다.

---

9 기고자들은 성경에 대한 고등 비평과 현대 과학 사상의 문제성을 지적하고, 기독교 신앙의 근본적 또는 기본적인 교리들을 옹호하였다. 그 내용은 (1) 성경은 영감된 하나님의 말씀으로 오류가 없으며, (2) 예수 그리스도는 동정녀에게서 탄생하여 죄 없는 삶을 살았고, 죄인을 대신하여 죽으시고, 부활·승천하였으며, 마지막 때에 영광 가운데 육체적으로 재림하실 것이며, (3) 죄가 세상에 만연하고, (4) 인간의 노력이 아닌 하나님의 은혜로만 구원을 얻을 수 있으며, (5) 교회는 그리스도인을 양육하고 복음을 증거 하기 위해 세우신 기관이라는 것 등이다.

한편 스티븐슨은 프린스턴신학교에 자유주의를 소개하는 교과 과정 안을 통과시킴으로 학교 내의 모든 학문 활동이 학문의 자유라는 이름 아래 보장받게 만들었다. 이때부터 프린스턴은 자유주의 신학의 중심지로 변모하여 성경적 보수 신학은 비판받고, 현대주의적인 진보 신학이 득세하였다.

웨스트민스터신학교의 개교

새로운 신학교의 필요를 인식한 신학적 보수주의자들은 1927년부터 총회 안에 학교 설립을 계획하였다. 이 계획은 1929년 총회 이후 급속도로 진전을 보여, 그해 6월 17일 보수적인 목사와 평신도, 프린스턴의 교수진, 이전의 신학교 이사들이 뉴욕에 모여 구 프린스턴의 신학적 전통과 유산을 계승할 수 있는 학교 설립을 논의하였다. 7월 8일 모임에는 여러 명의 신실한 실업가와 메이첸, 로버트 윌슨(Robert Wilson, 1856~1930), 오스월드 앨리스(Oswald Allis, 1880~1973) 교수 등이 합세하였다. 7월 18일 이전의 프린스턴신학교 이사들과 교수진, 학생 등 70여명이 모여 프린스턴의 성경적 개혁주의 신학을 계승할 새로운 학교를 설립하기로 결의하였고, 드디어 필라델피아의 위더스푼 홀(Witherspoon Hall)에서 웨스트민스터신학교(Westminster Theological Seminary)를 개교하였다.

웨스트민스터신학교는 신학적 변질을 막고, 전통적인 장로교 신앙과 성경 중심의 신학을 지키기 위해 세워진 학교로, 개교 이래 전통적인 장로교 신앙의 교육, 성경의 영감과 권위에 대한 강조, 삶의 전 영역에서 성경의 적용을 주장해 왔다. 구 프린스턴 신학을 계승한 셈이다. 신프린스턴이 성경의 영감과 권위를 부정하는 데 앞장섰지만, 웨스트민스터는 구 프린스턴의 전통을 따라 성경의 영감과 무오뿐만 아니라 절대적인 권위를 가르쳐 왔다. 이와 같은 웨스트민스터신학교의 신학적 입장은 『신에 의한 통치: 개혁주의적 비판』(Theonomy: A Reformed Critique)에 잘 나타나 있다.

1980년 필라델피아와 캘리포니아의 에스콘디도(Escondido)에 재직하던 16명의 웨스트민스터신학교 교수들은 개혁주의 신학이 신율주의자(theonomist)들에 의해 도전을 받자, 그들의 발흥을 경고하며 『신에 의한 통치: 개혁주의적 비판』을 출판하였다. 이 책에서 그들은 웨스트민스터 신학이 "기록된 하나님의 말씀으로서의 성경의 충만한 권위와 무오, 인간 이성의 권위에 대항하는 신앙의 변증, 예수 그리스도에 대한 믿음을 통하여 전적으로 은혜롭게 해결할 뿐만 아니라 삶과 사상의 모든 영역에서 드러나는 하나님의 주권, 우리 주 예수 그리스도의 왕권, 그리고 하나님의 법의 실천적 권위"를 실현하는 것이라고 선언하였다.[10] 웨스트민스터 신학은 새로운 신학이 아닌 장로교도들이 수백 년에 걸쳐 주장해 온 사상임을 천명한 것으로 사실상 한국교회가 오랫동안 고백해 온 신앙이기도 할 수 있다.

3. 웨스트민스터신학교가 한국에 미친 영향

웨스트민스터 비판자들은 웨스트민스터 신학이 비타협적이고 극단적이어서 한국교회에 해를 끼쳤다고 평하지만, 실상은 한국교회의 발전에 커다란 공헌을 이루었다. 웨스트민스터 신학은 전통적인 한국교회의 신앙과 신학을 고수하고, 발전시킨 원동력이었기 때문이다.

한국교회는 원래 철두철미한 성경적 신앙에 기초하여 설립되었다.

---

10 William S. Barker and W. Robert Godfrey edited. Theonomy: A Reformed Critique (Grand Rapids, Michigan: Zondervan Publishing House, 1990), 10.

초기 선교사들의 간증을 살펴보면, 한국 초대 교회는 오늘날 웨스트민스터신학교가 고백하는 내용과 동일한 신앙을 가졌음을 발견할 수 있다. 앞장에서 이미 논하였던 것처럼, 1세대 선교사인 사무엘 마펫(Samuel Moffet, 1864~1939)은 "한국교회는 성경을 하나님의 말씀으로 믿고 있다"고 했고,[11] 존스(G. H. Jones)는 한국에는 "성경의 권위와 그 가치에 대한 깊은 확신이 널리 퍼져 있다"고 언급하였다.[12] 제 2세대 선교사인 알렌 클라크 (Allen C. Clark, 1878~1961, 곽안련) 선교사도 "한국에서 성경은 독보적인 위치"에 있음을 확인하였다.[13] 한국 장로교회가 성경적 신앙을 절대화하였음을 알 수 있는 증거이며 전적으로 웨스트민스터가 추구해 신학의 방향과 맥락을 같이 하여 온 신앙인 것이다. 이제 웨스트민스터신학교가 한국교회에 미친 영향을 간단하게 살펴보도록 하자.

바른 신학의 기초 확립

한국의 교회는 성경의 영감과 절대적인 권위를 고백해 왔지만, 1930년대에 이르러 자유주의의 도전을 받게 되었다. 미국에서 프린스턴이 좌경화 되자, 한국에서도 성경에 대한 현대주의적 해석을 시도하는 자들이 등장해 성경의 영감과 권위에 대한 회의를 표하기 시작한 것이다. 우선은 선교사들 중 일부가 현대주의의 영향을 드러내기 시작했고, "이로 인해 한국인 교회 지도자들 사이에서도 두 신학 조류 간의 갈등이 있게 되었다."[14] 전통적인 보수 신학을 고수하고자 하는 이들과 자유주

---

[11] Harriet Pollard, "The History of the Missionary Enterprise of the Presbyterian Church, U. S. A. in Korea with Special Emphasis on the Personnel," (Th. M. thesis, Northwestern University, 1972), 26.

[12] G. H. Jones, "The Growth of the Church in the Mission Field," *The International Review of Missions*, (1912). vol. 1. No. 3. 417.

[13] Charles Allen Clark, *The Korean Church and the Nevius Methods* (New York: Fleming H. Revell, 1928), 121.

[14] 이만열, 『한국기독교사 특강』 (서울: 성경읽기사, 1987), 79.

의 신학을 추구하는 이들로 갈라지기 시작한 것이다.

한국에 자유주의 신학을 소개하고자 한 첫 인물은 일본의 청산학원에서 신학 수업을 마치고 돌아온 김재준 목사였다. 그는 1934년 모세 5경의 모세 저작과 성경 무오 교리를 부인하여 한국교회에 큰 충격을 주었다. 1935년 채필근, 한경직, 송창근, 김재준 등 장로교 목사들이 현대주의 성경 해석 원리에 따라 저술된 『아빙돈 단권 성경 주석』의 번역에 참가함으로 신학적 혼란이 가중되었고, 그와 함께 신학적 자유주의는 점차로 확산되어 갔다.

이러한 신학적 포용주의의 도전에 대항하여 전통적 장로교 신앙을 외치면서 성경적 기독교 신앙을 고수한 이가 바로 메이첸의 제자였던 죽산 박형룡이었다. 죽산은 민경배의 지적처럼 구 프린스턴에서 "메이첸의 영향을 결정적으로 받았던" 학자로, 신학은 "'창작'이 아니라 사도적 전통의 정신앙(正信仰)을 보수하는" 것임을 확신했던 인물이다.[15] 그는 신념대로 김재준 신학의 그릇됨을 비판하고, 성경의 무오와 축자영감을 주장하였다. 1935년 5월 김재준 목사의 글이 한국교회에 악 영향을 줄 수 있음을 이유로 「신학지남」에 싣지 못하게 하는 등 성경적 신앙의 수호에 앞장서기도 했다. 박형룡의 영향으로 장로교 총회는 김재준 신학의 그릇됨을 확인할 수 있었고, 자유주의 신학을 경계하면서 『아빙돈 단권 성경 주석』 작업에 참여한 한경직 목사 등을 징계 조처하였다.

바른 신앙 운동 - 신사참배 반대 운동의 전개

비록 죽산 박형룡에 의해 현대주의적 성경 해석과 신학적 포용주의가 제어되었지만 그 잔재가 다 사라진 것은 아니었다. 성경에 대한 믿음이

---

15 민경배, 『한국기독교회사』, 331.

흔들리면서 신앙적 상대주의가 나타나고, 성경의 가르침보다 세속적
권위에 타협하려는 현상들이 일어났다. 한 예로, 일제가 황국신민화
운동을 전개하며 신사참배를 강요하자, 대부분의 교회 지도자들은 시대
에 타협하여 신사참배는 우상숭배가 아닌 국민의 의례라고 주장하였다.
그들은 공교롭게도 자유주의 신학에 동조적이었던 이들이었다. 김재준,
채필근, 김영주 등 현대주의 신학을 따르던 목사들과 프린스턴에서 현
대주의의 영향을 받았던 송창근 목사를 중심하여 만들어졌는데, 그들은
신사참배를 종용하였다.[16]

반면 웨스트민스터 출신들은 신사참배를 반대하는 데 앞장섰다. 메
이첸의 제자들과 메이첸을 지지하던 20여 명의 선교사들은[17] 신사참배
가 우상숭배임을 지적하면서 신사참배 반대 운동을 전개하였다. 이 일
로 한부선(Bruce F. Hunt), 마두원(D. R. Malsbary), 최의손(William H.
Chisholm), 함일돈(F. E. Hamilton) 선교사 등 메이첸의 지지자들은 체포되
거나 국외로 추방당하였다.[18]

신사 참배 거부 운동을 주도한 인물 가운데 대표적인 이가 한부선이
다. 그는 한국에서 태어나 1935년과 1936년 웨스트민스터에서 신학수업
을 받은 이로, 1938년 총회가 신사참배를 가결하자 즉각 신사참배 결정
의 부당함을 강력하게 항의하였다. 메이첸의 제자였던 박형룡 박사와
박윤선 박사도 신사참배 반대 운동을 펴다가 중국으로 피신하였다. 그
들의 영향으로 수많은 성도들이 신사참배를 거부하고, 50여 명이 넘는

16 박응규, 『한부선 평전』 (서울: 도서출판 그리심, 2006), 262.
17 메이첸을 지지하던 선교사 가운데는 황호리(H. C. Whiting), 배의남(Roy. M. Byram),
한부선(Bruce F. Hunt), 함일돈(Floyd E. Hamilton), 허대전(J. Gorden Holdcroft), 배위량(William
Baird), 최이손(William Chisholm), 마두원(Dwight Malsbary), 감부열(Edwin Campbell), 소열도
(T. Stanley Soltau), 한선(Marjorie L. Hanson) 등이 있었다. Sung Chun Chun, "Schism and
Unity in the Protestant Churches in Korea" (Ph. D. dissertation. Yale University, 1955), 173.
18 박윤선, 『성경과 나의 생애』 (서울: 영음사, 1992), 88.

하나님의 사람들이 신앙을 지키기 위해 기꺼이 순교의 제물이 되었다.

바른 신학 운동 - 고신을 중심으로, 교회 정화 운동

1945년 8월 15일 해방과 함께 신사참배를 반대하다 투옥되었던 성도들이 출옥하였다. 출옥 성도들은 교회의 죄를 회개하고 교계를 정화하고자 하였으나 교권을 잡고 있던 신사참배자들은 회개를 거부하고 자기 합리화에만 급급했다. 이 때 한상동 목사와 주남선 목사 등은 바른 신학 교육을 통해 교회 정화를 이루어질 수 있다는 확신을 가지고 신학교 설립 운동을 전개하였다. 회개를 거부하는 교권주의자들과 신학적 포용주의를 취하던 김재준과 송창근 등이 장악하고 있던 조선신학교를 대체할 수 있는 새로운 신학교를 세워서 성경적 신앙 운동을 전개함으로 교회 정화 운동을 벌이고자 한 것이다.

출옥 성도들은 1946년 9월 20일 부산에서 고려신학교를 개교하였다. 그들은 "성경 중심, 진실 위주, 성령의 감동과 인도하심을 받자"(박윤선 1992, 88)는 취지로 개교하였는데, 이에 가담한 대부분의 사람들이 웨스트민스터신학교와 관련된 이들이었다. 곧 메이첸의 지지자 또는 제자였던 한부선, 마두원, 최의손, 함일돈 등 4명의 선교사와 박형룡 박사와 박윤선 박사 등이 고려신학교의 교장 또는 교수로 참여하였다. 초대 교장 박형룡 박사는 "메이첸 파의 신학사상을 가장 건전한 것으로 인정"하고, 웨스트민스터 신학을 한국에 정착시킨 인물이었다.[19] 그를 비롯한 웨스트민스터 출신들의 노력으로 성경 중심적 개혁주의 신학 운동이 한국 땅에 뿌리내릴 수 있었다.

웨스트민스터신학교 출신들과 보수적인 신자들은 한국교회의 칼빈주의적이고 청교도적인 전통적인 신앙을 꿋꿋이 지켜냈다. 한국교회 속

---

19 김양선, 『한국 기독교 해방 10년사』, 153

에 성경의 영감과 권위를 부정하는 자유주의 신학이 등장했을 때 성경의 영감과 권위를 옹호하여 보수적인 신앙을 보존할 수 있게 하였고, 우상 숭배가 만연할 때에 말씀의 실천을 강요하여 신사참배를 거부하였으며, 신학교가 친일적 교권주의자와 타협주의자들에 의해 오도될 때 새로운 신학교를 세움으로 교회 정화 운동을 주도하였다. 부연하여 웨스트민스터 신학이 한국교회에 끼친 신학적 영향에 대하여 살펴보도록 하자.

변증적 성경신학의 소개

17세기에 일어난 합리주의 사상의 영향으로 기독교 신앙에 대한 부정적, 회의적인 견해가 지배적인 사회가 되었다. 점차 합리주의와 계몽주의 운동이 확산되면서 성경이 하나님의 계시가 아닌 여러 가지 단편적인 문서들을 조합하고 편집한 인간적 작품이라는 고등 비평 사상이 등장하였다. 이와 함께 기독교를 계시의 종교에서 인간의 종교로 전락시키려는 시도들이 유럽과 북아메리카에서 일어났으며, 다수가 자유주의 신학을 받아들임으로 서구의 교회들은 약화되었다.

그러나 한국교회는 예외적으로 고등 비평이 자리 잡는 데 실패했고, 전통적인 신앙을 유지할 수 있었다. 한국교회의 지도자들이 논리적 사고나 철학에 기초한 서구 조직신학을 학문적으로는 반감 없이 수용하면서도 목회 상황에 적용하는 것은 매우 부담스럽게 여겼기 때문이다. 서구 사상의 입장에서 볼 때는 진리란 반드시 이치에 맞아 떨어지고 지적 이해와 동의를 전제해야 하나, 동양적 사고 구조를 지닌 대부분 목회자들은 감성적으로 이해하는 것을 선호하고, 지성적인 면만 강조하는 서구 사상을 이질적인 것으로 간주하였다. 성경에 대한 합리주의적인 이해보다는 감성적이고 전인적인 이해를 수용했던 것이다.

한국인들이 성경에 대해 단순하고 확고한 믿음을 가지게 된 것은 웨스트민스터신학교가 가르쳐 온 성경신학과 변증학의 영향이라고 볼수 있다. 성경신학은 찰스 하지(Charles Hodge, 1797~1878) 때에 이르러서 성경신학과 조직신학으로 세분화 되기 시작하여, 게할더스 보스(Geerhardus Vos, 1862~1947)에 의해 프린스턴 신학교에 처음으로 소개된 학문으로, 성경의 가르침을 신학적으로 이해하려고 하였다. 그 후 존 머레이(John Murray, 1898~1975)와 메러디스 클라인(Meredith G. Kline), 그리고 리처드 개핀(Richard Gaffin Jr)은 성경 계시의 발전과정에 초점을 두고 연구하였다. 이들의 노고에 힘입어 성경을 단순한 사건의 연속으로 보는 대신, 역사를 주관하시는 하나님의 구원 섭리 즉, 구속사적인 관점에서 이해하려는 시도들이 이어졌다. 그 결과 계시에 대한 신뢰와 확신을 얻게 되고, 성경이 하나님의 말씀이라는 입장이 견고해지면서 변증학이 나오게 되었다.

변증학은 밴 틸(Cornelius Van Til, 1895~1987)에 의해 발전하여 기독교 신앙의 확고한 방패 역할을 감당했다. 밴 틸의 전제론적 변증학은 인간의 자율성을 전적으로 부정하였다. 타락한 인간은 스스로 참된 지식을 얻을 수 없으므로, 계시 의존 사색을 통하여 하나님과 인간에 대한 바른 지식을 얻을 수 있다는 것이다. 자율의 틀을 벗어 버리고 성경이 계시한 하나님의 존재와 섭리를 전제하며, 성경을 모든 사고의 시작점으로 삼아야 할 것을 가르쳤다. 변증학의 영향으로 인간의 지성보다는 계시의 중요성을 강조하게 되었고, 결과적으로 성경에 대한 확실한 신앙을 추구하게 되었다.

한국에서 변증학과 성경신학의 조화를 통하여 바른 신학을 세워 가려는 시도는 정암 박윤선 박사에 의해서 시작되었다. 정암은 웨스트민스터에 입학하여 학장이요 신약 학자였던 메이첸, 변증학자 밴 틸, 구약학자 앨리스 등에게서 배우고 귀국한 후 바른 신학 운동을 펴나갔다. 그는 웨스트민스터 유학 시절을 회상하며 다음과 같이 기록하였다. "나는 신학자들의 학설에 대한 비판을 이때부터 제대로 하게 되었다. 이에 따라서 성경의 권위도 깨닫게 되었고, 그 권위는 하나님의 말씀이라는 것을 확신케 되었다. 그리고 이때에 나는 성경 해석 방법도 배우게 되었다. 성경해석을 바로만 한다면 기독교는 어디까지나 초자연주의(超自然主意)라는 사실이 나에게 명백히 알려진 것이다."[20]

정암 박윤선은 웨스트민스터에서 성경신학과 변증학을 통해 학습한 성경적 신학을 성경 주석 작업에 적용하였다. 성경에 드러난 예수를 통한 하나님의 구속 사역을 증거하고, 독자들이 자유주의와 신정통주의 등 그릇된 신학에 대한 비판적 의식을 가질 수 있도록 인도한 것이다. 정암의 성경신학과 변증학적 사상을 조화시키려는 노력은 1976년에 저술한 『성경신학』에 잘 나타나 있다. 그는 이렇게 말했다. "성경신학은 주경신학의 한 부분으로 되어 있다. 그러므로 성경을 연구함에 있어서 성경신학적으로 취급하기 위하여 우리는 무엇보다도 먼저 주경학적으로 접근해야 된다. 그와 동시에 우리는 계시사적(啓示史的)연구를 하지 않으면 안 된다. 계시사적 연구란 것은 성경의 어떤 부분을 성경 전체에 비추어 해석하고, 그 역사적인 위치를 중대시하는 것이다. 그러므로 그 부분에 나타난 계시의 역사적 보조를 파악함에 따라서 거기에 나타난 계시를 확신함에 이르게 된다."[21]

정암은 "성경을 바로 아는 것이 성경신학의 기본 원리"로, 그릇된 인식으로 인해 잘못된 신학 운동이 일어난다고 보았다. 그는 밴 틸의 『기독교 인식론』(The Defense of the Faith: Christian Epistemology)에 의거하여, "인간이 자기의 지혜로 하나님을 알 수 없고 오직 하나님의 계시에

---

20 박윤선, 『성경과 나의 생애』, 73.
21 박윤선, 『성경신학』 (서울: 영음사, 1976), 5. 정암은 서론에서 자신의 성경신학 사상이 G. Vos와 Herman N. Ridderbos에게서 많이 왔음을 밝힌 바 있다.

의해서만 알게 된다."고 강조하였다(박윤선 1976, 11). 곧 계시 의존을 통해서만 바른 신앙 운동이 가능하다고 본 것이다.

정암은 성경신학과 변증학의 조화 있는 신학 체제를 이룸으로 신학을 세우고자 하였다. 이러한 신학적 성향은 단지 박윤선에 국한된 것은 아니다. 웨스트민스터신학교에서 수학한 대부분의 목회자들과 신학자들은 성경의 절대적 권위를 인정하며, 신앙과 신학의 궁극적인 답을 성경에서 찾아야 한다는 신학적 전제를 가지고 있다. 이는 현재 성경신학뿐 아니라, 조직신학과 역사신학, 그리고 실천신학을 가르치고 있는 교수들에게서도 자명하게 드러나고 있는 현상이다.

학문과 경건의 조화

웨스트민스터신학교가 한국에 미친 영향 가운데 하나는 학문과 경건의 조화이다. 일반적으로 학문에 치중하다 보면 경건이 약화될 수 있고, 경건을 강조하다 보면 학문이 약화될 수 있다. 구 프린스턴의 교수였던 알렉산더(Archibald Alexander, 1772~1851), 하지(Charles Hodge, 1797~1878), 워필드(Benjamin Breckinridge Warfield, 1851~1921)는 말씀의 객관적 진리는 성도의 주관적 신앙 체험의 기초가 되어야 한다는 확신 때문에 사변적인 신학을 경계하였다. 그들이 성경의 중요성을 강조하게 된 동기는 신령주의와 맞서는 변증적 자세와 함께, 신학이 성도들의 삶에 대한 책임을 져야 한다는 확신으로부터 나온 것이다. 이러한 배경에서 그들은 학문과 경건의 조화를 강조하였다.

복음이 올바로 전해져 성도들이 구원을 얻는다는 것은 진리에 대한 동의와 신뢰가 있어야 한다. 성경만이 유일한 진리의 근거가 될 때에 경건이 가능하기 때문이다. 앤드루 호페커(W. Andrew Hoffecker)가 『경건과 프린스턴 신학자들』(Piety and the Princeton Theologians)에서 증거 하였

듯이 알렉산더와 하지, 워필드와 같은 학자들은 그 당시 체험적인 면을
지나치게 강조하는 신학 운동을 반대하였다. 그럼에도 불구하고, 그들
은 성경의 객관적인 진리와 함께 성도의 주관적인 신앙 체험의 중요성을
강조하였다.[22] 교리적으로 보면 구 프린스턴의 신학자들은 전통적 신학
노선을 중요시 여기는 '구파'(Old School)에 속하여, '신파'(New School)가
주장하던 영적인 체험 일변도의 신학을 배척하는 동시에 신앙의 주관성
이 지니는 그 중요성을 놓치지 않고 있었다.

구 프린스턴으로부터 시작된 '학문과 경건의 조화'는 웨스트민스터
로 이어졌다. 메이첸은 독일 유학 시절 자유주의자 신학자들이 그릇된
신학 운동을 폄에도 불구하고 경건함을 유지하는 것을 보고 매우 놀랐
다. 그는 자유주의자들이 경건과 학문을 별개의 것으로 간주하고 있다
는 것을 확인한 후, 경건과 학문을 구별해서는 안 된다고 주장하기 시작
했다. 신앙과 생활이 별개의 것이 될 수 없다는 것이다. 자연히 웨스트민
스터신학교는 학문과 경건의 조화를 중요시하게 되었다.

정암이 웨스트민스터신학교에서 수학할 때 가장 큰 영향을 받은
인물은 메이첸이다. 신약을 전공한 그로서 정암이 메이첸을 통해 영향
을 받았다는 것을 당연하게 볼 수 있겠으나, 그가 받은 영향력은 단순히
학적인 면만이 아니었다. 메이첸으로부터 학문과 경건의 조화에 대하여
배우게 된 것이다. 그는 이렇게 말했다. "메이첸 박사는 위대한 신학자로
서 하나님의 말씀대로 사는 진실한 신앙가였다. 그는 평생 결혼하지
않고 독신으로 지내면서 불철주야 하나님의 말씀을 연구하는 성경학자
였으며, 모든 신학생들을 자기 자식처럼 사랑하면서 신앙적으로 지도해
주었다."[23] 메이첸은 교수 사역이 곧 신학생 목회 사역이라는 목회자적

22 W. Andrew Hoffecker, Piety and the Princeton Theologians (New Jersey, Presbyterian
and Reformed Publishing Co., 1981).
23 박윤선, 『성경과 나의 생애』, 72.

자세를 가지고 있었으며, 정암 역시 평생토록 신학생의 목회자이자 한국 목사들의 목회자로 섬기려는 자세를 버리지 않았다.

한국 신학교에서 사역하고 있는 웨스트민스터 출신의 교수들 가운데 목회자적 자질을 가진 이들이 많음을 종종 확인하게 된다. 실상 교수 사역 도중에 목회를 선택한다든지, 목회를 하다가 교수 사역으로 전념하는 분들을 주위에서 쉽게 발견할 수 있다. 이는 단순히 한 개인의 자질의 문제가 아니라, 이미 구 프린스턴과 웨스트민스터, 그리고 한국교회로 이어지는 '학문과 경건의 조화'의 강조점에 의한 교육의 효과라 볼 수 있다.

보수적 신학의 확산과 선교 운동

웨스트민스터신학교가 한국에 미친 영향 가운데 또 다른 하나는 보수적인 신학을 유지하면서도 사회 선교에 관심을 기울였다는 점이다. 대표적인 예로, 간하배(Harvie Conn, 1933~1999) 선교사를 들 수 있다. 그는 총신대학교 교수로 일하는 등 풍부한 학적 지식을 갖추었음에도 불구하고, 한국에 파송된 선교사라는 자신의 본분을 잊지 않고 소외된 자들, 곧 창녀촌과 농촌을 두루 다니면서 복음을 전하였다. 복음을 전하다가 몰매를 맞아 심한 상처를 입어 평생 한쪽 다리를 절고 다녀야했다.

복음이 처음 이 땅에 들어왔을 당시 선교사들의 역할은 대체로 신학적이라기보다는 복음적이었다. 간하배는 자유주의 신학과 신정통주의를 포함한 현대신학의 그릇된 점을 지적하는 책을 저술하여 한국교회에 알리는 등, 한국교회가 건전한 개혁주의적 신학전통에 기초하여 자리를 잡는데 크게 공헌하였다.[24] 그의 철저한 개혁주의 신학과 변증학은 당시 한국교회가 자유주의의 영향력을 배제할 수 있는 원동력이 되었고, 그

---

24 간하배 『현대 신학 해설』 (서울: 개혁주의신행협회, 1973)이 좋은 예이다.

의 선교적 열정은 향후 한국교회의 방향성 설정에 긍정적인 영향력을
남겼다.

　간하배를 통하여 한국교회는 소외된 자에 대한 관심과 보살핌을
가지게 되었고, 신학이 상아탑에만 머물 것이 아니라 삶의 현장에 적용
되어야 한다는 가르침을 얻게 되었다. 또한 선교 운동은 단순한 복음
전파가 아니라 바른 신학에 기초한 선교, 곧 신학적인 든든한 전제 위에
서 이루어져야 된다는 됨을 배웠다. 이러한 개혁주의적 신학 사상은
한국교회로 하여금 현실에 대한 적극적인 자세를 취하게 만들어 장애자
와 노숙자, 노동 이주자와 한국인과 결혼하여 입국한 외국인 배우자
등 소수자에 대한 배려와 정책을 활발하게 전개하고 있다.

인적 영향

웨스트민스터는 상기한 것과 같이 한국교회의 신학적 기초를 놓았고,
졸업생들은 보수적이며 성경만을 사랑하는 풍토를 조성하였다. 웨스트
민스터는 1930년대 초반 한국인 최초의 학생인 김치선과 두 번째 학생
인 박윤선을 받았고, 그들이 졸업한 후 이어 수많은 인재들을 배출하였
다. 지금까지 통계를 보면 졸업생 가운데 17명의 전·현직 대학 총장들[25]
과, 여의도순복음중앙교회, 충현교회, 사랑의 교회, 서울교회, 호산나교
회 등 한국을 대표하는 교회들을 목회하는 목회자들이 있으며, 동문
대부분이 20개가 넘는 신학교육 기관에서 교수로 사역하고 있다.[26]

---

[25] 지금까지 각급 대학의 학장 또는 총장으로 사역하였거나 사역하고 있는 이들은 다음과
같다. 김치선(대한신학교), 박윤선(고신대학교, 총신대학교, 합동신학대학원대학교), 이근삼
(고신대학교), 한철하(아신대), 김의환(총신대), 김명혁(합동신학대학원대학교), 손봉호(동덕
여자대학교), 이종윤(전주대), 전호진(고신대학교), 박형용(합동신학대학원대학교), 황창기
(고신대학교), 김의원(총신대), 정규남(광신대학교), 이강평(서울기독대학교), 손석태(개신대
학원대학교), 김인환(총신대), 오덕교(합동신학대학원대학교).

[26] 웨스트민스터 동문들이 교수로 재직하고 있는 학교에는 고신대, 고신대신대원, 광신
대, 계약신학대학원, 개신대학원, 대신대, 동덕여대, 백석대, 서울기독대학교, 서울대, 수원신

웨스트민스터신학교 졸업생들은 한국 사회에서 행정가로, 목회자로, 신학자로 괄목할 만한 위치에서 사역하고 있다. 한국 신학계에 미친 웨스트민스터신학교의 영향은 전 세계의 어느 신학교에 비교할 수 없다. 미국 최고의 신학교라고 일컫던 프린스턴신학교나 유니온신학교, 하버드대학교나 예일대학교 출신보다 더 많은 졸업생들이 배출되어 곳곳에서 사역을 감당하고 있다.

나가는 말

지금까지 우리는 웨스트민스터신학교가 한국교회에 미친 영향에 대해 살펴보았다. 비록 소수의 사람들이었지만, 성경에 기초한 바른 신학 운동을 펴고, 신사참배를 거부하는 등 바른 생활 운동을 전개하면서 교회 정화 운동을 이끌고, 성경신학과 변증학을 소개함으로 오직 성경만을 강조하는 개혁주의 신학을 가능하게 하였으며, 경건과 학문의 조화를 통하여 건전한 신학의 전통을 세움으로 한국교회를 기름지게 하였다. 그러나 웨스트민스터신학교가 미래의 한국 사회에도 영향을 미칠지는 미지수라고 하겠다. 미국 내에서 웨스트민스터신학교의 위상이 약화되고 있고, 한국 학생들이 입학을 기피하고 있기 때문이다.

웨스트민스터신학교는 1980년대까지만 해도 최고의 교수진을 유지하고 있었다. 그러나 1990년대 이후 재정적인 문제로 우수한 교수들을 유치하는데 실패함으로 미국 신학계에서 영향력이 약화되었다. 1990년대 이후 입학생들에게 더욱 높은 GRE와 TSE 성적의 요구함으로 많은 한국 학생들이 입학을 기피하고 복음주의적인 신학교들, 곧 풀러신학교(Fuller Theological Seminary)나 트리니티복음주의신학교(Trinity Evangelical Divinity

학교, 아신대, 연세대, 이화여대, 웨스트민스터신학대학원, 평택대, 칼빈대, 총신대, 한국성서대, 한반도국제대학원, 한세대, 합동신학대학원 등이 있다.

School)로 진학하는 경향이 두드러져, 1990년대 후반부터 웨스트민스터신학교 출신들의 한국 신학계 진출 비율이 급격하게 낮아지고 있다. 이러한 추세로 나아가게 된다면 웨스트민스터신학교가 21세기의 한국교회에 미칠 수 있는 영향력은 미미해지거나 사라질 것이다.

한국교회는 웨스트민스터에 대한 장학금을 적극 지원하고, 웨스트민스터는 한국 학생들에게 입학의 문을 넓히는 등 대책이 시급하다. 서로 힘을 모아 미래의 지도자 양성에 최선을 다하면서 선배들이 심어 놓은 바른 신학적인 전통을 후손들에게 전심을 기울여 전수함으로 성경만이 신학과 생활의 기초가 되는 교회와 사회를 만들어야 할 것이다.(*)

제5장

구 프린스턴과 총신: 연속성과 불연속성

1901년 대한예수교공의회가 교역자 양성을 위해 신학교 설립을 결의하고, 평양에 있던 사무엘 마펫(Samuel Moffet, 마포삼열)의 집에서 신학교를 시작함으로 장로교회의 신학 교육이 본격화되었다. 평양신학교는 미국 장로교회 선교사인 사무엘 마펫과 그래함 리(Graham Lee, 이길함) 등 2명의 교수와 김종섭과 방기창 2명의 학생으로 개교한 이래 100년의 역사와 함께 수만 명의 목회자를 배출해 냄으로 한국 신학 교육의 모체가 되었다.

들어가면서

평양신학교는 신사 참배 문제로 폐교한 이후 해방과 함께 다시 문을 열었으나, 1959년 세계교회협의회(World Council of Churches) 가입 여부를 놓고 교단이 분열하면서 총신대와 장신대로 갈라지고, 1979년 합동측이 주류와 비주류로 나뉜 후 1980년 합신대가 생기면서 3개 학교로 나누어진 셈이 되었다. 그중 신학교의 규모가 가장 크고, 평양신학교의 직접적인 후신이라고 할 수 있는 총신대학교가 지난 100년 동안 고수해 온 신학 사상과 1921년 좌경화의 길을 걷기 이전의 프린스턴 신학교(Princeton Theological Seminary), 곧 구(舊)프린스턴 신학 사상 사이의 연속성과 불연속성을 검토하는 것은 한국교회가 나아가야할 좌표 설정에 도움이 된다고 생각한다.

미국과 한국이라는 공간, 19세기와 20세기라는 시간의 차이에도 불구하고, 총신대학교와 구 프린스턴 신학교는 장로교회 정치 체제의 채택과 칼빈주의적인 신앙 고백 등 유사한 점이 많다. 평양신학교의 초대 교장이었던 마포 삼열과 여러 명의 교수들이 북장로교회 소속으로 북장로교회 신학의 중심지였던 구 프린스턴(Old Princeton)에서 교육을 받았으며, 총신대학교의 신학적 기초를 놓은 박형룡 박사도 프린스턴 신학교 출신이라는 점은 두 집단의 연계성을 더욱 높여 준다. 이러한 점을 간과하면서 필자는 19세기 미국 신학의 중심에 서 있던 구 프린스턴 신학과 20세기 한국교회의 신학을 형성한 총신 신학의 공통점과 차이점을 비교 연구함으로 한국교회가 100년 동안 걸어 온 발자취를 반추해 보고자 한다.

두 신학 기관의 비교가 쉬운 작업은 아니다. 첫째는 두 신학교에 대한 비교의 기준이 모호하다는 점이다. 구 프린스턴 신학이 번성했던 19세기와 총신이 걸어 온 20세기가 시대적으로 다를 뿐만 아니라 미국과 한국이라는 나라가 처한 정치적, 문화적, 사회적 상황에서 차이가 있기 때문이다. 둘째는 두 기관을 비교하는 데 필요한 학자들의 표본 추적이 어렵다. 프린스턴 신학교는 개교와 함께 수십 년을 봉직한 대표적인 교수들이 많지만, 총신의 경우에는 정치적인 이유나 교단의 문제로 인하여 오랫동안 몸담았던 교수들이 소수이므로 표본 색출에 어려움이 있다.[1] 필자는 이러한 문제점을 간과하면서 100년의 역사를 맞는 총신의 신학과 개교 100년 동안의 구 프린스턴 신학교의 신학적 입장을 두 신학 기관에 속하였던 교수들의 글을 중심으로 비교 · 연구하고자 한다.

프린스턴 신학교의 경우, 30년 이상 봉직한 중요한 신학자들, 특히 신학교의 설립 교수 중 하나로 40여 년을 봉직한 아치볼드 알렉산더(Archibald Alexander, 1772~1851), 50년 이상 교수로 생활하면서 3,000여 명의 학생을 가르친 찰스 하지(Charles Hodge, 1797~1878)와 복음적 신앙이 점차 약화되어 갈 때 구 프린스턴 신학을 고수한 워필드(Benjamin Breckinridge Warfield, 1851~1921)를 중심으로 살펴볼 것이고, 총신의 경우에는 일차적으로는 총신 신학을 대변하는 「신학지남」을 중심으로 총신 교수들이 발표한 논문과 저작을 통해 두 신학 집단의 신학 사상을 비교 연구하고 유사점과 상이점을 찾을 것이다.

필자는 먼저 프린스턴의 신학 사상 가운데 총신이 답습하고 있는 것을 살피고, 둘째로 총신이 프린스턴 신학으로부터 이탈한 것, 마지막으로 총신이 프린스턴보다 뛰어난 부분을 찾아봄으로 결론을 내리고자 한다.

1. 연속성: 프린스턴과 총신의 신학적 유산

프린스턴 신학교의 역사는 19세기 초반부터 시작된 미국인의 프런티어

---

1 신사참배 반대로 인한 일제에 의한 평양신학교의 폐교 이후로 총신은 여러 차례에 걸쳐 신학적 공백기가 있었다. 1953년에는 김재준 목사가 자유주의 신학을 주장함으로 일어난 교단의 분열과 1959년 통합파의 분리로 인하여 신학 교육은 혼란기를 맞았고, 1960년대의 차남진, 한철하, 최의원 등 3명의 교수의 교수직 사임, 1971년에 있었던 총신사태로 박형룡 박사들이 물러난 사건, 1970년대 중반 미국 시민권과 영주권 문제로 박윤선, 이상근, 최의원, 김의환, 이진태 교수 등의 교적 이탈, 1979년 이후 주류와 비주류의 분열로 인해 야기된 총신 사태로 인해 박윤선, 신복윤, 김명혁, 윤영탁, 박형룡 교수 등이 이탈하면서 생긴 교수진의 공백 등으로 인하여 총신은 5년을 주기로 하는 혼란이 있어 왔기 때문에 신학적인 전통을 세워 가는데 매우 어려움이 있었다.

(Frontier) 운동과 밀접한 관계를 가지고 있다. 미국이 영국으로부터 독립한 후 수많은 이들이 서부 개척지로 이주하면서 새로운 교회 개척운동이 시작하였다. 교회 설립 운동이 활발해지면서 목회자의 수요가 부족했다. 미국 장로교 총회는 목회자 양성을 위한 신학 교육 기관의 필요성을 인식하고, 1812년 뉴저지에 신학교를 설립하였는데, 그것이 바로 프린스턴 신학교(Princeton Theological Seminary)이다.

미국 장로교 총회는 학교의 설립 목적을 수준 높은 학문과 경건을 유지할 수 있는 목회자의 양성에 두었다. 1812년 발행된 <총회 회의록>의 설립 계획서 제 4조 1항에 의하면, 신학생은 성경 원어를 통달해서 성경학자가 되어야 하고, 유대 역사와 기독교 고전을 이해하며, 조직신학, 교회사, 실천 신학을 배워 목회자로서 충분한 지식을 가져야 한다고 명시하였고, 제 2항에는 신학교 교육 기간을 3년으로 정하였다. 제5조에서는 신학생의 경건 생활과 주일 성수, 금식에 대하여 서술하였는데, 엄격하다 못해 금욕적이었으며, 경건 훈련을 제대로 감당하지 못하는 자는 퇴교하도록 규정하였다.2 이러한 취지 아래 개교한 프린스턴 신학교는 (1) 프런티어 지역 등에서 절실히 요구되는 목회자를 공급하고, (2) 세속화의 조류를 잠재우고, (3) 학문적으로 정통 신앙을 옹호하며, (4) 문화 영역에서 기독교의 영향력을 확대함으로 시대적인 사명을

---

2 설립 계획서는 신학생들이 "매일 아침과 저녁으로 일정 시간을 경건하게 명상 시간을 갖고, 자기 성찰과 하루 일과를 돌아볼 것이며, 성경을 읽고, 읽은 말씀에 비추어 개인적인 삶을 세워 가며, 자신의 생각과 견해를 그 말씀에 적용시키며, 말씀을 그 자신의 마음, 성격, 환경에 적용해야 할 것"이라고 하였고, 주일 성수에 대하여 논하면서 "모든 주일은 전적으로, 공개적이든지 은밀히 행하든지 경건을 실천하기 위해 바쳐져야 한다. 경건 생활이나 종교(religion of heart)와 직접적인 관계가 없는 공부는 주일에 금해야 한다. 주일에 읽을 수 있는 도서는 실천적인 것이어야 한다. 상호 대화의 주된 내용은 종교에 관한 것이어야 한다. 기도와 찬양 집회, 종교적인 사경회, 은혜 안에서 성장하기 위해 모이는 모임들은 이 날에Sources 합당한 것들"이라고 하였다. Maurice W. Armstrong, L. A. Loetscher, and C. A. Anderson ed. *The Presbyterian Enterprise: of American Presbyterian History.* (Philadelphia: The Westminster Press, 1956), 118, 119.

감당하는데 앞장섰다.[3]

구 프린스턴의 신학자들은 다양한 신학 사상으로부터 교회를 보호하기 위해 바른 신학적 전제에 기초하여 신학 운동을 전개하고자 하였다. 곧 성경의 무오와 절대적인 권위를 강조하는 신앙에 기초한 신학 운동이었다. 개교 초기에 회의주의적 이성주의나 감정에 치우친 부흥주의로 인하여 주관적인 신학 운동이 일어나자, 초대 교수인 아치볼드 알렉산더(Archibald Alexander, 1772~1851)는 주관적인 이성이나 감정은 성경에 기초할 때만이 객관적이며 학문적이 될 수 있다는 확신 가운데 신앙과 생활의 규범인 성경에 기초하여 신학을 세울 것을 주장하였다.

찰스 하지(Charles Hodge, 1797~1878) 역시 성경적 신학을 지키고자 하였다. 그는 『조직신학』(Systematic Theology)의 서두에서 합리주의와 신비주의를 비판하면서 귀납법을 활용하여 성경에 기초한 신학을 전개했다. 자연과학의 내용이 자연의 실재인 것처럼, 성경은 신학 내용의 모든 것을 내포하고 있다고 하였다.[4] 성경을 기록하신 하나님이 스스로 모순될 수 없기 때문이다. 그는, 하나님이 "우리에게 주신 자연법을 통해 하나의 사실을 믿게 하면서 그의 말씀으로는 그 반대 것을 믿으라고 명할 수 없으며" 또한 "우리 본성의 법이나 신앙 체험에 의해 배운 진리들은 성경에서도 인식되고 확실시된다. 자명하게 증명되는 것은 항상 성경에서도 사실로 인정된다."고 주장하였다(Hodge 1871, 1:15).

성경의 영감과 권위
구 프린스턴 신학교 교수들은 성경적 신학의 정립을 위하여 먼저 성경의

3 Mark A. Noll, "The Spirit of Old Princeton and the Spirit of the OPC," In *Pressing Toward the Mark*. Edited by Charles G. Dennison & Richard C. Gamble. (Philadelphia: The Committee for the Historian of the Orthodox Presbyterian Church, 1986), 237.

4 Charles Hodge, *Systematic Theology*. 3 volumes. (New York: Charles Scribner's Sons, 1871), 1:17.

영감과 권위, 무오 사상을 옹호하는데 앞장섰다. 성경의 영감과 권위에 대한 믿음이 아치볼드 알렉산더의 신학 논쟁의 주제였고, 찰스 하지의 『조직신학』의 기초였으며, 벤저민 워필드(Benjamin B. Warfield, 1851~1921)의 신학적 과제였고, 메이첸(John Gresham Machen, 1881~1937)이 『기독교와 자유주의』(Christianity and Liberalism)에서 밝힌 기독교와 거짓 종교를 구분하는 척도였다.

아치볼드 알렉산더는 존 위더스푼(John Witherspoon, 1723~1794)의 제자 윌리엄 그레이엄(William Graham)으로부터 신학 훈련을 받은 학자로, 스위스의 신학자 프랜시스 튜렛틴(Francis Turretin, 1623~1687)과 스코틀랜드의 상식철학을 프린스턴 신학의 중심축으로 만들었다. 그는 저서 『기독교의 증거들』(Evidences of the Christian Religion, 1825)과 『종교 체험에 관한 사색』(Thoughts on Religious Experience, 1841)을 통하여 종교적 체험과 성령의 증거가 기독교의 근본적인 교리이며, 성경적 신앙의 회복만이 교회에 생명을 불어넣을 수 있는 유일한 길이라고 주장하였다. 알렉산더는 교회가 성경의 영감과 성경의 최종적인 권위를 고백해야 할 것을 내세우면서 다음과 같은 말을 남겼다: "영감은 성경 기자들의 마음속에 그들이 지식이나 글로 인한 실수를 범하는 것을 막도록 보호해주는 하나님의 영향력이다. 이것을 완전 영감(plenary inspiration)이라고 부른다. 더 나은 단어가 없다. 정확성, 틀림없는 정확성은 어떤 기록에서나 가장 바람직한 것이고, 만약 성경에 이러한 정확성이 있다면 더 이상 바랄 것이 아무 것도 없다"5. 이러한 성경의 영감과 권위에 대한 신앙에 기초하여 알렉산더는 성경보다 교회회의와 전통의 권위를 중시하는 로마천주교회 신학의 부적절성을 비판하고, 주관적 경건주의 신학 사상의 비객관성을 지적함으로 프린스턴을 정통신학의 보루로 만들었다.

---

5 Archibald Alexander, *Evidences of the Authenticity, Inspiration, and Canonical Authority of the Holy Scripture* (Philadelphia: Whetham and Son, 1836), 230.

찰스 하지는 아치볼드 알렉산더의 성경의 영감 교리 사상을 더욱 정교하게 발전시켰다. 그는 성경에 충실함이 고등 비평 사상과 찰스 피니(Charles Grandison Finney, 1792~1875)와 같은 부흥운동주의자들의 주관적 신학으로부터 벗어날 수 있는 길임을 강조하였다. 성경은 신앙과 생활의 규범이며, 객관적인 자원의 보고(寶庫)이기 때문이다. 성경 내용이 역사적 사실로 하나님의 작품이라는 것은 성경의 무오와 영감을 입증하는 것이므로, 성경의 권위는 성경에서 찾아야 한다고 하였다. 예수께서 성경을 폐할 수 없다고 하신 말씀은 성경의 완전 영감을 지지하는 증거라고 밝혔다.[6] 영감이란 특정한 사람들의 심령 속에 성령의 감동을 주어서 하나님의 뜻을 틀림없이 전달하는 하나님의 기관(organ)으로 쓰이는 것이다. 그러므로 성경의 영감 범위는 성경의 모든 부분, 도덕이나 종교적 진리만이 아니라 "과학, 역사, 또는 지리에 관한 모든 것"이 포함된다고 주장하였다(Hodge 1871, 1:163), "이론은 사람들이 만들지만 사실(fact)은 하나님이 만드신 것이므로, 성경은 때때로 이론과 모순되어 보이지만 사실은 절대로 그렇지 않은 것"이기 때문이다(Hodge 1871, 1:171).

찰스 하지의 성경의 영감과 무오 사상은 그의 아들 에이 에이 하지(A. A. Hodge, 1823~1886)와 벤저민 워필드에 의하여 더욱 발전되었다. 그들은 1881년 "성경의 영감"(Inspiration)이라는 논문을 통해 "성경의 축자적 무오에 대한 교회의 역사적인 신앙은 성경의 신성한 성격을 입증하는 외적 증거이며, 그에 대한 성경 자신의 증거 때문에 유지되어야 한다."고 주장하였다.[7]

벤저민 워필드는 하나님이 성경 기자들에게 한 자씩 불러주어서

---

6 Hodge, *Systematic Theology*, 1:170.

7 Noll, "Spirit of Old Princeton," 238.

받아썼다는 기계적 영감설을 부인하고, 성경의 축자 영감을 주장하였다. 성경의 "모든 부분이 사람들을 통해 기록되었는데, 인간 본성에 위배되지 않는 방법을 통해서 하나님의 뜻을 표현하며, 인간 저자의 마음을 표현하면서도 하나님의 책으로, 또한 사람의 책으로 주어졌다."[8] 즉 "성령에 의해 특별하고 초자연적인 영향(수동적으로 표현해서 그 영향의 결과로)이 성경 기자들에게 주어져서 그들의 말이 하나님의 말씀이 되도록 하였다"는 것이다. 따라서 성경은 오류로부터 보호되어 왔으므로 오류가 있을 수 없으며, 영감은 성경 사본이나 번역판이 아닌 원본에만 해당된다고 하였다(Noll 1986, 420).

이러한 구 프린스턴의 유산은 총신의 신학이 되어왔고, 총신의 교수들은 성경의 무오와 영감에 대한 신앙을 한결 같이 고백하여 왔다. 총신 신학의 근간을 마련한 박형룡 박사는 1954년 2월 쓴 "성경관의 제상(諸相)"이라는 논문에서 자연론적 관찰에 근거하여 성경을 일반 문서와 다름이 없다고 주장하는 자유주의 신학적 입장을 비판하면서 "성경은 하나님의 직접적 자기 시달(自己示達)의 유일문서다. 성경을 통해서만 우리가 하나님의 직접적 자기시달의 지식을 받나니 우리가 성경에 의지하지 않고는 선지자들과 '그리스도'를 통한 '이스라엘' 민중(民中)의 신(神)계시를 아무 것도 알 수 없다. 고로 하나님은 특별계시를 주시는 동시에 후대인을 위하여 이것을 안전히 보존하는 특별 방도를 취하시어 이것을 성령으로 기록되게 하셨다. 그리하여 성령은 성경의 저작자요 집필한 성도들은 그의 조역자들뿐이니 성경은 그 기록이 영감에 의하여 안보된 독특한 경전이다."고 하였다.[9] 그는 워필드의 「계시와 성령」을

---

[8] B. B. Warfield, *The Inspiration and Authority of the Bible*, ed. Samuel E. Craig (The Presbyterian and Reformed Publishing, 1979), 153.

[9] 박형룡, "성경관의 제상", 「신학지남」 114권 (신학지남사, 1954), 3. 이후로는 가능한 한 한문을 대신하여 한글을 쓰도록 할 것이다.

근거로 하여 성경의 기계적 영감을 부정하고 유기적 영감설을 주장하였
고, "성경의 '완전 영감'은 성경 전체가 가르친 교리이므로 교회의 교리"
이며, 성경이 "자체의 축자 영감을 포함하는 완전 영감을 자증하고 있
다"고 하였다(박형룡 1954, 5, 12). 또한 1963년에 발표한 "성경 영감의
교회적 교리"라는 논문을 통해 워필드와 하지의 성경 영감 교리가 최근
의 학설이라는 현대주의 신학자들을 비판하고, 성경의 영감 사상은
웨스트민스터 신앙고백만이 아니라 초대 교부들도 증거 해 온 것임을
역설하였다.[10]

　성경의 영감과 권위에 대한 사상은 박윤선 박사가 「파수군」에
쓴 "신약 성경의 권위에 대하여"[11]와 「신학지남」에 기고한 "성경의 권
위"에도 잘 나타나고 있다. 박윤선 박사는 "성경의 권위"라는 논문을
통해서 바로우(Barlow), 하르낙(Adolf Harnack), 디벨리우스(Martin Dibelius),
불트만(Rudolf Bultman) 등 자유주의 신학자들의 성경관을 비판하고, 성
경의 영감과 권위에 대한 신앙은 오랜 교회적인 전통이었음을 밝혔다.[12]
예수께서 성경을 폐할 수 없다고 하신 말씀을 통해 영감의 권위를 주장
한 워필드의 글을 인용하면서 "성경의 모든 부분이 다 하나님의 권위에
속한다."고 하였다(박윤선 1971, 13). 그는 교부들과 종교개혁자들, 그리고
웨스트민스터 신앙고백서를 작성한 청교도들의 글을 통해 성경의 권위
를 옹호하였고, 스코틀랜드의 종교개혁자 사무엘 러더포드(Samuel
Rutherford, 1600~1661)의 글을 인용하면서 "성경의 모든 부분들이 다 하나
님의 말씀인 사실을 반대하는 것은 배교 행위를 범하는 것"이라는 결론
을 내렸다(박윤선 1971, 19).

---

10 박형룡, "성경 영감의 목회적 교리" 「신학지남」 126권(1963, 12), 3~10.
11 박윤선, "신약 성경의 권위에 대하여" 「파수군」 제 39권 (1954), 5~7과 제 40권 (1954), 3~10.
12 박윤선, "성경의 권위" 「신학지남」 152권 (1971), 6~19.

성경의 무오와 영감에 대한 신앙은 1980년대 이후의 학자들에게서 계속적으로 발견된다. 예를 들면 김정우 교수가 한국복음주의신학회가 발행하는 「성경과 신학」에 발표한 "구약의 영감과 난제"[13], 신성자 교수와 권성수 교수가 「신학지남」에 쓴 "성경의 무오성"(1982), "성경 무오에 관한 7대 오해"(1987)[14] 등이 그러한 것으로, 프린스턴의 학자들과 총신의 선배들이 주장해 온 성경의 영감과 권위를 동일하게 옹호하였다. 총신은 성경 영감과 권위에 대한 구 프린스턴의 신학적 유산을 잘 간직해 왔으며, 이러한 신학적 전통 때문에 총신의 신학을 근본주의적 성격을 가진 성경적 보수주의 신학이라고 부를 수 있을 것이다.[15]

칼빈주의적 신학 체계

19세기 구 프린스턴 신학교의 특징 중 하나는 칼빈주의 신학 전통을 고수한 것이다. 프린스턴 출신 가운데 신학파(New School) 장로교도, 뉴 잉글랜드 칼빈주의자, 존 네빈(John William Nevin, 1803~1886)이나 필립 샤프(Philip Schaff, 1819~1893)와 같은 독일 계통의 개혁주의 신학자들이 나오고, 때로는 서로의 견해 차이로 약간의 신학적 논쟁이 있었지만 모두 칼빈주의 신학을 옹호하였다.[16] 그들은 인간의 전적 타락, 구원에 있어서 하나님의 주도성(主導性), 예정론, 그리스도의 제한 속죄 등 개혁주의 구원론을 주장하고 성경의 최종적인 권위를 인정하면서 대륙의

---

13 김정우, "구약의 영감과 난제," 「성경과 신학」 제 9권 (1990), 51~56.

14 신성자, "성경의 무오성" 「신학지남」 194권 (1982), 117~132; 권성수, "성경 무오에 관한 7대 오해" 「신학지남」 220권 (1989), 24~66.

15 근본주의 신학은 성경의 무오와 권위, 그리스도의 동정녀 탄생, 대속적인 죽음과 부활 등 기독교 신앙의 근본을 주장하는 신학으로, 이를 부정적인 시각으로만 볼 수 없다. 왜냐하면 그것이 성경적인 신자들의 입장이기 때문이다. 다만 근본주의 운동이 나중에 배타주의적이며 분리적인 경향을 띤 것이 문제가 되고 있지만, 자유주의자들이 근본주의를 매도하는 것처럼 복음주의적인 신학자들이 이를 비판하는 것은 그들의 뿌리를 부정하는 것과 같다.

16 Noll, "Spirit of Old Princeton", 236.

낭만주의와 합리주의, 주관주의와 광신적인 부흥주의, 그 외에 모든 형태의 신비주의, 복음적 완전주의(evangelical perfectionism)에 대해 비판하며 성경적 기독교를 지키고자 하였다.[17]

구 프린스턴 신학자들은 칼빈주의적 정체성을 확고하게 하고자 구학파(Old School)의 입장을 지지하였다. 1837년부터 1868년 사이 신학파의 정치사상과 신학 체계, 세상에 대한 자세가 칼빈주의 신학에서 멀어졌음을 지적하고, 미국 장로교회 안에 "신학적 보수주의" 곧 보수적 칼빈주의 신학을 정착시키고자 노력하였다.[18] 그 결과, 프린스턴은 개교한 이후 100년 이상 칼빈주의 신학 체계를 고수할 수 있었다. 찰스 하지는 자신의 교수직 50주년 기념 축하 모임에서, "프린스턴이 개혁교회에서 가르치는 교리 체계를 유지하려고 노력"하였음을 밝히면서 "이 신학교에서는 절대로 새로운 사상이 나온 적이 없다"고 연설하였다.[19] 프린스턴 신학교가 개교 이래 100년 이상 변함없이 칼빈주의적 신학을 지켜왔다는 것이다.

구 프린스턴의 칼빈주의적 신학 사상은 총신의 신학적 입장이기도 하다. 총신의 교수들은 개교 초기부터 최근에 이르기까지 칼빈주의 신학에 대한 지대한 관심을 표명해 왔다. 1934년 「신학지남」은 칼빈 특집을 마련하여 설교학 교수였던 곽안련 교수의 "강단의 칼빈", 성경 교수였던 나부열 교수의 "성서 주역자로 본 칼빈", 이눌서 교수의 "칼빈 신학과 그 감화"를 실었고, 한국인 교수였던 남궁혁이 "칼빈 신학과

---

17 구 프린스턴 신학교의 이러한 신학적 입장은 1825년 창간된 「비브리컬 레퍼토리와 프린스턴 리뷰」(Biblical Repertory and Princeton Review)를 통해 자주 나타나곤 하였다. 이 잡지는 성경에 대한 연구와 해외의 신학적 동향을 살피기 위한 목적으로 창간되었지만, 1829년 찰스 하지에 의하여 역사적 칼빈주의 신학을 옹호하고 파수하는 기간지로 개편되었다.

18 김기홍, 「프린스턴 신학과 근본주의」 (서울: 도서출판 창조성, 1988), 64.

19 Archibald Alexander Hodge, *The Life of Charles Hodge* (New York: Charles Scribner's Sons, 1880), 430.

현대 생활", 박형룡이 "칼빈의 예정론" 송창근이 "요한 칼빈의 일생", 채필근이 "칼빈의 교회관과 교회 정책"이라는 제목으로 칼빈주의 신학을 소개하였다. 연구는 계속되어 1937년 함일돈 선교사가 "칼빈주의"라는 제목으로 「신학지남」 19권 5호와 6호에 기고하였고, 김태묵이 "칼빈 신학에 있어서 예정 사상의 의의"라는 글을 2회에 걸쳐 연재하였다. 김태묵은 이 글에서 예정 사상에서 그리스도의 중요성을 강조하고, 택함 받은 자는 전심전력으로 일해야 하며, 구원받지 못한 자를 얻기 위해 부단하게 전도할 것을 주장하였다.[20]

총신대 교수들 사이에 칼빈에 대한 관심은 1960년대와 70년대에 두드러지게 나타났다. 대표적인 글로는 김희보 교수의 "목회자로서의 칼빈"(1962), 안용준 교수의 "칼빈의 생애와 사업"(1962), 명신홍 교수의 "칼빈의 윤리 사상"(1962), 김의환 교수의 "칼빈의 성경관"(1971), "칼빈의 사회관"(1971), "칼빈의 문화관"(1972)과 신복윤 교수의 "칼빈의 국가관"(1973), "칼빈의 신학"(1974), "칼빈의 칭의관"(1974), "칼빈의 영혼관"(1975), "칼빈의 교회관"(1979), 그리고 정성구 교수의 "칼빈의 설교 연구"(1979)와 황성철 교수의 "기독교 강요에 나타난 칼빈의 교육신학 연구"(1980) 등이다.

칼빈에 대한 연구와 함께 칼빈주의에 대한 연구 보고들도 이어졌다. 1937년 함일돈 선교사가 "칼빈주의"에 대하여 기고한 후로 수많은 학자들이 칼빈주의에 대하여 발표하였다. 박형룡 교수는 1940년에 쓴 "칼빈주의와 신 칼빈주의"라는 논문을 통해 칼 바르트(Karl Barth)와 에밀 부루너(Emil Brunner)의 신정통주의 신학을 비판하면서 칼빈주의 신학의 보존을 주장하였고,[21] 1962년에는 「신학지남」 권두언에서 "칼빈의 현대적

20 김태묵, "칼빈 신학에 있어서 예정 사상의 의의" , 「신학지남」 20권 5호 (1938), 33~45; 20권 6호 (1938), 20~32.
21 박형룡, "칼빈과 신칼빈주의" , 「신학지남」 113권 (1940), 1~12.

의의"라는 글을 통해 칼빈의 신학이 현대에도 여전히 적용될 수 있음을 알리고 "칼빈 신학의 기본 원리"를 논하였다.[22] 박윤선 박사는 "칼빈주의 처지에서 본 바울의 목회"(1973)와 "칼빈주의 교회론"(1973)을 썼고, 김의환 교수는 "칼빈주의 교회관"(1975), 정성구 교수는 "칼빈주의와 설교"(1977), "칼빈주의와 선교"(1977), "칼빈주의와 문화"(1978), "칼빈주의 서설"(1991), "칼빈주의적 세계관"(1992), "칼빈주의와 정치"(1994), "칼빈주의와 예술"(1994), "칼빈주의와 사회"(1995) 등을 저술하였다. 총신 교수들은 한결같이 칼빈주의를 옹호하면서 이에 기초한 신학을 세우고자 하였다.

변증적 신학

총신이 구 프린스턴의 신학적 전통을 유지하고 있는 중요한 사상 가운데 하나는 변증 신학이라고 할 수 있다. 프린스턴 신학자들은 서구의 합리주의 신학과 주관적 부흥주의 신학, 복음적 완전주의 사상에 맞서서 칼빈주의 신학을 옹호하기 위해 스코틀랜드의 상식 철학(Common Sense Philosophy)을 채용함으로 변증학을 발전시켰다.

상식 철학은 스코틀랜드의 장로교도인 토마스 리이드(Thomas Reid, 1716~1796)에 의하여 비롯된 사상으로, 1769년 프린스턴 대학의 학장 존 위더스푼(John Witherspoon, 1723~1794)의 소개로 정착하게 되었다. 프린스턴 신학자들은 이를 데이비드 흄(David Hume, 1711~1776)의 회의주의, 계몽주의자들의 무신론, 버클리(George Berkeley, 1685~1753)의 주관적 관념론, 기타의 세속적 이성주의에 대항하기 위해 활용하였는데, 베이컨(Francis Bacon, 1651~1626)의 귀납법적 방법을 통해 실체에 접근함으로 비이성적인 궤변이나 불합리성을 뛰어넘는 학문 활동을 전개하였다.

---

22 박형룡, "칼빈 신학의 기본 원리", 「신학지남」 122권 (1962), 5~9; 20~31.

상식 철학의 옹호자였던 아치볼드 알렉산더는 부흥 신학과 회의주
의로 인한 신학의 주관화 경향에 대해 우려를 표하면서 이성의 역할을
강조하였다. 그는 거듭난 신자들은 "어느 정도까지 참된 지식을 알
수 있다"는 전제 아래,[23] "진리는 객관적이고, 이성으로 진리를 이해할
수 있다"고 논하면서 "이성 없이는 진리 개념이 형성될 수 없으므로,
어떤 것을 진리로 수용할 때 … 우리는 이성적이어야 한다."고 주장하였
다.[24] 이성의 올바른 사용은 무엇보다도 "하나님이 선언하신 것을 믿는
것"으로 (Alexander 1836, 14), 다른 말로 하면 하나님의 말씀이 제시하는
방향을 따라 자신의 견해를 형성하는 것이 이성을 바로 활용하는 것이라
는 것이다.

상식 철학은 하지와 워필드에게 계승되었다. 찰스 하지는 상식 철학
의 귀납법적 방법을 성경 해석에 적용, 그를 통한 신학적 가능성을 예견
하고 성경에 나타난 사건과 교훈이 사실이므로 기독교의 증거들은 지식
처럼 취급할 수 있음을 주장하였다. 벤저민 워필드는 "사진에 빛이 필요
하듯이 이성은 신앙에 있어 필수적이므로, 진정한 믿음은 바른 이성에
기초해야한다"고 하였다. 곧 "기독교는 바른 이성에 호소하고, 이 점이
모든 종교와 구별되는 '변증적인 종교'로 만든다"고 진술하였다.[25] 프린
스턴 학자들은 상식 철학을 통해 기독교를 변증함으로 기독교의 학문성
을 입증하고자 한 것이다.

총신의 학자들도 구 프린스턴의 변증 신학과 같이 변증학을 통해
신학적 보수주의를 옹호하는데 앞장섰다. 박형룡 박사는 「신학지남」
에 쓴 "심리학과 영혼의 존재"(1928)를 통해 영혼 불멸 사상을 옹호하고,

[23] George M. Marsden, *Fundamentalism and American Culture: The Shaping of Twentieth Century Evangelicalism 1875~1925* (New York /Oxford: Oxford University Press, 1980), 115.

[24] Alexander, *Evidence*, 10.

[25] Marsden, *Fundamentalism*, 115.

"인성의 요구와 기독교"(1939)라는 논문을 통해 성육신 교리를 주장하였
다. 또한 "신의 자비와 자연 고통"(1939), "신 관념의 유래"(1940), "신약
의 변증적 요소"(1940), "기독교 윤리에 의한 변증"(1940), "양심에 의한
유신 논증"(1940), "변신론"(1960) 등의 글에서 기독교의 진리를 변증하
는 데 힘을 기울였다.

박형룡 박사의 변증 신학은 박윤선 박사에 의하여 더욱 발전하였다.
그는 주석을 통해 칼 바르트와 현대 사조를 비판하면서 바른 신학을
세워가고자 하였다. 바르트나 볼트만과 같은 현대주의 신학자의 신학과
함께 동양의 주역 사상을 비판함으로 유교권 속에 있는 한국 기독교가
서야 할 위치를 정립하고자 하였고, "역사와 계시"(1973), "인간 존재와
사후 문제"(1974) 등의 논문을 통해 기독교 신앙을 변증하였다. 김의환
교수는 그의 명저인 『도전 받는 보수신학』을 통해 보수주의 신학의
정체성을 확립하고자 애썼고, 박아론 교수도 많은 글과 논문을 통해
보수신학을 변증하였다.

박아론 교수는 웨스트민스터신학교의 코넬리우스 밴틸(Cornelius Van
Til, 1895~1987)의 변증 신학을 받아들여 한국적 변증 신학을 전개하였다.
그는 다양한 신학적인 도전에 직면한 정통 신학을 옹호하기 위해 "칼
빨트의 신관"(1964), "칼 빨트의 그리스도관"(1965), "칼 빨트의 인간
관"(1966), "세속화 신학 비판"(1968), "전위신학 비판"(1969), "불트만,
판넨베르그, 몰트만의 소망의 개념 비교 연구"(1970), "폴 틸리히의 신
학"(1988), "해방신학"(1982), "교회 성장 신학"(1983), "희망의 신
학"(1989), "민중 신학"(1989) 등 수많은 논문을 발표하였다. 이러한 논문
을 통하여 현대주의 신학을 비판하고, 전통적인 기독교 신앙을 옹호함
으로 총신이 보수주의 신학을 지키는 데 크게 공헌하였다. 이와 같이
총신은 구 프린스턴의 신학적 보수주의를 계승하고 있으며, 한국교회에

서 보수신학의 대변자 역할을 감당하고 있다.

사회적 관심과 문화에 대한 소극적 입장

구 프린스턴 신학교의 신학 사상이 17세기의 현학적 합리주의(scholastic rationalism), 성경의 무오와 절대적인 권위, 그리고 반(反)이신론적인 변증학을 고수함으로 신학적 보수주의를 유지할 수 있었지만[26], 한편으로는 이러한 것들이 프린스턴 신학의 약점이기도 했다. 신학적인 변증에 신학 활동의 모든 관심을 쏟은 탓에 사회적인 문제나 문화에 대하여 적극적으로 대처하지 못하게 된 것이다. 마크 놀(Mark Noll) 교수는 이러한 맥락에서 "구 프린스턴의 가장 큰 약점은 문화적 분석과 사회에 대해 효율적으로 대처하지 못한 것"이라고 지적하였다.[27] 대표적인 경우로 윌리엄 바커(William Barker) 교수가 "찰스 하지의 사회관: 19세기 칼빈주의와 보수주의 연구"(The Social Views of Charles Hodge: A Study in 19th Century Calvinism and Conservatism)에서, 그리고 데이비드 머취(David Murchie)가 박사 학위 논문인 「도덕성과 사회 윤리: 찰스 하지의 사상」(Morality and Social Ethics: The Thought of Charles Hodge)에서 지적한 것처럼, 프린스턴은 19세기 대표적인 화두였던 노예 문제에 대해 소극적 입장을 취했다.[28]

한 예로 찰스 하지를 들어보자. 그는 노예 문제의 사악함에 대해 잘 알고 있었지만, 노예 해방에 대한 입장 표명을 미루다가 결국 남북

[26] Lefferts A. Loetscher, *The Broadening Church: A Study of Theological Issues in the Presbyterian Church since 1869* (Philadelphia: University of Pennsylvania Press, 1954), 25.

[27] Noll, "The Spirit of Old Princeton," 241.

[28] William Barker, "The Social Views of Charles Hodge: A Study in 19th Century Calvinism and Conservatism," *Presbyterion: Covenant Seminary Review* volume 1(Spring 1975), 1~22; David Murchie, "Morality and Social Ethics: The Thought of Charles Hodge" (Drew University, 1980)를 참고하라.

전쟁이 일어난 후에야 해방을 주장하였다. 하지를 비롯한 구 프린스턴
의 신학자들은 사회 문제에 대한 소극적 자세로 사회 개혁의 시대적
사명을 다하지 못함으로 문화 전반을 기독교화 하는 데 실패하였다.

구 프린스턴의 신학적 약점은 총신에서도 발견되고 있다. 19세기
미국인들이 노예 문제에 깊은 관심을 가졌듯이 20세기 한국인들은 일제
로부터의 독립 운동과 민주화 운동에 관심을 기울여왔다. 1905년 을사
늑약으로 국권이 찬탈되면서 한국인들은 일제로부터의 독립에 전력투
구했고, 해방과 함께 독재 정권에 항거한 민주화 투쟁을 벌였다. 일제
당시의 평양신학교 교수들은 정치와 종교의 분리라는 입장을 취함으로
일제의 침략과 약탈, 비민주적 행동에 대하여 항거하지 않았고, 다만
신사참배 강요에 대해 우상 숭배라는 논리로 저항했을 뿐이다. 사회적
으로는 순응하였지만 신앙적인 문제에 대해서는 저항한 것이다. 해방
이후에 일어난 민주화 투쟁 과정을 살펴보면 1960년대의 3.15 부정 선
거, 1970년대의 10월 유신, 1980년대의 민주화 운동에 대하여 총신 교수
들은 무관심하거나 소극적인 입장을 취하였다.

총신의 사회 문제에 대한 소극적 자세는 10월 유신 이후 출간된
김의환 교수의 글에서 잘 엿볼 수 있다. 김 박사는 1973년 3월에 발간된
「신학지남」 160권에서 교회의 사회 참여를 비판하면서, "… 한국교회
의 짧은 역사를 보면 교회는 「애국」이라는 이름 아래 영역 이탈의 과오
를 더러 범하여 왔다. 교회는 교회의 이름으로 정치적인 문제(비종교적
인 문제)에 개입할 수 없는 것이다. 그러나 「하나님의 것」과 「가이사의
것」을 「가이사의 것」에 섞어 온 실수를 한국교회가 저질렀다."고 지적하
였고, 그 대표적인 사례로 3·1 만세 사건을 들었다.[29] 김 박사는 연이어
논하기를, "성경은 분명히 '위에 있는 권세들에게 굴복하라. 그들이 공

---

[29] 김의환, "한국교회의 정치 참여 문제", 「신학지남」 160권 (1973. 3), 25.

연히 칼을 가지지 아니하였다'라고 말함으로써 국가의 정치권력도 하나님으로부터 나왔으니 그 권력이 어떤 권력이 되었던 굴복하고 따르라고 말하는 것이다. 그러므로 기독자들은 민주주의 체제만을 고집할 수 없는 것이다. 위에 있는 권세가 로마 제국의 권세이든 다른 제국의 권세이든 그 권세에 복종해야 한다."고 주장하였다. 이어 결론적으로 "성경적으로 생각해 볼 때 교회적으로 정치에 참여한 것은 큰 잘못이 아닐 수 없으며, 3·1 운동 이후에 필요 없는 박해를 초래하게 된 점을 뉘우쳐야 할 것이다"라고 주장하였다(김의환, 1973, 28, 32). 정교의 분리를 확연히 한 것이다.

김의환 박사의 주장은 장로교회의 전통적인 정치사상보다는 정교 분리를 내세우는 침례파의 입장을 따르고 있는 것이다. 전통적으로 장로교도들은 정교 분리가 아닌 영역적 주권 사상에 근거하여 역할을 구분하고, 세속 정치를 하나님의 통치 영역에 두며 그 안에서 하나님의 뜻을 실현할 것을 주장해 왔기 때문이다. 존 칼빈이 폭군을 제어할 수 있는 수단으로 중간 통치자의 역할을 강조한 점[30]이나, 프랑스의 위그노들이 통치자와 백성의 관계를 계약적 관점에서 이해하고 폭정에 대항한 점, 존 낙스(John Knox, ca 1514~1572)를 중심으로 한 스코틀랜드의 장로교도들이 메리 여왕의 폭정에 항거하면서 혁명을 거론하고 찰스 1세의 폭정에 대하여 전쟁을 선포하는 등 장로교도들은 정치 문제에 적극적인

---

[30] 칼빈은 개인적으로는 악한 왕에게라도 복종할 것을 권하였지만, 공권력을 활용함으로 폭군을 제어할 것을 주장하였다: "나는 지금까지 사사로운 개인들에 대하여 말하였다. 그러나 만일 지금 임금들의 전횡을 억제할 목적으로 임명된 국민의 관리들이 있다면(예컨대 고대 스파르타의 왕들에 대립한 감독관, 로마 집정관에 대립한 호민관, 아테네의 원로원에 대립한 지방장관, 그리고 현재 각국 국회가 중요 회의를 열 때에 행사하는 권한 같은 것), 나는 그들이 왕들의 횡포와 방종에 대하여 그 직책대로 항거하는 것을 금하지 않으며, 오히려 그들이 미천한 일반 대중에 대한 군주들의 폭정을 못 본 체한다면 나는 그들의 이 위선을 극악한 배신행위라고 선언할 것이다. 그들은 하나님의 명령에 의하여 국민의 자유를 보호하는 자로 임명된 줄을 알면서도 그 자유를 배반하는 부정직한 자가 되었기 때문이다." John Calvin, *Institutes of the Christian Religion* (Philadelphia: Westminster Press, 1960), 4.20.31.

입장을 취하여 왔음을 상기할 필요가 있다.

2. 불연속성 : 고백적 신조주의

총신이 대체로 구 프린스턴 신학의 전통을 유지하고 있지만, 포기하고 있는 신학적 전통 중의 하나가 웨스트민스터 신앙고백에 대한 부분이다. 미국 장로교회는 최초의 노회가 설립되던 1706년, 최초의 대회가 설립된 1716년, 그리고 총회가 조직되던 1789년에 웨스트민스터 신앙고백을 표준 문서로 채택하였고, 이에 기초하여 다양한 신학 사상으로부터 교회를 지키고, 신앙의 통일성을 유지하고자 하였다. 미국 장로교도들의 이러한 자세는 구파(Old School)의 전통이기도 하다.

프린스턴: 고백적 신조주의 수호
대각성운동 당시, 부흥주의와 신학 훈련을 받지 않은 이들을 전도사로 임명하는 문제로 신파(New Side)와 구파(Old Side)로 나눠진 교계는 19세기에 들어서면서 다시 신학파(New School)와 구학파로 나누어졌다. 신학파는 뉴잉글랜드 신학에 동정적이면서 부흥 운동을 지지하였으며 지도자가 부족한 개척지에서 급한 대로 전도사를 임명하는 것을 당연시했지만, 구학파는 부흥 운동이 주관적으로 흘러갈 가능성이 있다고 보고 웨스트민스터 신앙고백에 철저하고자 하였다. 부흥에 대한 자세와 회중교회와의 프런티어 지역에서의 연합 문제로 갈등을 벌이던 중 1837년 신학파가 분열되어 나갔다. 프린스턴 신학교와 남부에 강력한 지지자가 많았던 구학파는 "교회의 전통적인 정치를 점점 더 존중하게 되었고, 교회 질서 문제와 관련된 개혁주의 신조를 하나님의 법칙처럼 진지하게 받아들였다. 그들에게 신앙고백은 상황에 맞도록 변경시킬 수 있는 구조적인 편리를 위한 것이 아니라 신앙의 규칙이기 때문이다."[31]

북장로교회의 중심에 서 있던 프린스턴 신학교는 개혁주의 신앙고백주의(confessionalism)를 고수하였으며, 프린스턴 신학교 교수들에게 웨스트민스터 신앙 고백은 "신학의 기준이요, 헌법이요, 정책"이 되었다.[32] 교수들은 교수 취임 때에 다음과 같은 선언을 의무적으로 하였다: "하나님과 이 신학교 이사들 앞에서, 나는 미국 장로교회의 신앙고백과 요리문답을 나의 신앙고백으로, 또는 하나님이 인간의 구원을 위해서 계시하신 교리와 신앙의 체계의 요약, 또는 성경을 바르게 해석한 것으로 엄숙히, 그리고 성심껏 채택하고 받아들여 준수할 것이다. 나는 상기 교단의 정치 형태를 영감된 성경에 일치하는 것으로 받아들일 것을 엄숙히 그리고 성심껏 선언한다. 나는 이 신학교에 교수로 재직하는 동안 장로교회 정치의 근본적 원리들에 반대하지 아니하며 위에 말한 신앙고백이나 요리 문답에 직접 또는 간접으로 모순되거나 위반되는 것을 가르치거나 설득, 암시하지 않을 것을 엄숙히 선언한다."[33] 웨스트민스터 신앙고백에 근거한 신학 활동을 전개하고 발전시킬 것을 다짐하고자 한 것이다.

구 프린스턴 신학자들은 웨스트민스터 신앙고백의 채용이나 고백과 함께 보존을 위해 전력 추구했다. 프린스턴 신학교 초기 교수였던 아치볼드 알렉산더는 유럽에서 일어나던 낭만주의와 자유주의 신학으로부터 장로교 신학을 구별하기 위해 웨스트민스터 신앙고백을 내세웠다. 그의 후계자 찰스 하지도 신학파와 컴벌랜드 장로교단(Cumberland

---

[31] Sydney E. Ahlstrom, *A Religious History of the American People.* 2 volumes (New Haven: Yale University Press, 1972), 561.

[32] 김기홍, 『프린스턴 신학과 근본주의』, 61.

[33] Edwin H. Rian, *The Presbyterian Conflict* (Grand Rapids, Michigan: Eerdmans, 1940), 61~62.

Presbyterian Church)과 신앙적 감성만을 내세우면서 칼빈주의 신학 체계를 약화시키던 뉴잉글랜드의 홉킨스주의(Hopkinsian) 신학에 대항하기 위해 웨스트민스터 신앙고백을 지킬 것을 강조하였다. 그는 "웨스트민스터 신앙고백이 새로운 교리 체계가 아니며, 단순히 개혁교회의 공통적인 교리를 비교할 수 없을 만큼 명료하게 재생하여 제출"된 문서로[34] "신조의 진술이 너무 정확하여서 단순한 조항의 변경도 동의할 수 없을 정도"라고 하였다.[35] 신학파들이 웨스트민스터 신조의 권위에 대하여 비판하자, "부정직"하고 "도덕적으로 잘못"된 사람들로 정죄하면서 이미 "교회 질서에 관해서 교회의 기준에서 떠났다"고 지적하였다 (Hodge 1880, 292).

19세기 후반에 찰스 다윈(Charles Darwin, 1809~1882)의 진화론, 슐라이어마허(Friedrich Schleiermacher, 1768~1834)의 주관적인 신학, 성경의 고등비평 사상이 만연하면서 찰스 브릭스(Charles A. Briggs, 1841~1913) 교수를 비롯한 진보주의자들이 웨스트민스터 신앙고백을 개정하려고 나설 때, 벤저민 워필드는 『웨스트민스터 신앙고백서』를 수호함으로 고백적 신조주의를 지켰다. 그는 교회사를 복음 진리를 사수하는 투쟁의 역사로 보고, 웨스트민스터 신앙고백이 갖는 비중에 대해 다음과 같이 주장하였다. "여러 개혁 교회의 신조들 가운데 웨스트민스터 신앙고백은 청교도 투쟁의 열매로서 다른 곳에서 찾을 수 없었던 완전에 이르고 있다.… 니케아 신조와 칼케톤 신조의 경우와 같이 웨스트민스터 신앙고백은 복음 진리에 관한 인간 사고의 역사적 새 시대 즉, 교리적 진리의 획득과 등록의 신기원을 열었고, 모든 경우 그 영역 속에 나열된 진리에 관한 진술들은 과학적이고 최종적인 것들이다."[36]

[34] Charles Hodge, *Discussions in Church Polity*, from the Contributions to the "Princeton Review" (New York: Charles Scribner's Sons, 1878), 326.

[35] Hodge, *Life of Charles Hodge*, 599.

워필드가 신앙고백서의 개정에 반대한 이유는 개정 시도가 또 다른 개정의 시도를 제공하게 함으로 궁극적으로는 "교리 없는 교회, 다시 말하면 편리나 일시적인 유익 외에는 존재할 아무런 이유가 없는 교회가 되게 할 것"이고,[37] 장로교회의 정체성이 상실되어 "오랜 역사를 가진 칼빈주의가 급히 사라지게" 될 수 있기 때문이었다.[38] 이와 같이 구 프린스턴 신학이 웨스트민스터 표준 문서와 『하이델베르크 요리문답서』 등에 비추어 활동을 함으로 구 프린스턴이 개혁주의 신학의 보루가 될 수 있게 하였다.

총신: 보수주의적 신학 운동의 전개

총신은 설립 초기부터 성경의 영감과 권위에 대하여는 최대 관심을 표명해 왔지만, 장로교 신학의 근간이 되는 웨스트민스터 신앙 고백에 대해서는 무관심했다. 곧 총신의 학자들은 게일(James S. Gale, 1863~1937) 선교사가 1921년 『신도게요서』 역문을 발표한 후, 80년이 넘게 영미의 장로교회가 신앙의 표준으로 삼는 『웨스트민스터 신앙고백서』나 『대요리문답서』, 『소요리문답서』는 물론 대륙의 개혁교회들이 채택하는 『하이델베르크 요리문답서』에 대하여 연구한 것이 전혀 없고, 1990년에 이르러 박희석 교수가 「신학지남」 226권에 "웨스트민스터 고백에 나타난 안식일"이라는 논문을 발표한 것이 고작이다. 1930년대

---

[36] Benjamin B. Warfield, "The Significance of the Westminster Standards as a Creed," Summary of Address delivered its appointment before the Presbytery of New York, November 8, 1897. 팜플렛. 김기홍 『프린스턴 신학교 근본주의』, 81에서 재인용.

[37] Benjamin B. Warfield, "Are Articles of Peace Worth Keeping?" *The New York Observer* (May 17, 1900), 647. 그는 주장하기를 "장로교회가 이미 소유한 신조는 장로교회 공식적인 규약을 이룬다. 이 규약에 장로교회는 존재 근거와 구별되는 가치들이 의지하고 있고, 그것의 파괴나 변경은 장로교단의 파괴와 변질을 초래할 것이다"라고 역설하였다.

[38] Philip Schaff, *Creed Revision in the Presbyterian Churches* (New York: Charles Scribner's Sons, 1890), 1.

에 박형룡 박사가 "신경소론"이라는 제목으로 몇 편의 논문을 발표하였
지만, 단지 초대 교회로부터 나온 신조들에 대한 개략적인 보고일 뿐이
었다. 그 외 몇 편의 다른 논문은 대부분 선교사들의 글들이었다.

미국 남장로교 선교사인 신내리는 이러한 총신의 신학에 대해 우려
를 표하였다. 그는 「신학지남」 138권에 "웨스트민스터 신도개요의 불
변적 권위"라는 논문을 통하여, 장로교 인들이 그것을 제대로 연구하지
않고 모르는 것은 안타까운 일이라고 지적하였다.[39] 물론 총신 교수들,
합동 측에 속한 목사나 장로들이 임직을 할 때에는 웨스트민스터 신앙
고백을 성경적인 신조라고 고백하지만, 100년 역사의 총신에서 장로교
신학의 표준 문서에 대한 연구의 부족은 총신의 신학적 입장이 청교도적
인 개혁주의보다는 성경의 권위를 주장하는 복음주의, 또는 근본주의에
가까웠음을 입증한다고 할 수 있다.

총신에 속한 학자들은 항상 자유주의 신학에 대하여 비판하여 왔고,
정통 신학의 보수에 큰 관심을 기울여 왔지만 앞에서 살핀 것처럼, 프린
스턴과 같은 고백적 신조주의를 유지하는 데는 무관심했다. 총신의 신
학은 성경의 영감과 권위를 주장하고 칼빈과 칼빈주의를 따르지만, 영
미의 장로교도들이 칼빈주의 신학의 핵심으로 간주하는 웨스트민스터
표준 문서에 대하여는 연구가 없는 것을 볼 때, 실제적으로 청교도적
개혁주의 신학에서는 멀리 있다고 할 수 있다.

나가는 말

19세기와 20세기 초반에 프린스턴이 미국과 세계 신학의 중심을 이루었
던 것처럼, 총신 역시 지난 20세기처럼 21세기에도 막강한 영향력을

---

39 신내리, "웨스트민스터 신도개요의 불변적 권위" 「신학지남」 138권 (1967), 3~5.

행사할 것으로 보인다. 1810년과 1820년대에 미국에 세워진 다수의 장로교 신학교 가운데 유독 프린스턴이 미국 장로교 역사에 더 큰 영향력을 행사할 수 있었던 몇 가지 이류를 살펴보자. 첫째는 알렉산더, 하지, 워필드와 같이 하나님을 사랑하고, 성경에 충실한 신학자들의 영향이다. 둘째로, 마크 에이 놀(Mark A. Noll)이 지적했던 것처럼 타교에 비해 학생 수가 많았기 때문이다.

프린스턴 신학교는 개교 초기, 매사추세츠에 회중교도들이 1807년 세운 앤도버 신학교(Andover Theological Seminary) 다음으로, 다수의 학생이 있었다. 1844년에 나온 로버트 베어드(Robert Baird)의 보고에 의하면 구학파 6개, 신학파 6개의 신학교 가운데 프린스턴은 110명의 학생과 4명의 교수진을 갖춘 가장 큰 규모의 학교였다.[40] 개교 100주년이 되던 1912년경에는 다른 학교들보다 1,000여명이 넘는 졸업생을 가졌고, 1933년에는 개교 이후 총 6,386명의 학생이 배출되었다.[41]

프린스턴 졸업생들은 미국 신학계와 교회에서 중요한 역할을 맡았고, 미국 교회를 이끄는 중심적인 세력이 되었다. 아키볼드 알렉산더와 사무엘 밀러(Samuel Miller) 아래서 수학한 초기 졸업자 254명 가운데 찰스 하지(Charles Hodge, 1797~1878), 존 브레켄리지(John Brekenridge, 1821~1875), 알버트 반즈(Albert Barnes, 1798~1870)와 로버트 베어드(Robert Baird, 1798~1863) 등의 신학자들이 나왔고, 프린스턴 대학교의 총장인 존 맥클린(John Maclean, 1800~1886), 예일대학교의 총장인 시오도어 디와

[40] Mark A. Noll, edited and compiled. *The Princeton Theology 1812~1921: Scripture, Science, and Theological Method from Archibald Alexander to Benjamin Warfield* (Grand Rapids: Baker Book House, 1983), 19. 이 때 앤도버 신학교가 153명의 학생, 뉴욕의 유니온 신학교가 90명, 예일대학교에 72명, 하버드에 27명이 등록하여 있었다. Robert Baird, *Religion in the United States of America* (New York: Arno and New York Times, 1969), 368~370.

[41] 1908년경 앤도버는 3,538명, 1912년경 루이빌에 있는 Southern Baptist Seminary는 4,500명의 졸업생을 내었으나 1910년경 프린스턴 신학교는 5,742명의 학생을 배출하였다. Noll, *Princeton Theology*, 19.

이트 월시(Theodore Dwight Wolsey, 1801~1889)와 같은 15명의 총장이 배출되었으며, 루터파 지도자인 사무엘 슈머커(Samuel Schmucker, 1799~1873)와 에피스코팔 교단의 감독인 존 존스(John Johns) 등이 나왔다.[42] 프린스턴은 수많은 학생들을 양육함으로 교회를 넘어 사회 전역을 지도할 수 있는 인물들을 배출할 수 있었던 것이다.

한편 총신이 가진 장점은 프린스턴보다 못하다고 할 수 없다. 총신의 한 해 졸업생은 구 프린스턴 신학교의 15년간 졸업생과 맞먹는 규모로, 총신대학교에서 지난 30년간 배출한 목회자와 신학자는 한국교회의 중심적인 인물 집단을 형성하고 있다. 그들은 총신대학교 외에 합동신학대학원대학교, 국제신학대학원대학교, 안양대학교, 성결대학교, 칼빈대학교, 대신대학교, 천안대학교, 평택대학교 등 유수한 신학 기관에서 교수로 일하고 있으며, 세계에 흩어져서 선교 사역을 감당하고 있다. 총신이 가진 장점은 타교와 비교할 수 없지만 다른 학교보다 더 뛰어난 학교가 되기 위해서는 해야 할 일이 많다고 본다. 학생 수에 걸맞는 적절한 교수를 보강해야 할 것이고, 개혁주의 신학을 고수하는 일에 앞장서야 할 것이다.

지금까지 개교 100주년을 맞는 총신과 구 프린스턴의 신학을 비교 검토하면서 총신이 구 프린스턴으로부터 계승하고 있는 신학적 전통, 구 프린스턴과 총신 신학의 시대적 한계, 그리고 구 프린스턴의 장점과 총신이 가진 장점에 대하여 살펴보았다. 총신의 신학은 성경의 영감과 무오를 주장하는 근본주의적인 복음주의 신학이지만 장로교회 신학의 근간이 되는 웨스트민스터 신앙고백에 대한 연구나 신학 활동이 미미함으로 다양한 신학 사상을 포용할 수 있는 길을 열어 놓고 있음을 확인하였다.

---

[42] Baird, *Religion in the United States of America*, 368~369.

총신이 21세기에도 한국교회의 중심적인 신학교로 우뚝 서기 위해서는 장점을 더욱 발전시키고, 단점을 보완하는 일에 전력을 기울여야 할 것이다. 프린스턴을 반면교사로 삼아 성경적 개혁신학을 고수하고 발전시켜야 할 것이다. 구 프린스턴이 웨스트민스터 신앙고백을 신학의 근거로 삼았음에도 불구하고 좌경화 되었다고 한다면, 성경의 영감과 권위 외에 다른 개혁주의적 신학의 울타리가 서 있지 못한 총신은 위험성이 더욱 높기 때문이다. 이제 총신에게 남겨진 과제는 자유주의 신학에 대항하면서 성경적이면서도 철저한 신조 중심적 칼빈주의적인 신학을 정립하고 발전시키며, 개혁주의 신학의 열매를 맺고 교회에 주어진 시대적인 사명을 다하는 것이다. 성경만을 최종적인 권위로 삼으며, 성경이 가는 데까지 가고 성경이 서는 곳에서 서며 성경이 침묵하는 데서 침묵할 줄 아는 개혁주의 신학에 투철한 교수들을 세워서 학생들을 가르쳐야 할 것이다.(*)[43]

---

[43] 이 논문은 총신대 개교 100주년 기념행사에서 발표한 것임

제6장

한국교회의 분열 – 신사참배 문제를 중심으로

한국 장로교회는 초기부터 하나의 교회를 이루기 노력했고, 하나 됨을 유지해 왔다. 미국 선교사 언더우드(Horace G. Underwood, 1859~1916)가 1885년 4월 인천의 제물포 항에 발을 내딛은 후 캐나다와 호주 등 다양한 국가의 선교사들이 이 땅에 들어와 하나의 장로교단을 구성하고 유지해왔다. 그러나 오늘날 한국 장로교회는 세계 기독교 역사상 유례를 찾을 수 없을 정도로 나누어져 그 수를 헤아릴 수 없을 정도가 되었다.

들어가는 말

한국 장로교회의 분열이 성장의 원동력이 되었다는 이유로 긍정적으로 평가를 하지만 이는 옳지 않다.[1] 분열은 성경적 방법이 아니기 때문이다. 예수 그리스도께서는 십자가에 달리기 전에 제자들을 위해 기도하시면서 "저희를 보존하사 우리와 같이 저희도 하나가 되게 하옵소서"(요

---

[1] 한국교회가 분열하지 않았더라면 더 많은 양적 . 질적인 성장을 이루었을지도 모른다. 교회 분열은 전도의 문을 막았고, 교회의 힘을 약화시키는 결과를 가져왔다.

17:12)라고 하셨다. 하나 됨을 유지하도록 해 달라고 성부 하나님께
기도하신 것이다. 이런 맥락에서 사도 바울도 에베소의 성도들에게 "평
안의 매는 줄로 성령의 하나 되게 하신 것을 힘써 지키라"(엡 4:3)고
하였다.

교회의 분열 운동은 인간 속에 깊이 잠재되어 있는 죄성의 열매이
다. 곧 흑과 백으로 나누는 이원론적인 논리, 바름과 순수만을 내세우
며 연약한 자를 포용하지 못하는 인간의 미숙함에서 비롯되었다고
할 수 있다. 교회 안의 흠 때문에 분리를 추구하는 움직임을 미국의
신학자 리처드 니버(Richard Niebuhr, 1894~1962)의 용어를 빌리면, 그리
스도인의 '세상에 적대적인 입장'(Christ against culture)이라고 할 수 있을
것이다.

세상에 대해 적대적 입장을 취하는 그리스도인들은, "세상과 세상에
속한 것을 사랑하지 말라. 누구든 세상을 사랑하는 자는 하나님에 대한
사랑이 그 안에 없느니라"(요일 2:15)는 말씀을 중시한다. 그들은 세상
문화를 악의 지배 아래 있는 어두움의 영역으로 간주하며, 그에 참여해
서는 안 되는 것으로 본다(요일 1:6). 이 세상은 거짓과, 증오, 살인으로
특징지어지고, 가인의 후손들이 사는 영역일 뿐만 아니라(요일 2:8~9;
3:11~15), 이생의 자랑과 안목의 정욕, 육체의 정욕이 지배하는 곳이요(요
일 5:19), 이기주의와 물질주의로 만연되어 있는 곳이요, 정욕과 외식을
추구하는 이교적인 사회라고 보기 때문이다.[2] 세상에 적대적인 그리스
도인들은 교회의 연합보다는 순결을 더 중시하고, 분열을 정당화하며,
세상 문화에 배타적인 입장을 취한다.

반면 '문화 변혁적 입장'에 서 있는 그리스도인들은 다른 자세를 취
한다. 비록 부패한 교회라도 교회를 떠나지 않고, 그 안에 있으면서

---

[2] H. Richard Niebuhr, *Christ and Culture* (New York: Harper Torch Books, 1951), 48.

개혁할 것을 주장한다. 그리스도인은 세상의 빛과 소금이 되어야 하며, 바울의 말처럼 죄악 세상을 떠날 것이 아니라 그 안에서 살면서 불의와 부정을 일소하고 개혁해야 할 사명이 있다고 본다. 이러한 논리에 비추어 볼 때, 한국교회는 대체적으로 '문화 변혁적 입장'보다는 '세상에 적대적인 입장'을 취해 왔다고 할 수 있다.

한국교회 안에 세상에 적대적인 자세 또는 분리주의적 전통이 뿌리 내리기 시작한 것은 해방 이후로 보아야 할 것이다. 일제 강점기만 해도 자유주의 신학 사상이 교회에 침투하여 신학적인 갈등이 있었지만, 그 것이 당시에는 교회 분열을 삼을 정도로 큰 문제가 되지 않았다. 그렇지 만 해방 이후 사소한 입장 차이로도 분열을 정당화하는 일들이 많아졌 다. 곧 신사참배자 처리 문제로 최초의 교회의 분열 운동이 일어나면서 세상에 적대적인 문화가 확산되었고, 분열이 거듭 이어졌다.

이러한 사실을 유념하면서 한국교회 최초의 분열이라고 할 수 있는 재건파의 분리 운동에 대해 간략하나마 살펴보고자 한다. 먼저 분열의 명분을 제공하게 된 신사참배 운동과 신사참배자 처리에 대한 한국교회의 자세를 돌아보고, 분리주의적 행동의 준거(準據)들이 과연 성경적인지 조심스럽게 논하려고 한다. 특히 존 칼빈(John Calvin, 1509~1564)의 입장에서 고찰함으로 한국교회 분열 운동의 타당성 여부 를 논하고자 한다.

1. 동기: 교회의 타락

신사참배란 일본의 강점기에 한국인들에게 강요한 신도(神道) 종교와 관련을 갖는다. 신도란 일본의 토착적인 원시 종교로, 그 기원은 고대로 거슬러 올라간다. 고대로부터 일본인들은 "나 자신보다 더 위대하고 힘 있는 존재"로 인정하는 800만이 넘는 '가미'(神)를 섬겨왔다. '가미'가운데는 모습을 감추어 버린 원시신(原始神), 성장과 번식의 신, 태양신과 같은 자연신(自然神), 천황이나 영웅과 같은 인간신(人間神) 등이 있다. 특히 신도 종교에서는 천황을 현인신(顯人神)으로 간주하여 예배한다. 신도종교는 다신론적이요, 허망한 자연숭배와 우상 숭배적인 종교라고 할 수 있으며[3] 이러한 신들을 섬기는 곳이 신사(神社)이며, 신들에 대해 예의를 표하는 것이 신사참배이다.

신사참배가 사회 문제가 된 이유는 일제의 강압에 의해 시작되었기 때문이다. 일제는 신사참배를 법제화하여 한국인으로 하여금 일본 신들을 섬기게 하고, 이를 통해 민족정신을 유린시킴으로 한국인을 소위 일본의 황국신민으로 만들고자 하였다. 신사참배 운동을 전개함으로 민족정신을 고무하던 기독교의 뿌리를 제거하여 독립 운동의 불길을 잠재우려고 하였던 것이다.

일제는 1918년 서울 남산에 조선 신사 건축 공사를 착수하였고, 1925년 완공하여 조선 신궁(神宮)이라 칭하였다. 서울 외의 소도시에도 신사를 세우고, 관공서 직원은 물론 공립학교 교사와 학생들에게 제례가 있을 때마다 참배하게 하였다. 1921년부터 사립학교들에게 신사참배를 강요하였고, 특히 기독교 계통의 학교들은 반드시 참배할 것을 명하였으며 저항하는 자들은 체포하거나 투옥시켰다.[4]

일제의 신사참배 정책에 대해 한국교회는 항거하였다. 조선예수교장로회총회는 총독부에 '신사참배가 우상숭배이므로 그것을 기독교인들에게 강요하는 것은 옳지 않다'고 대항하면서 전면적인 철회를 요구

3 최훈, "신사참배와 한국 재건교회의 역사적 연구" 「신학지남」 159권 (1972, 9월호), 58.

4 김양선, 『한국기독교 해방 10년사』 (서울: 총회종교교육부, 1956), 177.

했다. 하지만 받아들여지지 않았다. 1932년 1월경 전남 광주 지역의 기독교계 학교의 학생들은 '황군에 대한 기원제'가 우상숭배라고 주장하면서 신사 참배 거부 운동을 다짐하였다. 이를 계기로 신사참배 거부 운동이 전국으로 확산되었다.[5]

1935년 11월 일본 총독부는 평안남도 지역의 중등학교 교장 회의를 열고 신사참배를 명하였다. 그러나 숭실중학교 교장 윤산온(G. S. McCune)과 숭의여학교 교장 대리 정익성 등은 불응하였다. 그 후 일제는 "신사참배에 불응하는 학교의 책임자의 교체를 그 첫 단계로 하되, 계속 불응할 때에는 기독교 학교를 폐쇄"할 것을 결의하였다(최훈 1972, 62). 1936년 1월 20일 숭실중학교 교장 윤산온의 교장 인허가 취소되었고, 1월 21일 숭의여학교 교장 선우리(V. L. Snook)도 같은 조처를 당하였다.

신사참배 정책에 대해 대부분의 종교들은 수용함으로 박해를 피하였다. 로마천주교는, "신사참배는 종교적 행사가 아니고 애국적인 행사이므로 그 참배를 허용한다."는 교황청 포교성의 발표에 따라 1936년 5월부터 신사참배에 적극 응하였다(최훈 1972, 54~55). 안식교도 1936년 1월 17일 신사참배 할 뜻을 밝혔으며, 성결교회도 응할 것을 결의하였다(최훈 1972, 64, 69). 또한 감리교회는 1938년 10월 5일부터 13일까지 열린 제 3차 연회에서 신사참배가 종교 행사가 아니라 국가 의례라고 승인함으로 자유롭게 참배할 수 있게 하였다.[6]

---

5 김승태, 『한국기독교와 신사참배문제』 (서울: 한국기독교역사연구소, 1992), 378
6 감리교 총리사 양주삼 박사는 "기독교회로서는 정치문제에 직접으로 정당하게 들어갈 수 없는 것이 사실입니다. 그러나 우리가 기독교회의 신자인 동시에 국가의 신민인 것을 망각해서는 아니 됩니다. 지금은 내선일체라는 말이 있는데 우리 교회의 유력한 목사들과 평신도들이 서명 날인하여 우리 교회에서 그 일(신사참배)을 실행코자 합니다."라고 주장하면서 신사참배를 승인하였다. 「제 3회 기독교 조선감리회 회의록」(1938), 68. 최훈 1972, 55에서 재인용.

신사참배 강요에 타 종파들이 동참하자, 일부 인사들은 신사참배가 종교의식이 아닌 국가의식 또는 국민의례이므로 신앙 양심을 구속하지 못한다는 이유로 신사 참배를 주장하기도 하였다. 캐나다 선교부의 맥길 선교사와 연희 전문학교의 언더우드가 바로 그와 같은 타협적 입장을 취하였다. 맥길(McGill)은 신사참배가 국가 의식이라고 언급하며 참배를 약속하였고, 언더우드는 "신사참배 문제는 개인의 신앙 양심에 맡겨야 하며, 학교는 당국의 지시에 따라야 한다."는 의견으로 신사참배를 인정하였다(최훈 1972, 65). 그러나 대부분의 그리스도인들은 신중론을 펴면서 일본의 신도, 신사의 본질과 참배의 목적을 명백히 규명한 후, 교회가 취할 태도를 결정하자고 주장하였다(최훈 1972, 57).

1937년 7월에 중일전쟁이 일어나자, 총독부는 9월 6일을 애국일로 정하고 각 학교로 하여금 신사를 참배하게 하였다. 그러나 전라도에서 활동하던 미국 남장로교 선교회가 신사참배를 거부하자, 총독부는 광주의 숭일학교, 수피아 여학교, 목포의 영흥 남중학교, 정명여중학교를 폐교시키는 등 강경 조처를 취하였다. 이에 순천의 매산학교, 전주의 신흥학교, 기전여학교, 군산 영명학교 등이 자진 폐교하였고, 1937년 10월 29일 평양의 숭실전문학교, 숭실중학교, 숭의여학교, 대구의 계성학교, 신명학교, 재령의 명신학교, 선천의 신성학교, 보성학교, 강계의 영실학교, 서울의 경신학교, 정신여학교 등도 스스로 폐교하였다. 미국 북장로교회가 운영하던 8개의 중학교, 미국 남장로교회가 운영하던 10개교가 자진 폐교한 것이다(최훈 1972, 67).

장로교회의 강력한 반대에 직면하자 일제는 신사참배 운동에 박차를 가하였다. 1938년 2월 모임을 갖고 장로교회에 대한 압력을 강화하기 위해 "(1) 기독교 교역자 좌담회를 개최하여 지도 계몽에 힘쓸 것, (2) 철저한 시국 인식을 위한 지도 및 시설, (3) 찬송가, 기도문, 설교에 있어서 내용이 불온한 것은 엄중 취제, (4) 당국의 지도에 따르지 않는 신자는 법적으로 조처할 것, (5) 국체에 맞는 기독교의 신 건설 운동은 적극 지원할 것" 등 5개항의 시정(施政) 방침을 세웠다. 특히 그들은 (2)항의 실천 강령으로 교회당에 일본 국기 게양대를 설치할 것, 기독교인의 국기 경례, 동방 요배, 국가 봉창, 황국 신민 서사 제창을 시행할 것, 그리스도의 탄생을 기점으로 계산하던 서기 연호의 사용 금지를 명하였다.

그럼에도 불구하고 신사 참배에 대한 저항이 계속되자, 일본 총독부는 친일적인 인사들을 동원하여 설득하도록 하였다. 1938년 5월 친일적인 목사 "이승길, 김응순, 장운경 등을 일본으로 데려가서 일본 교회를 돌아보게 한 후 회유"하자, 그들은 귀국 후 신사참배가 국민의 의례라고 주장하면서 성도들을 신앙적으로 오도하기 시작하였다(최훈 1972, 68). 그해 8월 말경 평안남도 경찰국장은 서북 지방에서 활동하던 선교사들을 소환하여 총회의 신사참배 결의 토론 시에 반대하지 말 것을 권하였다.

일제는 신사참배 결의를 위하여 주기철 목사 등 신사참배 반대자들을 검거 · 구속하였고, 친일파에게는 신사참배 채택을 위한 총회의 각본을 마련하여 주었다. 평양노회장 박응률 목사로 하여금 "신사참배가 종교 의식이 아니라 애국적 국가 의식"이라고 제안하게 하고, 평서노회장 박임현 목사가 동의하고, 안주노회의 길인섭이 제청하도록 만든 것이다(최훈 1972, 69~70).

1938년 9월 9일에 조선 예수교 장로회 총회가 개회되자, 수 백 명의 무장한 사복 경찰이 감시 차 총회 장소에 들어왔다.[7] 경찰의 감시 가운데

---

7 1938년 제 27회 총회 때에 신사참배를 결의한 것은 일제의 강제에 의한 것만은 아니었다. 이미 전국에서 가장 교세가 컸던 평북 노회가 신사참배를 국가 의식으로 인정하였고, 총회가 개최되기 전에 이미 전국 23개 노회 가운데 17 노회가 신사참배를 결의한 바 있기 때문이다.

진행된 총회에서 공천부장 함태영 목사가 신사참배 건이 채용되었다는 보고를 하자, 신속하게 발의되고 처리되었다. 각본대로 신사참배에 대한 제안 설명, 동의, 재청이 있은 후, 총회장 홍택기 목사가 '이 안건에 가하면 예하시오'라고 물었다. '가 하시면 예, 아니면 아니라'고 의견을 표하게 하는 것이 일반적 규례이지만, 홍 목사는 아니면 '아니라'고 하라는 말을 뺐던 것이다. 몇몇의 '예'라는 소리가 나오자마자, 신사참배가 '만장일치로 가결되었다'고 선언하였다.

신사참배가 결정되자 방위량(William N. Blair) 선교사를 비롯한 30여 명의 선교사들이 기립하여 불법이라고 외쳤고, 중국 봉천노회의 한부선(Bruce Hunt, 1903~1992) 선교사는 항의하다가 경찰에 의해 옥외로 추방당하였다.[8] 반면 친일파 목사들은 배교 행위에 대하여 뉘우치기는커녕 신사참배 운동을 정당화하는 데 앞장섰다. 신사참배를 가결한 다음날 정오, 배교자인 "심익현 목사의 신사참배를 즉시 실행[할 것을 요청하는] 특청이 있은 후"[9] 23명의 노회장들이 부총회장 김길창 목사의 안내로 신사에 가서 참배한 것이다.

한 걸음 더 나아가 배교자들은 신사참배를 거부하던 성도들의 박해에 앞장섰다. 1941년 3월, 배교자 중심의 평양 노회는 주기철 목사를 파면하고, 주 목사의 동역자였던 편하설 선교사의 산정현 교회 출입을 금하였으며, 신사참배를 거부한 7인의 장로를 정직시켰다. 주기철 목사가 투옥됨으로 유고가 된 산정현교회 문제를 해결하기 위해 장운경,

---

최훈 1972, 68.

8 선교사들은 그날 즉시 모임을 갖고 총회에 항의서를 제출하였는데, 그 내용은 다음과 같다. "(1) 신사참배 가결은 하나님의 말씀에 위반이요; (2) 장로교 헌법과 규칙을 위반함이요; (3) 일본 국법인 종교 자유 헌장에 위반이요, (4) 이번 처사는 보통 회의법의 위반이다." 최훈 1972, 70~71.

9 전용복, 『한국장로교회사: 한국장로교회의 분열과 일치운동』(서울: 성광문화사, 1980), 71.

이인식, 박응율, 심익현, 김선한 등 5명의 목사와 2명의 장로로 수습위원회를 구성하여, 그해 4월 교회당 문을 못 박고 교회를 폐쇄시켰다. 주기철 목사의 사택을 "신학교 교수 사택으로 사용케 해"달라는 채필근의 청원에 수습위원회는 1941년 11월, 80세가 넘은 주기철 목사의 모친을 비롯한 온 가족을 길거리로 내 몰았다(최훈 1972, 82~83). 그 후로도 배교 행위는 계속되었다. 신사참배를 피해 만주로 피신한 한 성도의 집에 일본 경찰을 데려가 "이 사람이 신사참배를 반대한 자"라고 고발하는 등(최훈 1972, 79) 친일적인 목사들의 배교가 극에 달하였다.

친일파들은 1942년 3월「일본기독교 조선 혁신 교단」을 조직하고, 전필순 목사를 대표로 세운 후 일제의 반민족적 · 반성경적 정책 홍보에 적극 앞장섰다. 일제는 모세오경과 요한계시록이 민족 사상과 내세 사상을 부추긴다는 이유로 성경에서 삭제하였고, 얼마 후에는 구약성경을 다 없애고 4복음서만 교회에서 사용하게 하였다. 우상숭배를 강화하기 위해 교회 집회 때마다 "국민의례를 강요하여 교회 내에서 국기에 대한 배례(拜禮)를 위시하여 황성 요배(遙拜) 및 출전 장병의 무운장구(武運長久)를 위한 묵도와 황국 신민 서사(誓詞)를 하게 하였고," 1943년부터는 주일 오후와 야간 집회, 수요일 밤 기도회를 금지하였으며, "교회당을 일본어 강습 및 근로 장소로 활용하였다"(최훈 1972, 77).

친일파들은 한술 더 떠 '미소기바라이'를 행함으로 배교의 극치를 드러냈다. 삼위일체의 이름으로 받은 세례를 무효화하고 서울에서는 한강, 부산에서는 송도 앞 바다에서 천조대신(天照大神)의 이름으로 침례를 받도록 했으며, 1,540개가 넘는 교회들로부터 종을 공출하여 대동아 전쟁을 일으킨 일제에 바침으로 충성심을 과시하기도 하였다(최훈 1972, 79). 당시의 교회는 신도 종교와 친일파에 짓밟히면서 부패의 정도가 이루 말로 형언할 수 없을 정도가 되었다.

2. 준거: 교회 개혁의 방법론

한국 장로교회가 신사참배 문제로 인하여 우상 종교화 되자, 성경이 보여준 순수한 교회를 회복하고자 하는 움직임이 일어났다. 때로는 반일로, 때로는 친일파의 재산이나 업적을 훼손하는 일들도 나타났다. 1938년 2월, 평양신학교 학생 장홍련은 신사참배 운동을 전국에서 제일 먼저 결의한 평북노회장 김일선 목사의 기념식수를 벌목함으로 신사참배 결의에 대한 항의를 표했다.[10] 1939년 초부터 평북 이기선 목사, 평남 주기철 목사, 경남 한상동 목사, 전남 손양원 목사, 만주 한부선 선교사 등을 중심으로 신사참배 거부 운동이 거세게 일어났다.

1939년 9월, 이기선 목사는 교회 재건의 필요성을 절감한 후 섬기던 평북 의주의 북하동 교회를 사임하고 전국 순회 전도를 하면서 신사참배 거부 운동을 전개하였다. 그는 평양의 채정민 목사와 신사참배를 거부자들을 전국적으로 규합할 것을 논의하였고, 김의창 목사와 더불어 평안도와 황해도 지역을 순회하며 신사참배가 죄악임을 설교하였다. "첫째, 신사참배 학교에는 자녀를 입학시키지 말 것. 둘째, 신사 불참배 운동을 일으켜서 기성교회를 약체화 내지 해체시킬 것. 셋째, 신사 불참배 신도를 규합하여 가정 예배를 가지게 하고 이를 육성시켜서 신(新) 교회를 설립할 것"을 성도들에게 제안하였다(김양선 1972, 196).

신사참배 거부 운동은 한상동 목사에 의해 경상도 지역으로 확산되었다. 1939년 12월 이기선 목사의 활동에 대한 보고를 받은 한상동 목사

는 강력한 개혁 방안을 제시하였다. "첫째, 현 노회 해체 운동을 전개할 것, 둘째, 신사 참배한 목사의 수세를 거부할 것, 셋째, 신사참배를 아니한 신도들 중심의 신(新)노회를 조직할 것, 넷째, 신사 불참배 동지들의 상호 원조를 도모할 것, 다섯째, 그룹 예배의 여행(勵行)과 함께 동지 획득에 주의할 것" 등(김양선 1972, 196) 좀 더 구체적이며 조직적인 개혁 방안을 마련하였다.

한상동 목사는 신사참배 거부 운동의 확산을 위해 평양의 이주원 (인재) 전도사와 함께 1940년 3월 28일 모임을 가지고, 주기철 목사의 석방을 기회로 전국 운동자들을 회집할 계획을 세웠다. 4월 2일에는 평양에서 주기철 목사와 함께 신사 불참배 노회를 전국적으로 재건할 것을 약속하였고, 4월 3일에는 채정민 목사 집에서 전국 신사 불참배 운동자 총연합회를 조직하였다. 회의에서 신사 불참배 노회 구성 외에 신앙 동지 획득과 현 노회 해체 운동에 힘 쓸 것을 결의하였다(최훈 1972, 73).[11]

신사참배 거부 운동은 전국적으로 확산되었다. 이기선의 평북,[12] 한상동의 경남[13]만이 아니라 전라도에서 손양원 목사, 만주에서 한부선

---

11 신사참배 반대 운동은 미국 선교사들의 적극적인 후원이 있었다. 평양의 해밀턴(F. E. Hamilton), 말스버리(D. R. Malsbury)가 반대 운동을 위한 자금을 지원하였고, 한부선은 만주에서 신사참배 반대 이유서를 인쇄하여 배포하는 등 적극적으로 지원하였다.

12 평북에서 신사참배 거부 운동은 이기선 목사에 의해 주도되었고 신의주에서 김화준 전도사, 김창인 전도사, 이광록 집사, 김영룡 집사, 오영은 집사, 강계에서 고동봉 목사, 서정환 전도사, 장두희 집사, 양대록 집사, 선천에서 김린희 전도사, 김의홍 전도사, 김기성 전도사, 박신근 집사, 이순실 권사, 이병의 집사, 박천 안이숙 선생, 영변에서 박관준 장로 등이 활동하였다(최훈 1972, 74).

13 경남에서 신사참배 거부 운동을 주도한 대표적인 인물은 한상동 목사이며, 부산에서 허대식 선교사, 추마전 선교사, 조수옥 전도사, 손명복 전도사, 김묘년 집사, 박경애 집사, 마산에서 최덕지 전도사, 태우시 선교사, 이찬수 전도사, 이약신 목사, 함안에서 이현숙 전도사, 하동에서 박성근 목사, 창령에서 한영원 전도사, 통영에서 최덕지 전도사, 합천에서 강찬주 집사, 거창에서 주남선 목사, 남해에서 최상림 목사, 진주에서 서덕기 선교사, 부어라 선교사, 황철도 전도사, 강문수 장로, 이봉은 권사 등이 참여하였다.

선교사를 비롯하여 순교한 김윤섭 전도사와 박의흠 전도사, 그리고 무순의 박인지 집사, 안동의 김경락 전도사, 최용삼, 계성수, 김성심 등이 참여하였다(최훈 1972, 74~75).

신사참배 거부 운동이 점차 거세어지자, 일제는 1940년 7월 주기철 목사를 위시하여 전국의 교회 지도자들을 총검거하여 투옥하였다. "이로 인하여 200여 교회가 폐문되었고, 2,000여 신도가 투옥되었다." 일제의 기독교 박해는 인간으로는 상상할 수 없을 정도로 잔인하였고, "50여명의 교직자들은 순교의 피를 흘리게 되었다"(최훈 1972, 54).[14] 대동아 전쟁에서 패색이 짙어지면서 한국의 독립을 두려워한 일제는 "1945년 8월 18일에는 옥중 성도와 사상범, 9월에는 대학생과 중학생, 10월에는 한민족 전체를 방공호에 넣어 죽이거나 배에 태워 바다에서 몰살하려고 하였다."[15] 그러나 하나님의 특별하신 섭리로 일제는 망하였고, 해방과 함께 수많은 성도들이 출옥하였다.[16]

해방 이후 한국장로교회의 첫 번째 과제는 일제에 의해 짓밟힌 그리스도의 교회를 재건하는 일이었다. 그러나 "현직 교역자의 대부분은 통회의 기색은 별로 없고 도리어 교권에 집착되어 자기 지위 확보에 몰두한 모양이 역연(歷然)히 보였으며, 교회를 떠나 정계로 나아가는

---

[14] 주기철 목사는 신사참배를 거부하다가 "참대 꽂이로 손톱을 찔리었고, 네모난 각목을 손가락 사이에 끼우고 눌림을 당하였으며 가죽 끈으로 매를 맞아 온 몸이 피투성이가 되었고, 코에 물을 넣어 혼수상태에 빠졌으며 심지어는 머리카락을 묶어 온몸을 천장에 매달고 기절하면 찬물을 끼얹어 소생시키는 등 고문을 당했다." 최훈 1972, 83.

[15] 최종규, 「한국기독교 재건운동사」(부산: 재건교회 출판부, 1955), 28. 이 서류는 해주경찰서에 남은 서류에서 발견된 것이다.

[16] 8월 17일 평양 형무소에서 27명이 출옥하였는데 그 명단은 다음과 같다. 이기선 목사, 김린희 전도사, 김형락 영수, 박신근 집사, 김화준 전도사, 고흥봉 목사, 서정환 전도사, 장두희 집사, 양대록 집사, 채정민 목사 안이숙 선생, 이광록 집사, 한상동 목사, 조수옥 전도사, 이현숙 전도사, 최덕지 전도사, 손명복 전도사, 이주원 전도사, 오윤선 장로이며, 부산과 광주, 대구형무소에서 주남구, 손양원, 김두석, 김영숙, 엄애나, 이술연, 김야모 성도. 최훈 1972, 92~93.

교역자들도 적지 않았다."17 교회 재건이 시급하다는 것을 절감한 출옥 성도들은 집으로 돌아가지 않고 순교자 주기철 목사가 시무하던 평양 산정현 교회에 1개월간 체류하면서 교회 재건 방안에 대해 토론한 후, 9월 20일 한국교회 재건 기본 원리를 발표하였다. 그 내용은 다음과 같다. "(1) 교회의 지도자(목사 및 장로)들은 모두 신사참배에 참여하였으니 권징의 길을 취하여 통회 정화한 후 교역에 나설 것, (2) 권징은 자책 혹은 자숙의 방법으로 하되 목사는 최소한 2개월간 휴직하고 통회 자복할 것, (3) 목사와 장로의 휴직 중에는 집사나 혹은 평신도가 예배를 인도할 것, (4) 교회 재건의 기본 원칙을 전국 각 노회 또는 지교회에 전달하여 일제히 이를 실행할 것, (5) 교역자 양성을 위한 신학교를 복구할 것"(김양선 1956, 45). 매우 온건하면서 교회 개혁의 기본 틀이 될 만한 개혁 원리였지만, 교권을 장악하고 있던 친일파의 반발은 만만치 않았다.

1945년 11월 14일부터 1주일간 평북 지역 6개 노회 교역자 수련회가 선천 월곡동 교회에서 "해방 잔치 겸 심령부흥회"로 열렸다. 강사로는 출옥 성도인 이기선 목사와 만주신학원장이었던 박형룡 박사가 나섰다. 박 박사가 교회 재건 원칙을 발표하자, 전총회장이었던 홍택기가 "옥중에서 고생한 사람이나 교회를 지키기 위하여 고생한 사람이나 그 고생은 마찬가지였고, 교회를 버리고 해외로 도피생활을 했거나 혹은 은퇴생활을 한 사람의 수고보다는 교회를 등에 지고 일제의 강제에 할 수 없이 굴한 사람의 수고가 더 높이 평가되어야 한다."는 말로 반발하였고, 신사참배의 죄가 공적인 것이었음에도 불구하고 "신사참배에 대한 회개와 책벌은 하나님과의 직접 관계에서 해결될 성질의 것"이라고 주장함으로 회개를 거부하였다(김양선 1956, 46). 홍택기의 궤변은 후안무치한

---

17 김양선, 『한국기독교 해방 10년사』, 147.

것으로, 한국교회 재건 운동에 대한 교권주의자들의 저항을 보여주는 조짐과 같았다.[18]

1946년 6월 12일부터 4일간 서울 승동교회당에서 남부 총회가 열렸다. 총회는 "제 27회 총회가 범과한 신사참배 결의를 취소한다."고 선언하였을 뿐, 신사참배에 대해 회개하거나 배교자 처리 문제에 대한 대안 제시 없이 넘어갔다.[19] 총회가 이와 같이 문제의 핵심을 비껴 간 것은 친일파들의 교권 장악 때문이었지만, 교회 재건의 방법을 놓고 갈등하던 출옥 성도들에게도 책임이 있었다.

출옥 성도들은 교회 재건 방법을 놓고 세 그룹으로 나뉘어져 있었다. 첫째 그룹은 채정민, 김의창, 고흥봉 목사와 같은 관용론자들로, "기성 교회에 조용히 들어가서 겸손하게 교회 정화 및 재건 운동을 전개"할 것을 주장하였다. 둘째로는 신사참배를 거부하되 황성 요배를 하는 등 중용적인 입장에 서 있었던 이기선 목사와 한상동 목사를 중심한 신중론자로, "교회의 주도권을 장악하고 신사참배한 교직자들은 모두 근신시키고 새 출발을 해야 한다"는 의견이었다. 마지막 그룹은 김린희 전도사, 박신근 집사, 최덕지 전도사 등과 같은 출옥 성도들로 신사참배는 물론 동방요배나 국기배례, 묵도를 거부한 이들로, 기성 교회를 떠나 새로운 교회를 건설하자는 극단적인 입장을 취하였다.[20] 개혁 방법론에 대한 출옥자들의 차이는 각자의 신앙 노선과 관련이 있었다(최훈 1972, 57, 93~94). 결과적으로 한국 장로교회는 교권주의자들의 반발과 출옥 성도들의 분열로 신사참배의 죄를 물을 수 없었고, 더 큰 분열을 조장하게 되었다.

---

18 전용복, 『한국장로교회사』, 76. 일제 강점기에 기회주의적으로 처신하였던 사람들에게서 주로 반발이 야기되었는데, 그 대표적인 예가 김재준 목사라고 할 수 있는데, 그는 출옥 성도들을 편협한 자들이라고 비난하였다. 신앙적 편협함 때문에 신사참배를 거부하였다고 지적하였다.

19 김양선, 『한국기독교 해방 10년사』, 52.

20 최훈, "신사참배와 한국 재건교회," 56.

이기선과 복구파

이기선 목사는 평북 의주에서 목회하다가 1938년 총회가 신사참배를 결의하자, 의연히 일어나 전국적으로 신사참배 거부 운동을 전개하였다. 평상시에도 그리스도를 위해 당하는 고난을 오히려 기쁨으로 간주할 것을 외치던 영적 거장 이기선 목사는 이렇게 설교했다: "신사참배로 당국에서 오라 가라 간섭하거든 관공서에서 전도하라는 것으로 알고, 감옥에 가두겠다고 하거든 그 때부터 실천신학교에 입학시켜 주겠다는 줄로 알고 감사하고, 매를 때리거든 면류관에 별 하나 더 붙는 줄 생각하고, 죽이겠다고 하거든 천당에 보내겠다는 줄로 알고 기쁨으로 기다리라"(최훈 1972, 84). 신사참배 반대로 투옥되었다가 해방과 함께 출옥한 이기선은 기성 교회 안으로 들어가 교회를 개혁하고자 하였으나 시대 상황이 그를 교회 재건으로 몰고 갔다.

이기선이 교회 재건 운동에 적극적으로 참여하게 된 것은 북한 내에 기독교연맹이 조직되었기 때문이다. 기독교연맹은 1946년 11월 김응순, 박상순 등 친일적인 인사들에 의해 조직된 단체로 남한 정권을 인정하지 않고 공산주의자인 김일성을 지지하였다(최훈 1972, 109~110). 이북 5도 연합노회도 교회 개혁에 비협조적이고 기독교연맹에 대해서도 대책 없던 상황 중에 기독교연맹이 전국적인 조직으로 확대되었다. 크게 실망한 이기선은 이전에 주장하던 '교회 재건 원칙'에 따라 교회 개혁을 촉구하기 시작하였고, 1949년 동조자들과 함께 독노회를 조직하였다.[21]

그는 독노회 운동을 통하여 신사참배에 대한 회개 운동을 펴고, 일제에 의해 오도된 교리를 바로 세우며, 성경의 가르침을 따르는 바른 교회

---

21 그가 그를 따르는 사람들과 총회를 구성하지 않고 독노회를 만들었다는 것은 그 안에 새로운 교단을 만들려는 의지가 약함을 보여준다고 할 수 있다. 이 점은 한상동이 자발적으로 법통 노회와 총회라는 명칭을 쓴 것과 매우 다른 자세이다.

운동을 전개하고자 하였다. 일본 기독교단의 영향 아래 있던 모든 제도
를 개선하여 일제 이전의 교회 제도로 복구할 것을 염원하며 다음의
혁신안을 내놓았다. "(1) 혁신기에는 복구위원 약간 명을 대표로 선정하
여 회개를 중심으로 한 예배를 인도하게 한다. (2) 전 교우는 3일간
금식 기도를 이행한다(요 3:6~7). (3) 혁신 기간은 6개월 이상, 이는 대강
표준을 세운 것이요, 그 이상은 형편에 따라 정할 수 있다."[22]

교회 복구 방안과 원칙으로는 다음의 5 가지를 제시하였다. "(1)
교인권 복구기간: 근신 기간이 만료되는 때까지로 정하고 목사 사회
하에 복구 문답으로써 일반 교인은 장로교의 정당한 교인이 된다. (2)
직분 복구: 목사직은 시무 투표로 복직하고, 기타 직분은 장로교 헌법에
의하여 투표 선정하되 중경 장로가 또 다시 장로로 피선되면 취임만
하게 된다. (3) 성경 중심. (4) 불편 좌우. (5) 십자가 구원"(한국기독교사료
수집회 1968, 214~215).

이기선 목사의 혁신 운동은 주기철 목사가 시무했던 산정현교회를
비롯한 평안도와 황해도의 30여 교회가 지지하고 나서는 등[23] 큰 호응을
얻었다. 그의 신앙 인격과 회개와 근신을 강조하는 등 온건한 입장 때문
이었지만, 궁극적으로 이기선은 이북 5도 연합 노회를 떠나 새로운 '독
노회'를 조직하였다. 이는 연합보다는 순수만을 추구하는 분리주의적
성향을 드러내는 사례라고 할 수 있다.

한상동과 고려파

복구파가 공산주의 정권의 대두라는 어려운 상황에서 생존을 위해 분리
의 길을 택하였다면 한상동의 재건 운동은 배교자를 철저히 배제하고

---

22 한국기독교 사료수집회, 『한국기독교 년감』 (서울: 백합출판사, 1968), 214~215.
23 최훈, "신사참배와 한국 재건교회," 90.

순수한 교회를 세우고자 하는 열정에서 나온 것이었다. 1939년 경남지역에서 신사참배 거부 운동을 전개하였던 한상동 목사는 일본의 신도에 의해 짓밟혀진 한국교회를 재건하기 위해 "(1) 현 노회 해체 운동, (2) 신사 참배한 목사의 세례를 받지 말 것, (3) 신사 불참배 중심의 새 노회를 구성할 것, (4) 가정 예배와 함께 신앙 동지 획득에 주력할 것"(최훈 1972, 85)을 외쳤다. 친일파에 의해 오염된 교회를 떠나 성경적인 교회를 건립함으로 교회의 순결성을 유지하고자 한 것이다. "현 노회 해체 운동"이나 "신사 불참배 중심의 새 노회 구성"과 같은 주장이 바로 그러한 입장이라고 하겠다.

순수한 교회를 추구하는 한상동의 시도는 1940년, 일제가 300여 명의 목사와 신자들을 검속하고 교직에서 해직하였을 때부터 더욱 두드러지게 나타났다. 한 목사는 주남선 목사와 함께 "빠른 시일 내에 …. 비타협적인 새 노회를 결성할 것"을 다짐하고, 잠시 보석으로 출감되어 있는 주기철 목사를 방문하여 기성 교회를 떠나 새로운 노회를 만들 것을 제안하였다. 당시 주기철 목사는 교회 분리가 "시기상조"이며, 교회들의 "동의 획득의 불능을 이유로 반대"하여[24] 한상동의 분리주의적 개혁 시도는 좌절되었다.

그 후에도 한상동은 교회 분리를 통해 교회의 거룩성을 회복하고자 힘을 기울였다. 1945년 11월 선천에서 회집된 6개 노회 교역자 퇴수회에서 박형룡 박사에 의해 제안된 교회 재건 방안이 일부 유력한 교직자들의 강력한 반대에 부딪히자, "현 교직자들에 대한 미련을 끊고 완전히 신기치를 들고 나서자"는 의견을 박 목사에게 제출하였다. 그러나 박

---

24 민경배, 『한국기독교회사』 (서울: 대한기독교출판사, 1982), 349. 한상동 만이 아니라 모든 인간에게는 분리주의적인 경향이 있다고 볼 수 있다. 그럼에도 불구하고 한상동의 입장을 여기서 지적하는 것은 이러한 조그만 입장들이 누적되어 한국교회의 분리주의적 전통을 세우는 역할을 하여 왔기 때문이다.

박사는 해방 후의 상황은 일제가 강압에 의해 교회를 다스리던 상황과 다르다는 이유로 그의 조급한 요구를 물리치고 점진적인 개조론을 주장하였다.[25] 한상동 목사는 이와 같이 불의와 타협이 없는 급진적인 개혁을 주장하였으며, 언제든지 기회가 주어지면 오염된 교회를 떠나 순수한 교회를 설립할 준비가 되어 있었다.

한상동 목사는 우선적으로 자신이 속한 경남노회를 개혁하고자 하였다. 하지만 송도 앞 바다에서 '미소기바라이'를 행하는 등 일제의 앞잡이 노릇을 하던 목사들이 장악했던 경남노회를 개혁하는 것은 불가능하였다. 1945년 9월 2일 노진현 목사를 중심으로 모인 부산시 연합회는 일제의 잔재를 청산하고 회개하기 위해 신앙부흥운동 조직위원회를 구성하였고, 9월 18일 부산진교회당에서 경남 노회 재건을 위한 모임을 가짐으로 교회 개혁을 논의하였다. 당시 한상동 목사가 제안한 교회 개혁을 위한 자숙안은 다음과 같다. "(1) [자숙] 대상자는 목사 장로 남녀 전도사. (2) 자숙 기간은 3주간. (3) 자숙 내용은 공인죄와 자인죄를 회개함이며, 공인죄는 신사참배 신도연맹 가입, 미소기바라이. (4) 자숙 방법은 공동 예배 인도와 성례 주례 및 공중 기도 인도 중지. (5) 일본 기독교단 시대에 안수 받은 목사 장로는 재시취하여 시무하게 하되 지방 위원회에 일임하여 시행하도록 한다."[26] 자숙안을 살펴보면 이북의 혁신 복구파와 달리 신사참배 신도 연맹 가입이나 '미소기바라이' 등의 행위에 대해 자숙할 것을 권하였고, 일제 강점기에 임직을 받은 자는 재시험을 치르게 함으로 일제와의 고리를 끊고자 하였다.

이 같은 한상동의 제안은 김길창 등에 의해 거부되었다. 그들은 "신사참배는 양심적으로 이미 해결한 것인데, 해방되었다고 해서 죄로 운

25 김양선, 『한국 기독교 해방 10년사』, 147~148.
26 장희근, 『한국장로교회사』 (부산: 아성출판사, 1970), 350.

운함은 비양심적"이라고 말하면서 자숙안을 비판하였다.[27] 결국 경남노회는 자숙을 주장하는 개혁파와 신사참배 죄에 대한 회개를 거부하는 집단으로 나뉘어졌고, 교회 정화운동은 점차 어려워져갔다.

1945년 11월 3일에 경남노회 정기회가 개최되었을 때 김길창 등이 자숙안에 대한 항의 표시로 노회에 참석하지 않은 상황에서, 노회는 회개 운동 실천 방안을 통과시켰다. 이 사건으로 인하여 노회 내 두 세력 간의 갈등은 더욱 깊어졌다. 1946년 7월 9일 제 47회 경남 노회 임시 노회가 열리자, 노회가 정화 추진 세력에 주도될 것을 두려워한 김길창 등 교권주의자들은 적극 참여하여 노회를 장악한 후 회개 운동을 방해하였다. 총회를 장악하고 있는 친일파와 연계하여 한상동 목사 중심의 고려파를 고립시켰고, 결국 한상동 목사 일행은 1951년 교단에서 축출 당하였다.

한상동 목사는 교단에서 축출된 다음 해인 1952년 고려파 교단을 설립하였다. 최덕성 교수의 표현을 빌면, "과거 청산 문제를 둘러싸고 중앙 친일파가 지방 친일파의 손을 들어줌으로" 고려파가 생겨나게 된 것이다.[28] 고려파는 교단 설립의 이유를 다음과 같이 천명하였다: "현 대한예수교장로회 가설 총회는 본 장로회 전신을 떠나서 이교파적으로 흐르게 되어 이를 바로 잡아 참된 예수교 장로회를 계승하기 위하여 총·노회를 조직한다."[29] 또한 "전통적인 대한예수교장로회 전신을 지지하는 전국 교회를 규합하여 통합하며 개혁주의 신앙 운동을 하여 법통 총회를 장차 계승하기로 한다."고 밝혔다(장희근 1970, 351).

한상동 목사는 교회의 연합보다는 순수성을 더 강조하였고, 순수의 유지를 위해 새로운 교회를 세워야 한다는 논거를 다시 제시하였다.

---

27 전용복, 『한국장로교회사』, 77.

28 최덕성, 『한국교회의 친일파 전통』 (서울: 본문과현장사이, 2000), 4.

29 장희근, 『한국장로교회사』, 350.

한상동 목사의 입장이 '문화변혁적인 입장'보다는 순수 논리에 기울어져 있는 '세상에 적대적인 입장'에 가깝다는 것을 보여주는 것으로, 이러한 신학적 흐름은 한국교회로 하여금 분리주의적인 경향을 갖게 하는 기초를 제공하였다.

김린희와 재건파

이기선의 복구파나 한상동의 고려파보다 배타적이고 독선적인 개혁운동을 추구한 것이 김린희 전도사와 최덕지 전도사 중심의 재건파로, '세상에 적대적인 입장'을 취한 대표적인 경우다. 김린희 전도사는 1940년 3월 중국 무순에서 박의흠, 김윤섭 전도사를 만나 "(1) 신사참배 등 반 계명 정책에는 죽음으로써 대항할 것, (2) 신사 참배하는 교회에는 출입하지 말고 이를 취소할 것 (3) 신사 불참배 동지를 다수 획득하여 새 교회 건설에 힘쓸 것"[30]을 결의하였고, 교회 재건 운동을 하다가 체포되어 평양 형무소에 수감되었다. 그는 이기선, 한상동과는 달리 동방요배, 국기경례, 묵도를 반대함으로 혹독한 고문과 악형을 받았다. 독방에서 수갑을 찬 채 지내고, 두 손과 두 발이 쇠사슬에 묶여 식사를 제대로 하지 못했으며 때로는 잠을 못 자게 하는 고문에 시달리는 등 가혹한 옥고를 치렀다.

해방과 함께 김린희 전도사는 최덕지 전도사, 박신근 집사와 함께 교회 재건 운동을 전개하였다. 그들은 <12신조>을 재확인하면서 신앙 생활 5대 강령을 채택하였는데 그 내용은 다음과 같다. "(1) 우리들은 하나님의 영광을 위하여 그에게만 충성한다. (2) 우리들의 신령적 예배 존엄과 성경 도리(주일 성수, 11조 봉헌)에 합당한 생활을 한다. (3) 우리들은 철두철미 회개하자. (4) 우리들은 과거에 범죄한 건물을 부인한다.

---

30 최훈, "신사참배와 한국 재건교회", 86.

(5) 우리들은 모든 불의와 위선에 동참 말고 절교하자"(최훈 1972, 98).
이기선의 복구파나 한상동의 고려파와 달리 이원론적 가치관에 근거하
여 극단적 분리주의를 지향하였다. 이제 그들이 제기한 바를 살펴보도
록 하자.

첫째로 기성교회를 사탄의 회로 간주하였다. 이기선과 한상동은 기
존 교회를 개혁의 대상으로 보고 그 안에서 교회의 재건을 주장한 반면,
재건파는 "기성 교회는 이미 사탄회(마귀회)가 되었으니 들어갈 수 없
고, 나와서 하나하나 끌어내서 새 교회를 이루어야 된다."는 입장이었다
(최훈 1972, 95). 기성 교회를 "하나님께서 내어버린 '사탄의 회'로 보고,
그곳에서는 구원을 받을 수 없으니 재건 교회로 돌아와서 바로 믿어야
구원을 받는다(계 2:9, 3:9)"(최훈 1972, 98) 외쳤으며, 재건 운동가를 지어
서 널리 보급하였다. 내용을 보면, 제 1절은 "아 재건교회는 일어나누나
/ 현대의 생명 없는 마귀당들아 / 허위에 날뛰는 마귀당들아 / 말라진
교리만 붙잡고 있고 / 생명의 진리는 내버렸구나"(최훈 1972, 99)로 기성
교회를 생명 없는 마귀당, 사탄의 회가 되었다고 했고, 2절에서는 기성
교회가 이미 속죄의 피를 밟고 제단을 헐었으니 성도들은 그러한 곳에서
나와야 한다고 주장하였다. 재건교회 권고가 9절 역시 같은 내용이다.
"여보시오 마귀당 동포들이여 / 그대의 헐어버리고 / 발람 교훈 삯군에
게 속지 마시고 / 충성된 진리 목자 찾아오시오"(최훈 1972, 99).

둘째는 이원론적인 세상관을 가지고 있었다. 이기선과 한상동은 신
사 참배하던 예배당일지라도 수리해서 재사용할 수 있다고 본 반면,
재건파는 신사참배로 더러워진 성전은 미련 없이 내어버리고 새 성전을
건축해서 예배를 드려야 한다고 주장하였다. 재건파 5대 강령에서 밝힌
바이다. 실제로 1946년 평북 용천의 김성득 전도사는 청년들과 함께
옛 예배당을 헐어버렸고, 경남 함안에서는 강명교회당과 의암교회당을

불태워 버리기도 하였다(최훈 1972, 98).

셋째는 기성 교인과의 관계이다. 고려파나 복구파는 기성 교회의 교인과 교제를 하였으나, 재건파는 "기성교회의 성도들과 교제하게 되면 신앙 사상과 노선이 희미해지기 쉽고 나아가서는 동참 죄가 된다."고 규정하였다(최훈 1972, 95). 그들은 "심지어 부모 형제, 친척, 친구 간에도 노선이 다르면 교제를 단절"하였고 인사하는 것까지 금하였는데, "이를 실천하기 위해서 부모와 자녀 간에 분가하는 실례가 많았으며, 심지어 시장에서 떡을 사 먹다가도 기성교회에 다닌다고 하면 떡을 버리고 달아나는 미신적인 행동까지 하였다. 또한 결혼식이나 생일잔치의 경우에도 동참죄가 된다고 하여 왕래를 거절한 일이 많았다"(최훈 1972, 98). 기존 질서에 대해 배타적이고 독선적이었으며, 교회의 순결을 교회의 본질로 여겼다.

재건파 운동은 한국교회를 재건하는 운동이라기보다 극단적인 분파주의 운동이었다. 지상 교회가 알곡과 가라지가 혼재한다는 성경의 가르침이나 교회가 인간의 독선이 아닌 회중에 의하여 선발된 지도자에 의해 다스려져야 한다는 장로교회의 전통을 무시하고, 독재적인 체제를 유지하였다. 수년간 재건교회에서 사역했던 최훈 목사는 재건파의 교회 운영에 대하여 다음과 같이 언급했다: "재건 교회는 제직회만 조직된 교회가 간혹 있을 뿐이고 당회는 거의 없었다. 상부 기관이란 어떤 노회나 총회가 아니라 한 두 사람에 의해서 모든 개 교회나 전체 교회가 지시를 받고 통치를 받아왔다." 곧 김린희 전도사와 박신근 집사에 의해 다스려진 것이다. 그들은 "지교회 교역자 임명권과 파면권을 가지고 교역자들의 인사 행정을 단행하였으며 지교회의 직원 선정에 있어서도 절대적인 영향력을 행사하고 있었다. … 그래서 일반 교인들은 교황정치 혹은 감독 정치라고 불렀다"(최훈 1972, 100). 한 개인에 의한 독재 정치가 이루어졌음을 증언한 것이다. 그 후 교회가 발전하면서 지방 대회가 조직되었지만 장로교 전통에서 아주 멀어졌다.

재건파는 순결을 위해 성도의 교제를 무시할 정도로 극단적인 입장을 취하였고, 그들의 입장에 반대하는 자와는 언제나 분리할 준비가 되어 있었다. 분열과 분리를 거듭해 온 사례를 들어보자.

첫째 재건파와 한상동 목사의 분리이다. 옥중 성도인 최덕지 전도사는 자신의 극단적인 입장 때문에 한상동과 결별하였다. 한상동이 "기성 단체인 경남 노회에 들어가서 건져내야 한다"고 주장할 때, 최덕지는 그들을 "밖에서 불러내야 된다"고 함으로 반대로 분열하였다. 최덕지는 1948년 2월 한상동을 떠나 주상수와 더불어 경남 동래군 기장면에서 재건교회 중앙위원회를 조직하였고, 교단 명칭을 "예수교 재건교회"라 칭함으로 장로교회 전통으로부터 스스로 분리하였다(최훈 1972, 106).

재건파의 둘째 분열은 서울에서 일어났다. 김린희 전도사는 1948년에 고흥봉 목사와 부흥사인 김창인 목사와 합세하여 서울에 재건교회를 세운 후, 전국 교회의 행정권을 장악하고 인사 행정을 마음대로 행사하였다. 그 한 예로, 김린희는 장춘단재건교회를 맡고 있던 김창인 전도사를 전라도 광주에 있는 재건교회 담임으로 파송하려고 했으나 김창인 전도사가 불응하자, 그를 치리하였다. 이 일로 장춘단교회가 재건교회를 탈퇴함으로 재건교회의 제2차 분열이 있었다. 재건교회는 김창인 전도사를 '고라 당'이라고 규탄하였으며, '김창인은 고라 당'이라는 노래를 지어 어린아이까지 세뇌하였다(최훈 1972, 112).

재건파의 셋째 분열은 부산 지방에서 일어났다. 서울에서 치리당한 김창인 전도사가 부산의 최덕지를 비롯한 재건파 지도자들과 동역하였지만 교회당에 대한 입장 차이로 1949년 제3차 교회 분열을 맞았다. 김 전도사는 교회 성전을 마귀당이라고 할 수 없고, 수리하여 사용할 수 있으며, 성경에 교회당을 마귀당이라고 한 말이 없으니 신사 참배한 교회라도 들어가서 개혁하면 된다는 입장이었다. 이에 분개한 재건파는 김 전도사를 변절자로 규탄하고 분열하였다(최훈 1972, 113).

재건파의 네 번째 분열은 이광록 집사와 최덕지의 분열이었다. 1947년 재건교회의 주동 인물인 최덕지의 사위가 사망하자, 영구관에다 면류관을 만들어 씌워 발인식을 행하였다. 이광록은 관에다가 면류관을 씌우는 것이 우상숭배이며 성경에 위반된다고 비난하였다. 또한 최덕지가 여자로서 공 기도는 물론 설교와 치리권을 행사하자, 이광록은 성경에 여자에게 예배 인도권이나 설교권, 치리권을 준 적이 없다는 주장으로 제 4차 분열이 일어났다(최훈 1972, 113, 137).

재건파의 다섯째 분열은 최덕지와 주상수의 분열로 여성 목사 안수 문제로 야기되었다. 1951년 부산에서 재건교회 신학교 학생들이 소풍을 갔다가 기념사진을 찍었고, 돌아오는 길에 신망애양로원을 방문하였다. 이 일을 두고 교단 지도자들은 신학생들이 사진을 찍는 죄를 범할 뿐만 아니라 신망애양로원을 방문하는 등 기성교회 성도들과 예배드림으로 동참죄를 지었다고 정죄하였다. 이 일로 학생들을 인솔했던 교장 고흥봉과 재건 교단 지도자들 사이에 의견 대립이 있었고, 얼마 후 분열하였다.[31]

3. 평가: 거룩함과 화평의 조화

지금까지 해방 이후의 한국교회 분열 운동에 대해 살펴보았다. 교권주의자들의 반발로 개혁을 이루지 못하고 부득불 분열할 수밖에 없었던

---

[31] 최훈, "한국동란과 남한의 재건교회", 「신학지남」 160권 (1973년 3월), 71.

복구파와 고려파, 그리고 기성교회를 마귀당으로 정죄하고 분리 지상주의를 추구해 온 재건파의 분리 운동에 대해 고찰하여 보았다. 신사참배 문제와 함께 교회의 순수성에 대한 논의들이 나오게 되었고, 순수성의 원리는 한국교회의 분열의 근거가 되었음을 확인하였다.

그럼에도 불구하고 화평보다는 거룩함, 연합보다는 분리를 추구하는 신학적 흐름은 한국교회의 전통이 되어버렸다. 1950년대 자유주의 신학 논쟁이 일어났을 때 총회가 김재준 목사를 징계하자, 그의 추종자들이 총회의 처사를 교권주의의 횡포라고 반발하면서 교단을 떠났다. 1959년 세계교회협의회(WCC) 가입을 앞두고 합동측의 인사들이 세계교회협의회 가입을 반대하자 통합측 인사들은 총신의 학교 교지 매입에 박형룡 박사의 비리가 있다고 주장하면서 분열의 명분을 찾았다. 1979년의 합동측의 주류와 비주류가 갈라질 때 비주류측은 총신대의 신학이 신복음주의로 변질되었다고 주장하면서 순수한 보수적인 신학을 세운다는 명분으로 분열하였다.

교회는 교회다워야 한다. 교회의 거룩함만을 강조하고 화평을 무시할 수 없고, 화평만을 강조하면서 거룩함을 경시할 수도 없다. 이 점에서 우리는 칼빈의 가르침에 주목해야 할 것이다. 곧 교회의 순수성을 지키기 위해 연합을 무시해 왔던 분열 중심적인 교회관이 과연 성경적인지, 순수성을 유지하기 위해 기성 교회를 떠나거나 다수가 소수를 축출하는 피동적 분리주의가 옳은 것인지 성경적 개혁 운동을 전개하였던 칼빈의 가르침에 의거해 검토해 볼 필요성이 있는 것이다.

칼빈은 지상 교회가 완전할 수 있다는 분리주의자들의 사상을 부정하였다. 교회는 개혁되어야 하지만 지상에 완전한 교회를 세울 수 있다는 사상은 성경에 명한 것보다 더 순수성을 추구하는 것이기 때문이다. 그는 아우구스티누스(Augustine of Hippo, 354~430)의 전통을 따라 지상

교회를 알곡과 가라지가 혼재하는 곳으로 보고, 그리스도가 한 분이신
것과 같이 교회도 하나이므로, 순수성을 이유로 교회를 나눌 수 없다고
보았다. 칼빈은 이렇게 말하였다: "그리스도가 나누어지지 않는 한(고전
1:13) - 있을 수 없는 일이지만 - 교회가 둘이나 셋이 될 수 없다."32
왜냐하면 우리 주 예수 그리스도께서는 겟세마네 기도를 통해서 제자들
이 하나 될 것을 기도하셨고(요 17:10), 바울도 "하나된 것을 힘써 지키
라"(엡 4:3)고 하신 것처럼 교회의 평화는 유지되어야 하기 때문이다.

칼빈은 지상 교회의 사명이 거룩함과 화평을 누리는 데 있다고 보았
다. 교회의 성결을 무엇보다도 강조했지만 연합을 중시하였다. 그는,
"우리가 우리의 머리이신 그리스도 아래서 모든 다른 지체들과 연합되
지 않는다면, 우리에게 장차 기업을 받으리라는 소망이 없다"고 언급하
였다. "교회를 떠나는 것은 하나님과 그리스도를 부정하는 것"이기 때문
이다. 칼빈은 종교개혁 시대에 재세례파들이 순수성을 지킨다는 이유로
교회로부터 떠나려고 할 때 엄하게 정죄하였고, 분리를 도모하는 자는
누구든지 하나님의 무서운 심판을 받게 될 것이라고 경고하였다(Calvin
1960, 4.1.2, 10).

칼빈은 "하나님의 말씀이 순수하게 전파되며, 성도들이 그 말씀을
들으며 그리스도께서 제정하신 대로 성례를 지키는 교회"로부터의 분
열은 마땅히 정죄되어야 한다고 하였다(Calvin 1960, 4.1.9). 곧 말씀의
올바른 선포와 성례의 바른 시행과 같은 교회의 표지가 남아있거나
"결코 비본질적인 문제에 대하여 의견이 다르다는 이유" 또는 교회의
결함 때문에 분리해서는 안 된다는 것이다(Calvin 1960, 4.1.12). 칼빈은
구체적인 예로 고린도 교회에 대한 바울의 입장을 제시하였다: "고린도
신자들 가운데는 타락한 사람이 적지 않았으며, 사실 거의 회중 전체가

---

32 John Calvin, *Institutes of the Christian Religion* (Philadelphia: Westminster Press, 1960),
4.1.2.

감염되었다. 한 가지 죄가 아니라 아주 많았고, 그것도 경미한 과실 정도가 아닌 무서운 비행이 있었다. 도덕적인 것만 아니라 교리적인 면에까지도 부패하여 있었다..... [그럼에도 불구하고] 바울은 그 교회 안에 복음 선포와 성례 집행이 계속되었음으로 고린도 교회를 여전히 교회로 인정하였다"(Calvin 1960, 4. 1.14).

부패한 교회를 안에서부터 개혁하는 것은 매우 힘든 일이지만, 성경은 비록 부패한 교회라도 떠나지 말고 안에서 개혁할 것을 가르쳤다. 칼빈 역시 "시정할 수 있는 것은 인자하게 시정하라. 시정할 수 없는 것은 끈기 있게 참으며 사랑으로 애통하라. 하나님께서 시정하시거나 추수 때에 가라지를 뽑으며 쭉정이를 키질하실 때까지 기다리라(마 13:40, 3:12; 눅 3:17)"는 아우구스티누스의 말을 인용하면서(Calvin 1960, 4.1.16), 교회를 떠나지 말고 그 안에서 개혁할 것을 권하였다.

칼빈은 다음과 같은 글을 남겼다: "이사야와 예레미야와 요엘과 하박국이 묘사한 예루살렘 교회의 참상은 참으로 두려운 것이었다. 백성과 관리와 제사장들이 모두 극도로 부패하자, 이사야는 서슴지 않고 예루살렘을 소돔과 고모라와 같다고 하였다(사 1:10). 종교는 멸시를 당하며 실지로 부패하였다. 도덕적으로 절도, 강도, 배신, 살육, 기타 악행이 끊이지 않았다. 이런 일이 있었을지라도 예언자들은 교회를 새로 세우지도 않았고, 새로운 제단을 쌓고 따로 제물을 바치지 않았다. 사람들이 어찌되었든 간에 하나님께서는 그들 사이에 말씀을 두시고 의식을 제정하셔서 하나님을 경배하게 하신다고 예언자들은 생각하였다. 그래서 그들은 악인들이 모인 한 가운데서 깨끗한 두 손을 들어 하나님께 기도하였다. 이런 의식들에 의해서 자기가 더럽혀진다고 생각했다면, 그들은 그런 곳에 끌려가기보다는 차라리 백 번 죽는 편을 택하였을 것이다. 이처럼 그들이 분파를 만들지 않은 것은 오직 연합을 열망하였기 때문이다. 한 사람만 아니라 거의 모든 사람이 크고 많은 비행을 저질렀어도 거룩한 예언자들이 교회에서 자신을 분리하는 것을 불가한 것으로 생각했다면, 일부 사람들의 도덕 생활이 우리의 표준에 맞지 않거나 심지어 기독교 신앙고백과 일치 않는다고 해서, 감히 교회의 교통에서 즉시 탈퇴한다면 그것은 큰 죄를 범하는 것이다"(Calvin 1960, 4.1.8). 칼빈은 순수성을 이유로 교회를 나누어서는 안 되고, 어떤 곤란한 상황에 처할지라도 교회를 개혁함으로 하나님이 원하시는 교회를 만들 것을 권면하였다.

칼빈의 가르침에 비추어 보면 한국교회가 취해 온 자세는 올바르지 못했다고 볼 수 있다. 분리주의 사상은 성경에서 나온 것이 아니라 유교 전통에 기초한 것인 것이다. 곧 지나친 분리주의 사상은 만사를 흑백으로 보는 조선시대 유교의 이원론적인 사상에 기초한 것으로, 유림들은 사건이 터질 때마다 흑백으로 나누어 해석하고 분당을 일삼음으로 조선을 망국으로 몰아갔다. 한국교회는 이와 같은 유교의 이원론적 가치관에 근거하여 지상에 죄가 없는 순수한 교회를 세우려 함으로 늘 '세상에 적대적인 입장'을 취하여 왔다. 대 교단이나 군소교단을 막론하고 한국교회는 너무 쉽게 분열을 거듭해 왔으며, 신학적 입장 차이를 내세워 분열을 정당화시켰다.

성경은 우리에게 "모든 사람으로 더불어 화평함과 거룩함을 좇으라. 이것이 없이는 아무도 주를 보지 못하리라"(히 12:14)고 하였다. 교회의 순수성을 유지하는 거룩함도 중요하지만 연합을 이루는 화평도 무시해서는 안 된다는 말이다. 성도가 악한 자와 모든 개인적인 친밀 관계를 끊고, 가능한 한 악한 자들과의 자발적으로 관계를 맺지 않도록 하는 것이 옳지만, 그들로부터 떠나 새로운 집단을 만드는 것은 잘못하는 것이다. 왜냐하면 악한 자와의 교제를 피하는 일과 그들을 미워하는 것 때문에 교회를 나누는 것은 다르기 때문이다. 만일 순결을 이유로 형제를 정죄하고 분리를 주장한다면, 구약의 선지자들, 우리 주 예수 그리스도나 바울보다 더 엄격한 입장에 서려고 하는 것이 될 것이다. 이제 한국교회는 '세상에 적대적인 입장'을 벗어나 '문화 변혁적 입장'을 갖도록 노력해야 할 시점에 와 있다고 볼 수 있다.

나가는 말

교회는 인간들의 모임으로 때로 죄악에 오염될 수 있다. 우리는 우리의 소견대로 처신하지 말고 성경의 지시를 돌아보아야 하며, 근시안적으로 대처할 것이 아니라 역사적인 안목에서 행하여야 한다. 근본이 아닌 지엽적인 문제로 교회를 나누려는 분리주의적인 사상을 버리고, 동질적인 신앙을 가진 자들과의 연합을 추구해야 할 것이다. 악이 있다고 교회를 떠날 것이 아니라 악을 추방함으로 교회를 세워나가야 한다는 말이다. 의견이 다르다는 이유로 정죄할 것이 아니라 서로 간에 오해의 소치를 살피고, 인간이 아닌 그리스도께서 다스리는 교회를 만들고, 다른 사람을 정죄하는 것이 아니라 자신의 부족함을 인식해야 하며, 과거의 부끄러운 분열의 역사를 정리하고, 하나 되기 위해 힘을 써야 한다. 또한 지연이나 학연을 내세움으로 하나 되는 것을 막은 죄를 회개하고, 다수의 편에서 소수를 축출하는 피동적 분리주의[33]도 경계해야 할 것이다.

한 걸음 더 나아가, 인간의 감정이나 세상적인 위협에 의해 교회가 나누어지는 것을 막고, 주님의 명령을 따라 연합하기를 힘써야 한다.

---

[33] 이러한 경우를 종교개혁 시대에 로마 교황청에서 루터와 종교개혁자들을 출교한 사건, 그리고 1980년 총신교수들이 교단에 항명하였을 때 그들을 교회에서 제명한 사건에서 찾을 수 있다.

과거에 지연과 감정에 의해서 나누어졌다면 이를 회개하고 하나 되어야 한다. 이를 위해 같은 신앙을 가진 교단간의 연합을 위해 노력하고, 신학교 사이는 물론 목회자 사이의 교류가 이루어져야 할 것이다. 한 걸음 더 나아가, 교회 연합을 통해 해외 선교지에서 상호 협력하며, 사회적인 중요한 문제에 대하여 같은 소리를 내야 한다. 이렇게 될 때 교회는 세상의 소금과 빛의 사명을 감당하게 될 것이요, 하나님의 뜻을 이루는 기관으로 영광을 드러낼 수 있을 것이다. 그러므로 우리는 이 일을 위해서 좌로나 우로나 치우치지 말고, 주님의 명령을 따라 거룩함과 화평을 이루면서 그리스도의 재림 때까지 불완전한 교회를 완전한 교회로 개혁해 나가는 일을 부단히 계속해야 할 것이다.(*)

제7장

장로정치의 원리와 정체성의 회복 - 교회 연합을 중심으로

복음이 이 땅에 전파된 이후로 오늘날처럼 교회가 수난을 당한 적은 없었다. 특히 한국 교인의 다수를 점하고 있는 장로교회의 침체는 기독교회의 쇠퇴로 이해되고 있다. 이는 교단의 난립으로 인하여 교회의 이미지 실추, 회중교회적 개교회주의의 만연으로 인한 교회 연합 운동의 붕괴, 실용주의적 가치관으로 인해 교회의 세속화, 감독주의적 교권주의의 영향으로 인한 교직 제도의 계급화 등 장로교회의 정치 원리와 정체성을 상실하게 한 결과로 인한 것이다. 곧 교회의 정체성 상실에서 한국 장로교회는 세상으로부터 멀리함을 받고 있는 것이다.

이 점에서 볼 때 교회의 정체성 회복은 시대적 요청이다. 교회가 교회다움을 상실했기 때문에 세상으로부터 손가락질을 당하게 된 것이다. 교회의 정체성 회복을 위해서는 지금까지 교회가 믿고, 예배하며, 운영하여 온 교회의 정치 원리들에 대해서 다시 한 번 점검하는 일이 우선적으로 요구된다. 이를 위해서 필자는 먼저 장로교회의 신학적 원리에 대해 살펴보고, 그 원리에 기초하여 정체성을 회복할 수 있는 효율적인 방법이라고 생각되는 교회의 연합 운동에 논하려고 한다.

1. 장로정치의 원리

장로교회는 감독교회나 회중교회와 달리, 교회가 걸어온 전통이나 당면한 상황을 중시하지 않고 오직 성경의 절대적인 권위를 강조한다. 곧 교회의 전통에 기초하여 교직자 사이의 위계질서를 주장하는 감독교회 또는 교황정치와는 달리, 교회와 교회 또는 직분자와 직분자 사이의 평등(parity)을 내세운다. 그리고 계급 구조적인 교권주의에 대항하여 지역교회의 자율과 교역자 사이의 평등을 강조하는 회중교회와는 달리, 당회와 노회, 총회와 같은 교회회의의 위계성을 인정한다. 뿐만 아니라 개교회주의적인 회중교회의 약점과 교직자 개인이나 교직자로 구성된 교회 회의에 교회의 권세를 부여하는 감독정치를 거부하면서 교인 총회에서 뽑힌 장로들에 의해 다스려지는 대의 제도를 채택함으로 회중정치와 감독정치 사이에서 중용적 입장을 취한다.

장로교회의 신학적 기초
이와 같은 장로 정치의 원리들은 성경에서 나온 것들이다. 이점에서 장로교도들은 성경의 영감과 권위를 믿고, 성경에 근거하여 믿고 예배할 것을 주장한다. 인간의 전통이나 체험, 이성과 상식에는 오류가 있을 수 있지만 오직 성경만이 절대적인 권위를 가지고 있다고 믿기 때문이다. 이러한 신학적 전제에 기초하여 교회를 세우려고 한 사람이 바로 제네바의 종교개혁자 존 칼빈(John Calvin, 1509~1564)이었다. 그는 루터의 종교개혁 사상을 대체로 긍정적으로 수용하였지만, 성경의 절대적 권위를 강조한 점에서 루터와는 달랐다. 루터가 평범한 이성의 가치를 성경과 함께 내세우면서 천주교회의 일부 예배 전통과 교회의 구조를 수용한 것과는 달리, 칼빈은 오직 성경에 의해 입증된 것만을 교회의 예배와 교회 정치에 활용하려고 했던 것이다.

칼빈은 인간의 전적인 타락을 믿었다. 하나님이 인간에게 이성을 주셨지만 아담의 타락 이후 모든 인간은 "본성이 부패하여 타락"하였기 때문에 원죄의 영향 아래 있다고 하였다. 이러한 배경에서 성경에 근거하지 않은 것은 어떤 것도 온전하지 못하다고 보았고,[1] 설령 성경에 금하지 않았다고 하더라도 교회가 그것을 수용하는 것은 위험할 수 있다고 주장했다. 인간은 전적으로 타락했을 뿐만 아니라 그 부패성은 인간의 "전부분에 치명적으로 퍼져"있어서 자연적인 인간은 하나님이 거저 베푸시는 "초자연적인 은혜만이 아니라 영적인 은사들까지도 진리를 거부하는" 경향이 있다는 것이다. 따라서 이성을 신봉하는 것은 모래 위에 집을 짓는 것과 같다고 하였다(Calvin 1960, 2.1.9). 이성적인 판단이 99% 옳다고 하더라도 1%의 오류 가능성이 있다면 신뢰할 수 없다는 것이다.

칼빈은 교회 개혁에 있어서 바른 신학의 중요성을 강조하였고, 바른 신학은 오직 성경에 기초해야 가능하다고 보았다. 그는 주장하기를, "하나님의 사역이 우리의 부패한 판단이 아닌 영원한 진리의 법칙에 의하여 평가되어야 하므로 우리는 하나님이 그의 사역들로부터 우리에게 진실하고 생생하게 묘사하고 있는 그 말씀으로 가야만 한다. 만일 이 말씀에서 벗어나게 되면, 내가 조금 전에 말한 것처럼, 아무리 신속하게 달린다 해도 그 궤도에서 탈선했기 때문에 목적지에 도착하지 못할 것"이라고 하였다(Calvin 1960, 2.1.13). 이와 같이 성경의 절대적인 권위를 강조하는 칼빈과 칼빈주의자들, 또는 개혁파 신학자들의 신학적 전제는

---

[1] John Calvin, *Institutes of the Christian Religion*, Edited by John T. McNeill. 2 volumes (Philadelphia: The Westminster Press. 1960), 2.1.8.

사실상 초대교회의 전통이기도 하다.

초대 교회와 장로정치 원리

초대 교회는 교리와 예배, 교회 운영 면에서 오직 성경의 권위를 강조하였고, 그에 기초하여 믿고 예배하며, 생활하였다. 사도들은 예수 그리스도의 말씀을 절대적인 권위로 인정하였고, 하나님의 말씀 외의 인간의 교훈을 따르는 것을 경계하였다. 갈라디아 교회가 그리스도의 복음 대신 인간의 가르침을 따르며 복음을 변질시키려고 할 때, 바울은 "우리가 너희에게 전한 복음 외에 다른 복음을 전하면 저주를 받을지어다."(갈 1:8)라고 경고하였다. 오직 성경적 교리만이 신앙의 기초가 된다는 것을 주장한 것이다.

사도들은 성경을 항상 논거의 기초로 삼았고, 성경에 기초하여 교회를 운영하곤 하였다. 베드로는 유다의 배신과 죽음에 대해 그 모든 것이 "성경대로 응하였다"고 설명하였고(행 1:16), 유다가 예수를 판 돈으로 구입한 땅을 '피 밭'이라고 칭한 것은 시편 성경의 성취이며(행 1:20), 오순절 성령 강림 사건은 요엘 선지자의 예언이 성취된 것이고(행 2:16), 그리스도의 부활 사건은 선지자 다윗의 예언이라고 지적하는 등(행 2:25, 34, 35) 성경의 절대적인 권위를 주장하면서 그에 기초하여 교회를 세우고자 하였다.

초대 교회 성도들은 성경대로 예배를 드리고자 하였다. 현대 교회에서 흔히 볼 수 있는 인위적인 예배, 곧 의식적이거나 복잡한 예배 형태를 수용하지 않고 오직 예수의 가르침에 따라 신령과 진정으로 예배하였다(요 4:23~24). 예수 그리스도의 지상 사역이 설교를 중심으로 행해졌던 것처럼 설교는 항상 예배의 중심에 있었고, 영혼을 쏟아 찬송하고 기도하였으며, 진리의 말씀만이 예배의 중심이 되게 하였다. 성도들은 모이면 기도하였고(행 1:14; 12:5), 설교자의 말씀을 들을 때 "사람의 말로 아니하고 하나님의 말씀으로 받았다"(살전 2:13). 유대인의 정해

놓은 안식일의 규례보다는 성경이 예시한 바를 따라(신 5:15) 그리스도의
부활을 기념하여 안식 후 첫 날을 '주의 날'로 지켰고(고전 16:2; 계 1:10),
현대 교회들에서 볼 수 있는 성일(聖日)을 준수하지 않았고, 오직 주일만
을 거룩하게 지키고자 하였다.

　예배에는 항상 찬송이 따랐다. 찬송의 내용도 성경에 따른 것이었다.
그들은 성경의 찬송시를 따라 하나님을 찬송하였다. 한 예로 그들이
부른 찬송가 가운데는 "만물이 주에게서 나오고, 주로 말미암고, 주에게
로 돌아감이라. 영광이 그에게 세세에 있으리로다. 아멘"이라는 로마서
11장 36절의 말씀과 "크도다. 경건의 비밀이여, 그렇지 않다 하는 이 없도다.
그는 육신으로 나타난바 되시고 영으로 의롭다 하심을 입으시고, 천사들에
게 보이시고, 만국에서 전파되시고, 세상에서 믿은바 되시고, 영광 가운데
올리셨음이니라"라는 디모데전서 3장 16절 등이 가사가 되었고, 이러한
가사에 따라 그리스도를 찬양하며 예배하였다.

　이와 같은 초대 교회의 성경적 신앙 전통은 장로교회의 신학 원리가
되었고, 장로교도들은 그에 따라 믿고 예배하며, 교회를 다스려 왔다.
곧 사도행전과 서신들을 통해 보여 준 교회 운영 방식들은 장로교회의
정치 원리를 형성하고 있는 것이다. 다른 말로 한다면, 장로정치 사상은
신약 성경을 통해 보여주고 있는 초대 교회의 성도들이 시행해 온 교회
행정의 원리이며, 성경이 제시하고 있는 정치 원리인 것이다. 성경이
제시하고 초대교회의 성도들이 시행해 온 교회의 정치 원리 몇 가지를
간략하게 살펴보도록 하자.

　첫째, 성경은 지역 교회의 자율(autonomy of a local church)을 강조하고
있다. 감독주의자들은 한 명의 감독에 의하여 교회들이 다스려져야 한다
고 주장하지만, 성경은 교회 운영이 상명하달(上命下達) 방식이 아닌 아래
에서 위로 올라가는 상향식임을 보여준다. 직분자를 세울 때 사도들이
임명한 것이 아니라 교인들이 자율적으로 선택하게 한 것이다. 유다가

제 갈 길로 간 후 그를 이어 충성할 사도를 뽑을 때 교회는 '소위 수제자'
라고 하는 베드로가 임명하는 대신 교인 전체가 참여하여 뽑았고(행 1:23
~26), 집사를 선출할 때도 사도들이 지명한 것이 아니라 모든 교인이
교인 가운데서 뽑아 사도들 앞에 세웠다(행 6:1~6). 치리 문제나 예산의
사용에서도 상부 기관의 지시나 명령에 의해 이루어진 것이 아니라
지역 교회의 자율에 의하여 시행되었다. 안디옥 교회가 예루살렘 교회를
위하여 연보한 일(행 11:29~30)이나, 마케도니아 교회가 바울을 위하여
선교비를 제공한 것(고후 8:1~2)이 그러한 예라고 할 수 있다.2

  둘째로, 교직의 평등(parity among church officers)을 강조했다. 로마천주
교회나 감독교회는 '하나의 교회에는 한 명의 감독'이 있어야 한다는
전제 아래 교회 조직을 계급 구조화 한다. 한 교회에는 하나의 감독,
곧 목사가 있을 뿐이며 그 밑에 장로들과 집사들이 있어서 목사를 중심
으로 교회가 운영되어야 한다는 것이다. 하지만 성경은 교회 직분이
계급이 아닌 평등 구조를 이룬다는 것을 보여준다. 성경에 장로와 감독
이라는 말이 나타나지만, 이는 서로 다른 두 개의 직분이 있다는 말이
아니라 동일한 직분에 대한 다른 설명이었을 뿐이다(히 13:7; 살전 5:1).
곧 감독과 장로는 동직이명(同職異名)이었던 것이다(행 20:17~28; 딛 1:5~7).
그 구체적인 예로, 한 교회에 여러 명의 감독들이 있어서 교회를 다스렸
고(빌 1:1; 히 13:7, 17), 사도들은 스스로 장로라고 칭함으로 교직자 사이의
동등함을 나타냈던 것이다(벧전 5:1; 요이 1:1; 요삼 1:1). 결론적으로 말하
면, 초대교회는 교직자 사이에 계급이 존재한 것이 아니라 그들의 관계
는 평등 관계였다.

---

  2 교회의 자율 사상은 2세기에도 널리 수용되고 있었으므로 로마 교회의 목사인 클레멘트
(Clement of Rome)는 AD 100년경에 쓴 편지에서 교회의 직분자들이 모든 교인의 동의에
의하여 세워졌다고 하였다. Samuel Miller, *Presbyterianism: The Truly Primitive and Apostolic
Constitution of the Church of Christ.* Philadelphia: Presbyterian Board of Publication, 1842), 13~14
참고.

셋째로, 교회의 연합(unity of the church)을 강조하였다. 사도들은 교회가 나누어지는 것을 반대하였다. 고린도 교회에 분열, 음행, 은사 문제, 부활에 대한 비판 등 많은 문제들이 있었지만 바울 사도는 그러한 교회를 떠나라고 하지 않았고, 갈라디아 교회 안에 믿음을 통한 구원을 부정하는 이들이 나타났을 때에도 떠날 것이 아니라 하나 되라고 하였다. 예수님의 가르침을 따라 하나 되기 위해 부단한 노력을 기울인 것이다. 초대 교회의 성도들은 개(個)교회주의를 지양하고, 구제와 권징만이 아니라 교리적인 문제를 처리하기 위해 교회들이 모여 논의함으로 교회의 연합을 유지하였다. 안디옥 교회에서 할례로 인하여 문제가 발생하자, 사도와 장로들은 예루살렘에 총회를 소집한 후 오랜 토론을 한 뒤에 교회가 나아가야 할 방향을 정하였다.[3]

예루살렘 총회는 회중교회주의자들이 주장하는 것처럼 특별하거나 비상(非常)적인 모임이 아니었다. 더구나 성령의 초자연적이고 특별한 감동 아래 열린 것도 아니었다. 오히려 사도와 장로라는 일상적인 교회의 직분자, 즉 목사와 장로들이 모여 교회가 당면한 문제를 놓고 논의한 모임이었으므로[4] 예루살렘 총회는 후대에 있게 될 교회 회의의 모델이 되며 교회 연합의 기초를 제공하고 있다.[5] 이러한 논거에 기초하여 장로교도들은 교회가 당

---

3 예루살렘 총회의 성격에 대한 해석은 감독주의자, 회중주의자와 장로교회의 입장에 따라 다르다. 감독주의자와 장로교도들은 예루살렘 총회가 신약 시대 교회의 정치적인 모델로 보지만, 회중교회는 이를 인정하지 않는다. 교황주의자는 베드로가 교회의 대표요 우두머리였기 때문에 예루살렘 총회를 이끌었다고 주장한다. 하지만 감독주의자들은 토론 과정에서 야고보가 중요한 역할을 수행한 것을 보면 야고보가 사도들에 의해 예루살렘의 주교로 임명되었으므로 예루살렘 총회를 이끌었다고 주장한다. 그러나 성경에는 누구에게도 우위권을 부여한 기록이 없다. 따라서 이들의 주장은 궤변에 불과하다고 할 수 있다.

4 개교회주의자들은 예루살렘 총회가 신학적 문제나 교회법을 다루는 교회회의의 선례가 될 수 없음을 주장하면서 교회 문제를 처리할 최종적인 권위는 노회나 총회가 아닌 교인 총회에 있다고 주장한다.

5 이 두 입장 사이에서 보다 객관적 시각을 가지려면 예루살렘 총회 전후의 사정을 살펴야 할 것이다. 할례 문제가 성령의 특별한 영감과 무오한 권위에 의하여 결정될 성질의 것이었다면 사도들이 교회회의로 모이거나 토론할 필요 없이 스스로 결정했을 것이다. 그러나

면한 문제들을 해결하기 위해서 교회들의 모임인 노회와 총회 같은 상위 기관의 필요성을 강조한다. 이는 성경이 제시하는 바이기 때문이다.

사도들은 교회회의를 통하여 교리적인 문제를 논의했을 뿐만 아니라 목사의 임직과 치리 문제 등 교회가 당면한 문제들을 논의하고 처리하였다. 바울은 디모데에게 편지하면서 목사 안수가 개 교회적인 수준에서 행한 것이 아니라 교회들의 모임인 "장로의 회"에서 행해졌음을 기억하라고 하였다(딤전 4:14). 이와 같이 성경은 교회의 연합을 강조하고, 초대교회의 성도들은 성경적 원리에 기초하여 구제와 선교, 치리를 위해 연합하고, 연합된 힘을 통하여 세상을 변화시켰다.

칼빈과 장로정치 원리

초대 교회의 성경적 전통은 중세 시대에 이르면서 이성과 전통을 강조하던 스콜라 철학자들에 의해 잠시 영향력을 상실했지만, 16세기에 이르러 루터와 칼빈과 같은 종교개혁자들에 의해 회복되어 갔다. 특히 칼빈은 로마천주교회의 부정과 부패가 하나님의 말씀을 떠남으로 인하여 생겨났다고 보고, 오직 성경으로 돌아가서 성경에 기초하여 교회를 개혁할 것을 주장함으로 개혁주의 신학 운동을 전개하였다.

칼빈은 바른 신학이 오직 성경에 기초해야 하지만, 성경이 그릇되거나 왜곡되게 해석되어진다면 교회에 엄청난 폐해를 가져올 수 있다고 보았다. 그는 그릇된 성경 해석에 의해 교회가 큰 폐해를 당한 구체적인 예로 로마천주교회의 풍유적 성경 해석을 들었다. 그는 풍유적인 성경 해석으로 인한 교회의 부정과 부패를 지적하면서 "성경의 원칙이 지정

바울은 이 문제를 예루살렘에 가져 왔고, 사도와 장로들이 모든 회중 앞에서 공개적인 토론 과정을 거친 후 할례에 대한 입장을 정하였다. 그러므로 예루살렘 총회는 성령의 특별 조명이 아닌 일상적인 상황에서 교회가 문제를 처리할 수 있는 길을 제시한 것이다. William Cunningham, *Historical Theology*, Volume 1. (Edinburgh: The Banner of Truth Trust, 1986), 43~47.

한 한계를 넘어서 풍유로 해석해서는 안 되며, 그것을 어떤 교리의 완전한 토대로 삼는 것은 더욱 안 된다"고 하였다(Calvin 1960, 2.5.19). 성경해석의 궁극적인 목적은 성경의 원래 의미를 찾아내는 데 있으므로, 이를 위해서는 성경이 기록될 당시의 역사적 배경을 고찰하고, 전후 문맥을 살피는 등 역사적 · 문법적 해석이 필요하다고 주장했다(Calvin 1960, 4.16.23). 이러한 해석에 기초할 때, 성경 저자가 원했던 바 그 원래의 의미를 찾아낼 수 있고, 이러한 해석에 기초해야 바른 신학이 가능하다고 보았던 것이다(Calvin 1960, 4.13.13).

칼빈은 기독교인들이 믿는 믿음의 도리가 성경에 기초해야 할 뿐만 아니라 예배도 성경에 기초해야만 한다고 하였다. 그는 '성경이 금하지 않았으면 얼마든지 새로운 예배를 고안할 수 있다'는 루터파의 입장을 반대하고, '성경이 명하지 않은 것은 무엇이든지 금한다'(Quid non jubet, vetat)는 명제를 내세웠다. 곧 성경이 명한대로 예배할 뿐만 아니라 예배의 내용 가운데 성경의 지지를 받지 못하는 것들이 있다면 제거되어야 한다고 주장하였다.

칼빈은 예배의 목적이 하나님에 대한 사랑, 신뢰, 충성, 그리고 이웃 사랑을 고무시키는 데 있다고 보았다.[6] 그는 순진한 사람들의 눈을 현혹하고 마음을 어둡게 만드는 모든 과장되고 허식적인 요소를 예배에서 제거해야 하며, 불필요한 동작이나 행위, 언어와 도구를 사용해서는 안 된다고 주장하는 등 단순한 예배(simple worship)를 강조하였다(Calvin 1960, 4.15.19). 아울러 그는 예배의 표준으로 단순히 교회가 고백해 온 신앙고백이나 전통 등 "하나님이 명령하지 않은 것을 택해서도 안 되며," 오직 성경이 제시한 것만을 예배의 요소로 간주해야 한다고 하였다(Calvin 1958, 2:118). 오직 하나님이 제정해 주신 대로 예배할 것을 주장한

---

6 John Calvin, *Commentaries and Letters*. Edited by Joseph Harouturian. The Library of Christian Classics. (Philadelphia: The Westminster Press, 1958), 2:118.

것이다.

성경대로 믿고 성경대로 예배해야 한다는 칼빈의 주장은 교회 정치에도 적용되었다. 그는 교회의 부패가 인간적인 전통에 호소하므로 시작되었다고 보았고, 이러한 교회 정치체제를 대표하는 것이 교황정치라고 주장했다. 교황청은 성경보다는 이성과 전통에 호소함으로 세속화를 이루었고, 세속적인 물리력을 행사함으로 교회를 다스린다는 것이다. 그는 성경이 제시하는 교회 정치체제의 성격은 세속적인 물리력을 행사하는 곳에 이루어질 수 없으며, 교회의 성격이 영적인 것처럼 교회의 치리도 영적·봉사적·목회적이어야 한다고 하였다: "고대교회의 특징들을 통해 하나님이 정하신 제도의 모습을 어느 정도 그려 볼 수 있다. 당시의 감독들은 여러 가지 교회법을 발표해서 성경에 없는 것을 표명한 듯 보이지만 하나님의 말씀에 있는 독특한 형태와 일치하도록 세밀하게 주의를 기울였다. 그러므로 그들의 결정에는 하나님의 말씀에 어긋나는 것이 거의 없었다. 혹 그들의 처리에 부족한 점도 있었다고 하겠으나, 그들은 하나님이 제정하신 것을 보존하기 위해서 진지하게 노력했고, 또 과히 잘못된 것이 없었다"(Calvin 1960, 4.1.1). 하지만 로마천주교회는 전통에 기초하여 초대교회의 전통으로부터 이탈했다는 것이다.

칼빈은 교회를 바로 개혁하기 위해서는 초대교회의 특징을 따라 교직자 사이의 평등이 회복되어야 한다고 보았다. 그는 초대교회의 모습을 이렇게 설명했다: "가르치는 직분을 맡은 사람들을 모두 '장로'라고 불렀다. 각 도시에서는 장로들이 그들 가운데 한 사람을 뽑아 '감독'이라고 불렀는데, 이는 지위가 같은 사람들 사이에서 흔히 생기는 분쟁을 막기 위한 것이었다. 그렇다고, 감독에게 훨씬 더 많은 영예와 권세를 주어 동료들을 지배한 것은 아니었다. 감독은 원로원에서 집정관이 한 것과 같은 역할을 했다. 즉 사무에 대한 보고서를 제출하고, 의견을 묻고 답하고, 충고하며, 권고함으로써 모임의 의장이 되고, 그의 권위로 모든 일을 주관하며, 회의 결정 사항을 심사하는 등 집정관이 하던 일들을 장로회에서 감독들이 수행하였다"(Calvin 1960, 4.4.2). 그러나 시간이 흐르면서 교회 조직은 전통과 이성에 호소함으로 점차 계급화 되었고, 이는 교권주의의 출현을 가능하게 하였다고 주장하였다.

교회가 인간적인 전통을 강조함으로 계급 구조로 변하였다면, 성경의 가르침으로 돌아가는 것이 원칙이다. 이 점에서 칼빈은 교회 행정이 성경의 가르침에 기초해야 한다고 주장하였다. "교회의 기초가 사람의 판단이나 사제 계급이 아니라 사도들과 선지자들의 교훈(엡 2:20)"인 말씀이라고 하였다(Calvin 1960, 4.2.4). 칼빈이 이처럼 계급 구조적인 교권주의를 거부했지만, 교회의 제도까지 부인한 것은 아니다. 그는 교회의 무정부 상태를 비판하면서 "인간 사회에서 공공의 평화를 조성하고 화합을 유지하려면 어떤 형태로든 조직이 필요한" 것처럼, 교회도 영적인 질서가 필요하며, 교회가 영적으로 질서를 회복하기 위해서는 인간의 지혜가 아닌 성경에 기록된 대로 개혁되어야 한다고 하였다(Calvin 1960, 4.10.27). "주님은 그의 거룩한 말씀 속에 참으로 의로운 것과 그의 위엄에 대한 것, 예배와 구원에 필요한 모든 것을 포괄적이고도 분명하게 표현하셨으므로 우리는 주님의 말씀만을 청종하여야 한다. 우리가 준수해야 할 외적 의식과 규율에 관해 규정하지 않으셨기 때문에 … 하나님께서 우리에게 주신 일반적인 규범에 우리를 맡기고, 교회가 필요로 하는 질서와 예법을 따라 판단해야 한다"(Calvin 1960, 4.10.29)는 것이다.

칼빈은 성경이 교회의 통치자가 될 때 비로소 그리스도의 나라를 회복하게 된다고 하였다. 예수 그리스도께서 세우기를 "원했던 질서 체계"[7]는 바로 하나님의 법(Jure divino)에 따라 다스려지는 교회 정부라

---

7 칼빈의 하나님의 법사상은 스코틀랜드의 개혁자 앤드류 멜빌(Andrew Melville)과 웨스트민스터 총회에 참석하였던 총대들에게도 계승되었고, 장로교 정치 원리의 틀을 마련

는 것이다(Calvin 1960, 4.3.1). 이러한 교회 정치 체제는 예수 그리스도께서 손수 "제정하신 교회 정치"체제이며, 하나님의 "말씀 속에서 보여주시고 제정하신 바로 그 영적인 정부 형태"라고 주장하였다(Calvin 1960, 4.6.9).[8] 그는 하나님의 법에 따라 다스려지는 성경적 교회 정부의 특성을 세 가지로 요약하였다.

첫째, 성경적 교회 정치체제는 지역 교회의 자율성을 보장한다. 칼빈은 개 교회는 그 자체로 완전하며 스스로 법을 집행할 권세가 있으므로 어떤 특정한 교회가 다른 교회들을 다스리는 것이 옳지 않다고 주장하였다. 목회자를 청빙하거나 교회 예산을 집행하는 것이 교회 당국자의 손에 있는 것이 아니라 지역 교회의 회중에 있다고 보았다. 때로는 당회가 목사를 청빙하고 교회 당국자가 임명하는 경우도 있지만, 성경적 정치체제는 교인의 총회에 의해 그것들이 결의되고 집행되어야 한다는 것이다. 칼빈이 교역자 청빙이나 재정 사용에서 회중의 주도권을 강조한 것은 그것이 초대교회의 전통일 뿐만 아니라 세속 통치자의 간섭이나 교권주의자들의 횡포로부터 교회를 지킬 수 있는 길이라고 보았기 때문이다. 교회의 자율 사상은 영국 청교도, 스코틀랜드와 미국 장로교도에 의하여 장로정치의 핵심 사상으로 채택되었고[9], 오늘날에는 한국에도 소개되어 교회의 8대 원리로 간주되고 있다.

둘째로, 성경적 정치 체제는 교직자 사이의 평등을 강조한다. 칼빈은

_____

하였다.

[8] 칼빈은 하나님의 법사상으로 왜곡된 교회 질서를 회복하고자 하였다. 하나님의 법사상이 의도하는 바는 (1) "신자들의 거룩한 모임에서 모든 일이 점잖고 품위 있게 집행되고," (2) "인간 공동체가 인간다움과 절제라는 유대감에 의하여 질서를 유지하는 데 있다"고 하였다(Calvin 1960, 4.10.28). 이러한 하나님의 법사상이 실현될 때, "인간의 고안물을 예배의 척도를 삼는 타락한 미신적 예배가 사라지고," "인간의 전통을 구원에 꼭 필요한 것으로 믿게 하여, 사람들의 양심을 억누르던 의무와 필연이라는 그릇된 견해를 무너뜨릴 수 있게 될 것"이라고 하였다(Calvin 1960, 4.10.28).

[9] John Leith, *Introduction to the Reformed Tradition*. (Richmond: John Knox Press, 1980), 196.

감독, 장로와 목사라는 직분은 동일한 직분을 의미하므로 교회 조직이 계급이 아닌 평등 관계를 유지해야 한다고 보았다. 그는 이렇게 설명했다: "성경에서 말씀을 전하는 사람들을 모두 '감독'이라고 부른다. 바울이 디도에게 도시마다 '장로들을 세우라'(딛 1:5)고 명령한 다음, '감독은 … 책망할 것이 없고'라고 하였다(딛 1:7; 딤전 3:2 참고). 다른 곳에서는 한 교회에 있는 여러 장로들에게 문안하기도 하였다(빌 1:1). 사도행전에는 그가 에베소 교회 장로들을 불러 모아 이야기했던 기사가 나와 있는데(행 20:17), 그는 장로들을 '감독'이라고 부르기도 하였다"(Calvin 1960, 4.3.8). 감독과 장로가 같은 직분일 뿐 아니라 평등한 관계에 있다고 본 것이다.

이러한 성경의 가르침에 따라, 칼빈은 교회 직분을 계급으로 간주하거나 계급화하려는 모든 시도를 배척하였고, "교회 통치에 관련된 지배력 혹은 지배권을 형성하려는 모든 시도를 정죄하였다"(Calvin 1960, 4.4.5, footnote). 교회 조직은 지배를 위해 존재하는 것이 아니라 섬기기 위해 세워졌기 때문이다. 이러한 기초 위에, 칼빈은 교회 행정과 치리를 위해 교회법원(consistory)을 만들었는데, 교회법원을 목사들로만 구성하지 않고 평신도인 장로들이 참여하게 하였고, 이를 통하여 교직자 사이의 평등을 실천하고자 하였다.

셋째로, 교회의 연합을 강조한다. 칼빈은 교회 연합을 부정하는 회중정치만이 아니라 교회 연합을 주장하지만 평등과 자율을 부인하는 감독정치를 모두 배척하였다. 감독주의를 배척한 것은 그것이 성경적 전통이 아닐 뿐만 아니라 감독주의가 끼칠 패악, 곧 개인 통치의 허식과 횡포를 두려워하였기 때문이요, 회중정치를 거부한 것은 대중의 변덕과 무질서를 두려워하였기 때문이다. 그는 장로정치를 주장했는데, 이는 회중의 대표에 의하여 선출된 장로에 의해 다스려지는 것이 성경적 정치체제이기 때문이다. 장로정치는 구약시대로부터 이어온 교회 정치

체제일 뿐만 아니라 신약 시대의 정치체제이기 때문이라는 것이다. 곧 사도들은 이방인 지역에 세울 때 장로를 세움으로 교회를 다스리게 하였다.

아울러 칼빈은 교회가 개 교회로 완전해 질 수 없기 때문에 지역의 교회들이 모여 노회를 이루고, 노회들이 모여 전국적인 총회를 이루어야 한다고 보았다. 그는 "처음부터 진지하고 하나님의 말씀으로 잘 훈련된 사람들이 자신들의 욕구가 아닌 하나님의 권위에 의해서 논쟁을 해결하기 위하여" 하나님이 노회와 총회와 같은 기관을 세우셨다고 보았고, 이러한 기관들을 통해 교회의 연합이 이루어져야 한다고 하였다.[10]

칼빈은 총회의 구성을 강조할 뿐만 아니라 모든 지상의 교회들이 하나 되어야 한다고 역설하였다. 교회는 그리스도 안에서 하나이기 때문이다. 그는 "우리가 교회의 연합을 생각할 때 이 연합된 교회에 확실히 접붙임을 받는 자라는 것을 확신하지 않는다면, 선택받은 무리라는 것을 생각하고 그렇게 이해하는 것만으로는 충분하지 못하다. 이는 우리가 우리의 머리이신 그리스도 아래에서 모든 다른 지체들과 연합되지 않는다면 장차 기업을 받으리라는 소망이 우리에게 없기 때문이다. 교회를 보편적이라고 부르는 것은, 그리스도가 나누이지 않는 한 (고전 1:13 참고) - 이것은 있을 수도 없는 일이지만 - 교회도 둘이나 셋이 있을 수 없기 때문이다. 모든 선택된 사람들은 그리스도 안에서 연합되었으므로(엡 1:22-23 참고) 한 머리를 의존하여 서로가 한 몸이 되고 한 몸에 달린 지체들같이(롬 12:5; 고전 10:17, 12:12, 27) 서로 결합된다. 그들이 참으로 하나가 되는 것은 한 믿음과 소망과 사랑으로, 또 같은 하나님의 영 안에서 함께 살기 때문이다."[11] 교회는 성자와 성령 안에서 하나이므

---

[10] John Calvin. Commentary: *Acts of the Apostles*. Edited by Henry Beveridge. (Grand Rapids, Michigan: William B. Eerdmans Publishing Company, 1949), 41.

로 나눌 수 없는 존재라는 것이다.

칼빈은 이러한 신념 가운데 앞 장에서 언급한 것과 같이, 순결을 이유로 교회 분열을 정당화하는 이들을 비판하였다. 교회의 하나 됨을 강조하였고, 말씀 선포와 성례 등 교회의 표지가 남아 있는 한 교회로부터의 분리는 정죄된다는 것이다. 그는 고린도 교회와 갈라디아 교회의 예를 들면서 어떤 이유로든지 교회 분열은 정당화될 수 없다고 하였다. 도덕적인 죄만이 아니라 기독교의 근본을 허무는 부활의 실재를 부인하는 자들이 나온다고 할지라도 그러한 교회로부터의 분리는 옳지 않다는 것이다 (Calvin 1960, 4.1.14). 곧 말씀이 바로 선포되고, 성례가 올바르게 시행되는, 곧 교회의 표지가 있다고 한다면, 그러한 교회로부터의 분열은 그리스도의 몸을 나누는 죄를 범하는 것과 같다고 경고한 것이다.

칼빈은 이와 같이 교회의 분열을 경고하면서 모든 지상의 교회들은 하나가 되는 것이 옳다고 하였다. 그는 교황이 다스리는 천주교회 안에도 여전히 하나님이 남겨두신 백성이 있다고 보았고, 화해할 수 있는 한 대립과 분열을 피하려고 하였다. 그는 유럽 전역을 오가며 교회 회의에 참석하여 로마 천주교회의 논쟁을 벌였다. 1540년에는 독일의 하게나우, 1541년 보름스와 포르투갈의 리스본에 가서 천주교도와 논쟁하기도 하였다. 가톨릭 신학자들과 대화가 불가능하게 되자, 트렌트 종교회의에 대한 논평을 씀으로 천주교 신학자들과의 대화를 계속하였다. 그는 "교회의 화평을 되찾을 수 있다면 자신의 목이라도 내어놓겠다."고 주장하였고, 가톨릭과 대화가 막히자, 루터파, 츠빙글리파, 성공회, 개혁파 등으로 나누어진 교회의 통합에 노력하였다. 그는 교회 연합을 위해서는 "제의와 촛대가 방해물이 되지 않도록 주의하라"고 후배들에게 당부하기도 하였다. 그러나 그는 연합을 위해서 진리를 포기할 수 없다

---

11 John Calvin, *Institutes of the Christian Religion*, (Philadelphia: Westminster Press, 1960), 4.1.2.

고 주장하면서 불의와 타협하는 것을 거부하였다.[12]

청교도와 장로정치 원리

칼빈의 장로정치 사상은 영국의 청교도에 의해 더욱 발전되었다. 그들은 성경이 신앙과 생활의 유일한 규범으로 간주하고, 성경에 의해 입증되지 않은 인위적 교리나 예배를 영국교회로부터 제거하고자 하였다. 성경을 회복함으로 교회의 개혁을 추구했던 것이다. 그들은 성경을 "하늘나라 법의 일반적인 체계, 거룩한 삶의 완전한 규칙과 영광스런 삶에 대한 확실한 약속 등이 망라되어 있는" 하나님 나라의 법전이라고 보았다.[13] 유명한 청교도 설교자요 학자였던 토머스 왓슨(Thomas Watson, 1620~1686)은, 성경은 "구원에 필요한 모든 것을 포함하고 있는 충만하고 완전한 규범으로 우리가 믿어야 할 것과 실천해야할 일을 보여주고 있다. 또 우리에게 신앙생활의 정확한 모델을 제시할 뿐만 아니라 심오한 하나님의 진리를 완전하게 교훈하고 있다"고 하였다.[14] 『웨스트민스터 신앙고백서』도 신구약 성경 66권이 "하나님의 감동으로 되었고,... 신앙과 생활의 유일한 법칙"이라고 선언하였다. 아울러 "하나님의 영광과 인간의 구원, 신앙과 생활에 필요한 하나님의 모든 뜻이 성경 안에 분명하게 진술되어 있다"고 하였다.[15]

청교도에게 있어 성경적 교리의 정립은 교회 개혁의 대로를 닦는 것과 같았다. 성경만이 믿음과 예배의 기초가 되어야 한다는 것은 성경만

---

[12] André Biéler, *The Social Humanism of Calvin*, 홍치모 역 『칼빈의 경제 윤리』 (서울: 성광문화사, 1985), 127.

[13] I. D. E. Thomas, compiled. *The Golden Treasury of Puritan Quotations*, Edinburgh: The Banner of Truth Trust. 1992), 168.

[14] Thomas Watson, *Body of Divinity Contained in Sermons Upon the Assembly's Catechism*. Edited by George Rogers. (Grand Rapids, Michigan: Baker Book House. 1979), 21.

[15] *Westminster Confession of Faith*, 1:2, 6

이 완전하고 오류가 없는 규범이기 때문이다. 윌리엄 에임스(William Ames, 1576~1633)는, "성경은 신앙과 도덕의 부분적인 규범이 아닌 완전한 규범이다. 성경에 제시하지 않은 어떤 권위나 전통도 하나님의 교회에서는 지켜질 이유가 없다"[16]고 하였고, 뉴잉글랜드 청교도 운동의 기초를 놓은 존 코튼(John Cotton, 1584~1652)도 "성경은 내적 · 외적이며, 도덕적이며 의식적인 모든 예배의 직접적이고 유일하며 만족할만한 규범이다. 이는 하나님의 말씀을 통하여 입증되며, 프로테스탄트 목사들의 일반적인 신앙고백에 의하여 증명 된다."고 하였다.[17] 이러한 논리에 따라 청교도들은 성경대로 "예배하는 것만이 하나님의 말씀에 따라 드리는 합당한 예배"가 된다고 하였다. 그러므로 "인간이 만든 교훈을 따라 하나님을 예배하는 것은 하나님의 뜻을 저버리는 것"이라고 주장하였다.[18]

청교도들은 자연 계시를 통하여 하나님이 예배의 대상이라는 것을 깨달을 수 있지만, 그것으로는 부족하다고 보았다. 예배는 하나님께

---

[16] William Ames, *The Marrow of Theology* 『신학의 정수』 서원모 역, 서울: 크리스챤 다이제스트, 1992), 187. 이러한 에임스의 『신학의 정수』는 17세기 하버드 대학의 신학 교재로 사용되어 뉴잉글랜드 청교도 예배관 형성에 크게 영향을 미쳤다.

[17] John Cotton, Some Treasure Fetched out of Rubbish; Or Three Short But Seasonable Treatises (Found in an heap of scattered Papers), Which Providence Hath Reserved for Their Service Who Desire to Be Instructed, From the Word of God, Concerning the Imposition and Use of Significant Ceremonies in the Worship of God. (London, 1660), 34.

[18] John Cotton, *A Treatise: I. Of faith. II. Twelve Fundamental Articles of Christian Religion. III. A Doctrinal Conclusion. IV. Questions and Answers Upon Church Government.* (Boston 1713), 5. 이러한 관점에서 볼 때, 성경에 근거하지 않은 새로운 예배의 개발을 주장하는 것은 지극히 위험스러운 일이다. 일부에서 시대가 변했고 세상이 새로운 것을 요구하므로, 교회는 시대정신을 반영할 수 있는 혹은 세상의 관심을 끌면서 적절하게 기독교의 메시지를 전달할 수 있는 예배를 고안하고 임상 실험을 통해 교회에 적용해야 한다고 주장한다. 그러나 이러한 주장은 성경적 예배 원리와 배치된다. 물론 선교적 차원에서 연극을 개발하고 무용을 보급할 수는 있지만, 그것들이 예배를 대신할 수는 없다. 왜냐하면 예배의 저자(author of worship)는 인간이 아니라 하나님이기 때문이다. 설령 인간이 그와 같은 예배를 좋아한다고 하더라도 하나님이 금하셨으므로 하나님 앞에서 가증한 것이다. 하나님이 명하지 않은 다른 예배를 고안하거나 권장하는 것은 "여호와의 명하시지 않은 불을 담아 여호와 앞에 분향한" 나답과 아비후의 제사와 다를 바가 없기 때문이다(레 10:1~2).

드리는 행위로 하나님이 특별 계시인 성경을 통해 보여주신 방법대로 드려야한다는 것이다. 『웨스트민스터 신앙고백서』는 다음과 같이 설명하고 있다: "자연의 빛이 알려주는 것은 만물의 주이시며 최고의 지배자이신 하나님이 계시다는 것이다. 하나님은 선하시고, 만물에 선하게 다루시므로 마음을 다하고, 힘을 다해서 하나님을 두려워하며 사랑하고, 찬양하며 부르며, 의지하며 섬겨야 한다는 것이다. 그러나 하나님을 예배하는 올바른 방법은 하나님께서 스스로 제정해 놓으셨기 때문에 사람들의 생각과 방법, 사탄의 암시, 눈에 보이는 형상, 성경에 정해지지 않은 그 어떤 방법으로 예배하는 것을 인정하지 않는다."[19]

따라서 하나님이 받으실만한 예배는 성경에 기초해야하고, 성경의 지지를 받지 못하는 것들은 제거되어야 한다고 주장했다. 곧 성화(聖畵)나 성상(聖像)의 사용, 성호를 긋는 행위, 성찬을 받을 때 무릎을 꿇는 것과 같은 성경에 근거하지 아니했으므로 거부되어야 하고, 사순절이나 대강절과 같은 성일(聖日)을 엄수하는 것도 옳지 않다고 보았다. 하나님이 온 세대에 명한 것은 주일 성수뿐이므로 주일 외에 다른 어떤 날을 성일로 간주하거나 지키는 것은 합당하지 않다는 것이다.

청교도들은 교회 정치 영역에도 성경의 가르침을 적용하고자 하였다. 케임브리지대학교의 마가렛 석좌교수(Lady Margaret professor)였던 토머스 카트라이트(Thomas Cartwright, 1535~1603)는 그리스도의 임금 되심은 그의 뜻이 교회 안에서 시행될 때에 비로소 이루어지므로 그리스도께서 세우지 않은 직분들을 교회로부터 폐지해야 한다고 주장하였다. 그는 1570년경에 대주교(Archbishop)와 대집사(Archdeacon) 등 성경에 근거하지 않는 직분들은 폐지되고, 대신 성경적 직분인 목사와 장로, 집사에 의해 교회가 운영되어야 한다고 역설하였다. 아울러 그는 교회 정치

---

19 *Westminster Confession of Faith*, 21:1.

의 부패한 형태인 공석 목회(Absenteeism)제도, 곧 한 목사가 여러 교회를 맡아 목회하는 제도는 부패한 모습이라고 비판했고, 목사의 청빙은 감독(주교)의 명령에 따라 이루어져서는 안 되며 교인들에 의한 공개적이며 공평한 선거에 의하여 시행되어야 한다고 주장하였다. 한 걸음 더 나아가, 카트라이트는 교회의 계급 구조를 비판하면서 교직자 사이의 평등을 주장하였고, 지역 교회의 자율성을 강조하는 등 장로정치가 다시 회복되어야 한다고 주장했다.

카트라이트의 장로정치 사상은 왈터 트래버스(Walter Travers, c. 1548~1635)의 지지를 받았다. 그는 1617년 『충만하고 평이한 교회 권징의 선언』(Full and Plain Declaration of Ecclesiastical Discipline)이라는 책을 내면서 다음과 같이 주장하였다. "나는 교회의 치리가 그리스도의 교회를 훌륭하게 관리하고 통치하기 위하여 하나님께서 제정하신 것으로 본다. 여기서 하나님을 치리의 제정자로 보는 것에는 … 보다 충분한 증명들을 제시할 필요가 있다. 왜냐하면, 많은 반대자들은 성경이 이에 대하여 침묵하며 통치자와 교회에 교회 행정이 전적으로 맡겨져 있다고 주장하기 때문이다. 치리의 규칙과 형태는 인간의 조례나 상상에 의해 만들어지는 것이 아니라 하나님의 말씀으로부터 나와야 한다. 모든 것이 하나님의 말씀에 따라 개혁되어지는 교회에는 그 순수성이 오랫동안 보존된다. 오늘날 우리의 교회 안에 있는 모든 부패한 모습은 하나님의 말씀인 맑은 샘을 떠나서 냄새나는 웅덩이나 도랑과 같은 교황의 꿈과 상상에서 나왔기 때문이다."[20] 그는 교회의 모든 부패 원인을 그릇된 교회 정치에서 찾았고, 이를 극복하기 위해서는 성경의 교훈으로 돌아가야 한다고 주장한 것이다.

트래버스는 교회 정치가 성경에 계시된 대로 실시되기 위해서는 반드시 강단이 회복되어야 한다고 보았다. 그는 강단을 회복하려면 먼

---

[20] Walter Travers, *Full and Plaine Declaration of Ecclesiastical Discipline* (London, 1617), 6.

저 목회자의 개혁이 필요하다고 주장하면서 성경을 모르거나 설교할 줄 모르는 무능한 목사들은 교회로부터 축출되어야 한다고 주장하였다. 그는 한 걸음 더 나아가, 계급 구조적인 감독제도의 폐지, 회중에 의한 장로의 선출, 교직자 사이의 동등성 유지 등 장로정치의 회복을 주장하면서 목회자의 복장 착용을 비판하였다. 목사복의 착용은 평신도와 성직자를 차별하게 하는 등 만인 제사장직을 가르치는 성경의 교훈을 벗어나는 것이기 때문이다.

카트라이트와 트래버스의 장로정치사상은 엘리자베스 치하의 영국 교회에 크게 영향을 미쳤고, 웨스트민스터 총회에 모였던 장로교도들에 의해 절정을 이루었다. 청교도들은 1643년 7월 런던의 웨스트민스터 사원(Westminster Abbey)에서 총회를 열고 영국 교회가 고백하고 시행해야 할 신앙의 문서들을 만들어냈다. 오직 성경의 절대적인 권위만을 강조한 것으로 유명한 『웨스트민스터 신앙고백서』(The Westminster Confession of Faith), 장년 교육을 위하여 작성한 『대요리문답서』(The Larger Catechism), 어린이와 자녀 교육을 위한 지침서로 『소요리문답서』(The Shorter Catechism), 예배에 대한 성경적인 원리를 제시한 『공예배 지침서』(Directory of Public Worship)와 교회 정치 문제를 다룬 『장로교회 정부 형태론』(Form of Presbyterian Church Government) 등의 표준 문서를 만들어 낸 것이다.

청교도들은 『장로교회 정부 형태론』을 통해 교회에서 그리스도의 머리되심과 그 안에서 하나 되어야 함을 강조하였다. 그들은 예수 그리스도가 "이 세상만이 아니라 오는 세상에서 모든 이름 위에 뛰어나게 하시고, 또 만물을 그 발아래 복종하게 하시고, 그를 만물 위에 교회의 머리로, 교회는 그의 몸이요, 만물 안에서 만물을 충만하게 하시는 자의 충만"이라고 선언하였다(『장로교회 정부형태론』 1983, 397). 그들은 교회 안에서 그리스도의 주권을 회복하려면 먼저 성경의 원리에 따라 교회를 재정비하고, 교직자들이 각자에게 부과된 업무에 충실해야 한다고 주장했다. 곧 목사는 기도와 성경 연구에 전념하는 가운데 예배를 인도해야 한다고 보았다. 곧 성경을 읽는 것, 봉독한 말씀에 근거하여 성도들을 권면하고 설득하며, 교정하고 교훈하며, 견책하며 위로해야 한다고 하였다. 아울러 교리 문답을 성도들에게 신실하게 가르치고, 세례와 성찬 등의 성례를 집행하며, 성도들을 위해 복을 빌며, 가난한 자를 돌아보고, 성경의 가르침에 따라 교인들을 부지런히 치리하여야 한다고 하였다(『장로교회 정부형태론』 1983, 399). 교사(doctor)는 "성경 해석과 바른 교리를 가르치는 일과 반론을 펴는 사람들을 설득"함으로(『장로교회 정부형태론』 1983, 401), 집사는 "가난한 자를 돌아보고 필수품을 분배"함으로 교회를 세워야 하며(『장로교회 정부형태론』 1983, 403), 장로는 "교회의 행정에 있어서 목사를 도움"으로(『장로교회 정부형태론』 1983, 402), 그리스도의 일을 수행해야 한다고 사역자들의 업무를 규정하였다.

청교도들은 사역자들이 개교회의 발전을 위해 각자의 영역에서 충성하고, 온 교회의 부흥을 위해 협력해야 한다고 보았다. 교회가 교회답게 되려면 교회들이 연합해야 한다는 것이다. 교회 연합은 초대 교회의 전통일 뿐만 아니라 칼빈의 가르침이라고 보았고, 이를 통하여 교직자의 임직, 치리와 구제 등을 시행할 수 있다고 보았다. 이러한 예는 성경적이라고 보았는데, 디모데가 목사 안수를 받은 것이 개(個)교회 차원이 아니라 장로의 회, 곧 교회 연합체를 통하여 이루어졌고(딤전 4:14), 안디옥 교회가 할례 문제로 어려움을 당할 때 사도들이 예루살렘에 교회 회의를 소집한 것은(행 15:2~6) 여러 회중이 한 노회 행정 안에 있었다는 것을 보여준다는 것이다.

『장로교회 정부형태론』은 초대교회의 특징을 교회 연합이라고 주장했다. 청교도들은 사도행전 당시의 초대 교회가 하나의 교회를 유지했다는 것을 지적하면서 다음과 같이 설명하였다: "이 모든 회중들이 한 노회의 치리 아래 있었는데, 그 이유는, (1) 원래 한 교회였고, (2) 교회의 장로들이 언급되어 있으며, (3) 사도들은 교회의 장로로, 장로가 행하는 일상적인 일을 했다. 이것은 사도행전 6장의 분산 이전에 장로교 체제의 교회가 있었음을 증명한다. (4) 예루살렘에 있던 여러 회중(congregation)이 한 교회(church)였고, 장로들이 치리 문제로 함께 모인 사실이 언급되었고, 이로 미루어 보아 여러 회중이 한 장로회 행정 아래 있었음이 입증된다. 교직자나 교인 문제에 있어서, 회중이 고정적이든 아니든, 사실상 모든 회중은 하나의 교회였다. 개 교회로 구성될 때 제직들이나 교인들이 있어야 한다는 점에서는 예루살렘에 있던 회중들과 현재 교회들 사이에 어떤 물적 상이점이 있는 것처럼 보이지 않는다 (『장로교회 정부형태론』 1983, 403). 사도행전의 교회들은 다양한 회중(교회)들이 있었지만 하나의 교회를 이루고 있었다는 것이다.

　　『장로교회 정부형태론』은 성경이 보여주는 교회의 모습을 연합에 있다고 주장했다. 교회가 하나의 교회만으로는 완전해질 수 없고, 노회와 총회와 같은 연합체를 통해 운영되어져야 한다고 본 것이다. 교회의 권세는 지역 교회의 회중들로부터 나오지만, 지교회가 온전할 수 없기 때문에 교회가 당면한 문제를 해결하기 위해서 다른 교회들의 지혜가 필요하다는 것이다. 이와 같은 맥락에서 청교도들은 노회와 총회 같은 상부 기관의 필요성을 주장했고, 노회와 총회의 구성은 지교회의 행정 원리에 따라 규정되어야 한다고 보았다. 곧 지 교회의 직원회의가 목사, 장로, 집사로 이루어지는 것처럼(『장로교회 정부형태론』 1983, 405), 노회나 총회도 평신도를 대표하는 장로와 목회자인 목사로 구성되어야 한다고 하였다. 그들은 모든 결정에서 성경이 최종적인 권위를 가지는 것으

로 보았고, 목사가 노회의 사회를 맡으며, 의사 결정에서 다수결을 원칙으로 삼도록 하였다.[21]

청교도들은 교회 연합 사상에 근거하여 회중교회적 정치를 추구하는 개교회주의를 비판하였다. 개교회주의 사상은 비성경적일 뿐만 아니라 대교회주의를 지향하기 때문에 그리스도의 보편적인 교회를 부인할 수 있기 때문이다. 더구나 대교회주의는 성도의 교제를 약화시키며 교회 연합을 깨는 등 바람직하지 못한 결과를 가져올 수 있다고 보았다. 따라서 『장로교회 정부형태론』은 교회가 성장하여 한 곳에 모여 예배하기 힘들게 되면 2부나 3부로 나누어 예배하는 대신 반드시 분리시킬 것을 제안하였다. "신자의 수가 많아져 한 장소에 모이기 불편하면, 주어진 모든 규례와 상호 의무를 더 잘 이행하기 위해서 서로 나누는 것이 좋다"는 것이다. 또한 청교도들은 교회 설립 시 뜻이 맞는 사람들끼리 교회를 개척할 것이 아니라 "주거를 경계"로 삼을 것을 권하였다. 이는 교회의 분리 개척이 인간관계보다는 복음화에 초점을 두고 있음을 보여주는 것이다(『장로교회 정부형태론』 1983, 403).

청교도들은 장로정치의 실현, 곧 교회 연합을 통하여 그리스도의 주권이 회복된다고 보았다. 그의 주권 아래서 모든 지역 교회가 하나 되고, 인간이나 인위적 조직이 교회를 다스리는 것이 아니라 그리스도께서 말씀과 성령을 통하여 직접 교회를 다스리는 곳(『장로교회 정부형태론』 1983, 407~408)에 그리스도의 왕권이 실현되어지기 때문이다. 이런 신학적 입장 때문에 청교도들은 교회의 하나 됨을 유지하고자 하였고, 교회 분열을 조장하는 어떤 시도도 용납하지 않았다.

---

[21] Charles G Dennison and Richard Gamble edited. *Pressing Toward Mark: Essays Commemorating Fifty Years of the Orthodoxy Presbyterian Church* (Philadelphia, 1986), 88.

미국 장로교도와 장로정치 원리

성경에 의하여 제시되고 칼빈에 의하여 재발견되었으며 청교도에 의하여 확고한 기틀을 마련한 장로교회의 정치사상은 미국 장로교도들에 의하여 만개할 수 있었다. 미국에서의 장로교회 운동은 18세기 프랜시스 매케미(Francis Makemie)와 사무엘 데이비스(Samuel Davis) 등에 의해 활발하게 일어났고, 19세기에 이르러 신학적인 기초를 단단하게 할 수 있었다. 곧 미국 장로교회는 프린스턴 신학교의 교수였던 세무엘 밀러(Samuel Miller)와 찰스 하지(Charles Hodge) 등에 의해 굳건하게 세워졌다고 할 수 있다. 그러면 밀러와 하지 등이 추구했던 장로정치 사상에 대해 간략하게 살펴보도록 하자.

세무엘 밀러는 장로교 신앙이 청교도적인 신학적 전통에 기초하여 세워졌음을 확실히 밝혔다. 그는 1842년에 출판한 『장로교회: 참으로 초대 교회적이며 사도적인 그리스도의 교회 구조』(Presbyterianism: The Truly Primitive and Apostolic Constitution of the Church of Christ)에서 예배의 원리와 교회 정치의 성경적인 기초에 대하여 논하였다. 그는 예배 때에 기도문을 사용하는 것이나 성일의 준수를 거부하였는데,[22] "복음 시대에는 기독교인의 안식일, 곧 주일 외에 거룩하게 지키도록 명령된 날이 없고," 성일을 따로 지키는 것은 비성경적이며, 불합리하다는 것이다(Miller, 1842, 73). 대부(God-father) 대모(God-mother) 제도 역시 성경에 근거하지 않은 것이므로 옳지 않으며(Miller 1842, 79), 세례를 베풀 때 십자가 표시를 긋는 것을 미신적이라고 비판하였다(Miller 1842, 81~82). 성경적인 근거가 없는 견신례를 비판하면서 성찬 상 앞에 무릎을 꿇는 것은 우상 숭배와 다름없다고 주장하였고, 성찬의 사적인 시행을 반대하였다(Miller 1842, 88~89).

---

[22] Samuel Miller, *Presbyterianism The Truly Primitive and Apostolic Constitution of the Church of Christ*. Philadelphia: Presbyterian Board of Publication, 1842), 67~68.

밀러는 초대교회, 칼빈, 청교도에 의해 제기 된 바 있는 교회 정치의 원리를 미국 교회에 소개하였다. 그는 교회가 성경의 가르침에 따라 운영되어야 하며, 교직자 사이에는 높고 낮음이 있을 수 없고, 교회 사이에는 규모면에서는 차이가 있으나 그 사이에 지배권이 있을 수 없다고 하였다. 아울러 그는 한 교회로는 완전해질 수 없고, 모든 교회들은 치리와 교리, 구제와 봉사, 선교에서 연합해야 한다고 하였다. 교회의 연합은 교회가 그리스도 안에 있음을 보여주는 증거라고 본 것이다. 따라서 그에게 있어 개교회주의는 인정될 수 없었고, 모든 교회는 평등한 가운데 하나를 이루어야 하는 대상이었다.

밀러의 입장은 찰스 하지에 의해 계승되었다. 그는 1855년 미국 장로교도 앞에서 행한 『장로주의란 무엇인가?』(What is Presbyterianism?)라는 연설을 통해서 장로정치의 특성이 "자유의 원리"(principle of liberty)와 "질서의 원리"(principle of order)에 있다고 하였다. 장로교회는 지 교회의 교인이 무오한 하나님의 말씀 아래서 자율성을 가지며 성경의 원리대로 구성된 교직자에 의하여 권세가 행해지고 있는 정치 제도라는 것이다.[23] 하지는 교회 행정에서 공동의회의 우위성을 강조하기를 회중으로부터 최종적인 권위가 나온다고 보았다. 이러한 원리는 "(1) 성경과 프로테스탄트의 모든 신앙고백들을 살펴볼 때 회중이 교회를 구성한다는 사실로부터 추론되고, … (2) 모든 교회의 권세가 회중 가운데 역사하시는 성령으로부터 나온다는 것을 통하여 입증되기 때문"이라는 것이다. 곧 성령이 거주하는 곳에 교회의 권세가 자리 잡기 때문에 교회의 권세는 모든 성도들에게서 나온다고 하였다(Hodge 1855, 24). 그러므로 회중은 장로를 세워 교회 행정을 할 수 있으며, 회중의 대의기관인 장로들은 회중이 준 권세를 대행하여 집행할 수 있다고 하였다(Hodge 1855, 16).

---

[23] Charles Hodge, *What is Presbyterianism? Addressed May 1, 1855.* (Philadelphia: Presbyterian Board of Publication, 1855), 12.

회중 중심의 교회의 자율성을 강조한 것이다.

하지는 장로의 권위는 목사와 동등하다고 하였다. 교리를 다루는 문제만이 아니라 가르치는 일에서도 목사와 동등한 권위를 가지며, "교역자들과 함께 모든 신앙의 상징을 만들거나 채택하는데 동등한 소리를 낼 수 있다"고 하였다(Hodge 1855, 17). 그는 다음과 같이 논했다. "목사는 스스로 의식이나 예배, 또는 공적인 예배를 위한 지침서를 만들 수 없고, 그가 설교하는 회중에게 그것을 강요할 수 없다. 그러한 규정을 세울 수 있는 권세는 회중에게 있으므로 회중은 목사와 함께 모여 그것들이 합당한지 살핀 후 승인하고 채택할 수 있다"(Hodge 1855, 18). 교인들이 "교회 정관이나 규칙, 또는 법규를 만들 때, … 수동적으로 동의만 할 것이 아니라 능동적으로 함께 일해야 하며," 성도들이 교회 안에서 교제하는 문을 열고 닫는 치리권을 행사함에 있어서 결정적인 소리를 내야 한다고 하였다. 왜냐하면 모든 치리를 "재판할 수 있고 의결할 수 있는 권리가 회중에게 있기 때문이다"(Hodge 1855, 18~21).

하지는 장로주의가 당회의 권위를 부정하면서 교인의 권세만을 주장하지 않는다고 하였다. 왜냐하면 회중의 우위성만을 강조하게 되면 교회의 무정부 상태에 빠질 염려가 있기 때문이다(Hodge 1855, 12). 곧 장로교회는 교회 행정에 있어서 회중의 최종적인 권세를 인정하나, 말씀과 교리를 담당한 장로들을 교회의 최고 행정 관료로 두어 교회의 질서를 유지해야 한다고 하였다. 그리고 이러한 "질서의 원리"에 따라 외형적인 교회 또는 유형의 교회가 하나가 되어야 한다고 하였다. 작은 부분은 큰 부분에 예속되어야 하고, 큰 부분은 전체에 예속되어야 한다는 것이다(Hodge 1855, 6, 7).

하지는 이와 같이 지역 교회의 자율에 기초하여 교회 질서를 세우고자 하였고, 자율과 질서로 다스려지는 교회들이 모이는 곳에 하나님의 나라가 이루어진다고 하였다(Hodge 1855, 11). 교회의 자율과 평등 위에 교회 연합이 이루어져야 하고, 교회 연합을 통해서 바른 질서가 세워질 수 있다고 본 것이다. 이러한 점에서 교회의 연합 사상은 미국 장로교회의 전통이었고, 교회의 연합을 강조하는 미국 장로교 정신이 한국 속에 뿌리를 내린 것이다.

2. 정체성의 회복 - 교회 연합을 중심으로

지금까지 교회 역사를 통해서 장로교도들이 추구해 온 신학적 전제와 예배에 대한 입장, 그리고 교회 정치 원리에 대하여 간략하게 살펴보았다. 장로교도들은 인간의 이성이나 전통, 또는 체험을 신앙의 기초로 삼는 것을 배척하고, 오직 성경만을 최종적인 권위로 인정하고 신앙과 생활의 원리로 보면서 역사적 문법적으로 해석해 온 성경적 가르침에 따라 믿고, 예배하며, 그 터 위에 교회를 세우고자 하였음을 확인할 수 있었다. 또한 장로교도들은 인위적인 예배를 거부하고, 지역 교회의 자율을 주장하며, 교직자 사이의 평등을 외쳤고, 한 사람이나 한 교회에 의하여 교회 또는 교회들이 지배를 받는 것을 부정하였고, 교회 사이의 연합을 강조하면서 하나의 교회를 세우려고 노력해 왔음도 확인할 수 있었다.

하지만 한국교회의 모습은 이러한 장로교 전통으로부터 멀리 떨어져 있다는 것을 인정할 수밖에 없다. 예배와 교회 정치면에서의 일탈은 더욱 두드러진다고 하겠다. 성경적인 기원이나 배경이 전혀 없는 사순절과 대강절 등 성일(聖日)의 준수, 사람들이 좋아한다면 얼마든지 받아들이는 인위적 예배, 한 명의 목사가 여러 교회를 맡아 다스리는 공석목회(Absenteeism), 교회 개척 후 모(母) 교회가 자(子) 교회들을 다스리거

나 지배하는 계급 구조적 교회운영, 교직자 사이의 계급화를 조성하는
목사복의 착용, 당회장이나 노회장, 총회장을 교회 계급으로 보고 교권
의 확보를 위해 분투하는 모습들이 바로 그런 것들이라고 하겠다.

교회 연합 운동의 필요성

이와 같이 장로교 전통으로부터 멀리 이탈한 한국교회를 새롭게 만들기
위해서는 권징이 필요하다. 성도 한 사람이 바로 서게 됨으로 바른 교회
가 세워질 수 있는 것처럼, 한 지역 교회가 잘못될 때에 지역 노회가
권징을 시행할 수 있고, 총회가 잘못된 길로 갈 경우에 다른 총회들이
권면하고 바로 세워감으로 교회를 정화할 수 있기 때문이다. 이와 같은
권징의 올바른 시행을 위해서 필요한 것이 바로 교회의 연합이다. 단순
한 친교 단체로서의 교회 연합이 아니라 권징을 시행할 수 있을 정도의
강력한 연합체가 필요한 것이다.

교회 연합 사상은 성경이 제시하고 있는 사상일 뿐만 아니라 초대교
회로부터 시행해 온 교회의 전통이다. 따라서 이 땅에 복음을 전해 준
미국의 남장로교회와 북장로교회, 호주장로교회, 캐나다장로교회 등 선
교사들은 그들의 신학과 전통이 달랐지만, 한국교회의 미래를 생각하면
서 하나의 장로교회를 세웠다. 그들은 1893년 한국교회를 하나의 교단으
로 만들기 위해 장로교 선교사 공의회(The Council of Missions Holding the
Presbyterian Form of Government)를 조직하였고, 1907년에는 독노회를 만들
었고, 1912년에는 총회를 구성하였다. 교회 연합 운동은 일제의 박해
중에도 이어졌고, 1930년대에는 박형룡 중심의 보수 신학과 김재준과
김영주 등의 자유주의 신학으로 인하여 신학적 논쟁이 일어났음에도
불구하고 하나의 교단을 이루었다. 심지어 일제가 친일적인 위성 교단을
만들고자 하였을 때에도 하나의 교회를 구성할 수 있었다.

하지만 1945년 8월 해방과 함께 한국장로교회는 분열을 계속하였다. 최초의 교회 분열은 신사참배자 처리 문제로 인하여 발생하였다. 신사참배를 거부하다가 투옥된 성도들로 구성된 김린희 중심의 재건파가 기존 교회를 마귀당으로 정죄하면서 최초의 분열이 있었고, 기존의 교권주의자들에 의하여 고신파가 교단을 떠나게 되는 일도 일어났다. 그리고 1950년대에 들어서면서 성경의 영감과 권위에 대한 입장 차이, 세계교회협의회(World Council of Churches) 가입 문제로 인하여 교회 분열이 계속되었고, 1970년대 후반에는 지방주의와 교권주의로 인하여 분열하였다. 그 결과 한국 장로교회는 분열에 분열을 계속하였고, 지연과 인연에 따라 교단을 만들므로 오늘날에는 수 백 개의 장로 교단이 존재하게 되었다.

한국 장로교회의 분열은 교회 권징을 불가능하게 만들었다. 그릇된 이들을 징계할 경우 전 교회가 연합하여 교제를 끊어야 하지만, 교권을 강화하려는 다른 이들이 징계 받은 자를 조건 없이 받아들임으로 교회의 표지를 상실하게 만들고 있는 것이다. 그 결과 교회는 세상의 지탄을 받을 수밖에 없게 되었다. 이와 같은 교회의 분열이 한국 사회에 미치는 부정적 영향은 엄청난 데 그 몇 가지 사례를 고찰해 보도록 하자.

첫째로, 전도의 문을 막는 결과를 가져왔다. 한국교회는 1970년대에 기독교 역사상 찾아볼 수 없는 큰 부흥을 체험했지만, 1979년 합동 측이 주류와 비주류로 분열하면서 교회 부흥의 막은 내려졌다. 사랑을 선포하던 교회가 분열하면서 강단에서 설교하는 목사를 끌어내리고, 조직 폭력배를 동원하여 반대파의 출입을 금하는 등 폭력적 방법을 동원하고, 상대방을 법정에 고소하는 등 세상보다 더 추악한 모습을 드러내었기 때문이다. 특히 1980년대에 이르러 합동측으로부터 분열한 보수파가 핵분열하고, 교회의 이미지는 크게 실추되었다. 그 결과 1980년대로부터 교회 성장이 정지되었고, 1990년대에는 교인 감소 현상이 두드러지게 나타났으며, 오늘날에는 한국교회들도 서구의 교회들처럼 문을 닫을 날이 멀지 않았다는 것을 지적하는 이들이 늘어나고 있는 실정이다.

둘째로, 사회에 대한 영향력이 약화되는 결과를 초래하였다. 교회가 세상에 선한 영향력을 행사하려면 세상의 빛과 소금의 역할을 다해야 한다. 교회가 어두운 세상을 밝히고, 부패를 막는 소금의 역할, 곧 도덕적 지도력을 행사할 때만 사회를 변화시킬 수 있기 때문이다. 그러나 개교회주의 운동 또는 교회의 분열 운동은 교회와 교회 사이, 교단과 교단 사이의 경쟁과 반목을 초래하였다. 특히 대교회 또는 대교단을 만들기 위해서 수단과 방법을 가리지 않으므로 교회와 세상을 구별할 수 없게 되었고, 이는 자연스럽게 교회의 주된 사명인 세상의 빛과 소금을 포기하게 만들었다. 그 결과 교회는 세상의 염려 거리가 되었고, 한 걸음 더 나아가 세상이 교회를 조롱하게 되었다.

한국교회가 이와 같이 분열을 일삼고, 대교회주의 운동을 전개하고 있던 1980년대의 한국 사회는 급변하고 있었다. 특히 군사 독재 정권에 반대하며 민주화를 요구하는 등 변화의 시기를 맞고 있었다. 젊은이들과 사회의 지도층들은 교회가 민주화 운동에 앞장서기를 기대하고 있었지만, 교회는 분열 운동으로 인하여, 더구나 교회성장 신학의 영향을 받은 교회 지도자들이 자신의 교회만 키우는 데 관심을 쏟았기 때문에 시대적 사명을 감당하지 못하였다. 하지만 당시 로마천주교회는 물론 심지어 친정부적이던 불교도까지 민주화투쟁에 앞장서면서 교회는 세상으로부터 외면당하기 시작하였고, 맛을 잃은 소금처럼 세상의 짓밟힘을 당하게 되었다.

셋째로, 교회의 분열 운동은 사역의 비효율화를 초래했다. 하나의 총회, 하나의 신학교를 운영하던 교회가 여럿으로 나누어지면서 각기 다른 총회와 신학교를 운영해야 했기 때문에 교회 재정이 이중 또는 삼중으로 투입하게 되었다. 교인의 수는 제한적이기 때문에 교회의 수

입도 한정적일 수밖에 없는데, 교단들이 늘어나면서 동일한 경비를 투자해야 하는 일이 벌어진 것이다. 따라서 늘어난 교단 수만큼이나 교회의 재정도 어려워지게 되었다. 특히 교단들이 선교와 구제, 교육 사업에서 경쟁하다보니 재정이 약해질 수밖에 없게 되었다. 분열 운동의 결과 교회 사역의 비효율화가 나타나기 시작한 것이다.

이와 같이 교회의 분열은 한국교회에 엄청난 재앙을 가져왔다. 교단적인 권징이 사라짐으로 그릇된 교리나 그릇된 자들을 징계하지 못함으로 교회의 부패를 가속화 시키는 등 허다한 문제점을 들어내기 시작한 것이다. 이러한 왜곡된 상태에서 벗어나 교회가 교회답게 되기 위해서는 교회의 연합이 이루어져야 한다. 교회 연합을 통하여 사회에 대한 교회의 영향력을 강화할 수 있고, 민족 통일과 복음화를 앞당길 수 있을 것이기 때문이다. 이점에서 볼 때 교회의 연합은 이 시대가 요구하는 역사적 과제이다. 이를 위해서 우선적으로 할 수 있는 일은 장로교 정체성을 회복하는 일이다. 곧 장로교회라는 명칭을 사용하지만 실제적으로 그와 무관한 이들로부터 우리 스스로 차별화하고, 진정한 장로교 신앙을 고백하는 이들을 중심으로 하나의 교단을 만들어가야 할 것이다.

장로교회를 하나로 만드는 일은 쉬운 일이 아니다. 하지만 역사로부터 지혜를 얻는다면 그리 어려운 일만이 아니라고 본다. 한 예로 한국 장로교회에 가장 큰 영향을 준 미국장로교도들의 교회 연합 운동에 대해 살펴볼 수 있을 것이다.

미국 장로교 운동은 1706년 필라델피아에서 최초의 노회를 조직함으로 시작되었다. 그들은 민족과 전통이 달랐지만 성경을 신앙의 최종적인 권위로 삼는다는 장로교 신앙 아래서 하나의 교단을 만들었다. 그들은 교회가 성장하자 1716년에 4개의 노회를 나누면서 대회를 구성하였으며, 1789년 최초의 총회인 「미합중국장로교회」(Presbyterian Church in the United States of America)를 조직하였다. 1741년 대각성 운동에 대한 입장 차이로 신파(New Side)와 구파(Old Side)로 잠시 나누어졌지만, 1758년에는 연합 운동을 벌여 하나의 교단을 만들기도 하였다. 큰 교단이 작은 교단을 무시한 것이 아니라 약자를 포용함으로 하나를 만들 수 있었던 것이다. 1837년 신학파(New School)와 구학파(Old School)의 분열이 있은 후, 1864년 남부의 장로교도들은 합동 총회를 열고「합중국장로교회」(Presbyterian Church in the United States), 1869년 북부의 장로교회는 「미합중국장로교회」(Presbyterian Church in the United States of America)를 만들었다. 혹시 분열이 있을 수 있지만, 분열을 극복하기 위해서 연합 운동을 전개한 것이다. 이러한 노력은 20세기에도 계속되었다. 20세기 초반에 북 장로교회와 남 장로교회 사이에 연합을 위한 논의가 있었고, 1958년에는「북미장로교회」(The United Presbyterian Church of North America)[24]와 「미국합중국장로교회」가 합하여 「미국연합장로교회」(The United Presbyterian Church in USA)를 만들었다. 그 후 1983년「미국연합장로교회」와 남부의 「합중국장로교회」가 합하여 「연합장로교회」(The United Presbyterian Church)를 이루었다. 장로교회의 연합 운동은 미국만의 현상이 아니라 스코틀랜드와 영국, 남아공 등 세계 여러 나라에서 전개되고 있다. 교회의 연합은 교회의 머리가 되시는 예수 그리스도의 기도의 제목이었고, 칼빈, 청교도의 가르침만이 아니라 시대적인 요구이기 때문이다.

이러한 맥락에서 볼 때 장로교회의 연합은 시대적 흐름이고, 한국장로교회가 나아가야 할 방향이다. 더구나 한국 장로교회는 모든 교단들이 교리나 정치, 예배에서 공통적 표준을 가지고 있으므로 하나 되는데 큰 장애물이 없다고 할 수 있다. 진보적인 교단이든 보수적인 교단이든

24 이 교단은「조합대회」(The Associate Synod)와「조합개혁대회」(The Associate Reformed Synod)가 1748년 합동하여 구성한 교단이다.

기장에서 고신에 이르기까지 칼빈의 신학을 가장 중요하게 간주하며, 영국의 청교도들이 작성한 『웨스트민스터 신앙고백서』를 가장 성경적인 신앙고백이라고 고백할 뿐만 아니라 웨스트민스터 총회가 작성한 『예배 지침서』와 『장로교 교회정부 형태론』에 기초하여 예배하며 교회를 다스려 오고 있는 등 공동 분모를 가지고 있다. 교회 분열의 주된 요인이 되는 신앙적 차이도, 예배관의 차이도, 더구나 교회 정치에서의 차이점도 없는 것이다. 이 점을 간과할 때에 한국교회는 하나 될 수 있는 중요한 열쇠를 가지고 있다고 할 수 있다. 다만 교단간의 약간의 차이점이 있지만 각 교단이 분열되기 이전에 가졌던 그 신앙으로 돌아가도록 노력한다면, 그리고 적어도 각 교단이 고백하는 것처럼 웨스트민스터 표준문서에 충실히 따를 것을 다짐하고 서로의 차이점을 인정해 준다면 하나의 교단을 만든 것이 그렇게 어렵지는 않을 것으로 본다. 이러한 전제 위에서 몇 가지 방안을 제안하고자 한다.

첫째로, 교단 간 교류의 폭을 넓혀야 한다. 교단 간의 교류는 장로교회 일치의 저변화를 확대하는 좋은 장치이기 때문이다. 모든 장로교 목사들은 미국 장로교회가 1788년 개정하여 승인하고 한국교회에 소개한 『웨스트민스터신앙고백서』를 신앙의 표준이라고 고백하고 있다. 그렇다면 교단의 장벽을 이유로 강단 교류를 막을 수 있는 이는 아무도 없다. 간혹 신앙의 표준에서 이탈한 이들이 있다면 교단적 차원에서 징계하면 될 것이기 때문이다. 따라서 한국 장로교회는 강단 교류를 넓힐 뿐만 아니라 교수 및 학생 등 인적인 교류를 활발하게 전개해야 한다. 이러한 교류를 통하여 상호간 동질성을 확인하게 될 것이고, 이질성을 교정하고 보완할 수 있을 것이다. 다른 말로 한다면, 각자 또는 각 교단의 이질적인 요소들을 성경에 기초하여 점검하고, 역사적 칼빈주의 신학과 성경에 비추어서 바로 잡아 나아간다면 한국 장로교회가 하나 되는 데 아무런 장애가 없을 것이다.

둘째로, '한 교단 하나의 신학교' 사상을 타파하고, 다양한 신학교를 인정하는 체제로 바뀌어야 한다. 미국 장로교회를 비롯한 대부분의 장로교단들은 하나의 신학교만을 총회 인준 신학교로 간주하지 않고 정식으로 인가 받은 장로교신학교 졸업자에게 강도사 고사 자격을 부여함으로 신학교의 다원화를 이루고 있다. 학연보다는 장로교라는 신앙의 연분을 더 중시하기 때문이다. 하지만 한국의 장로교단들은 같은 장로교 신학교를 졸업한 이라고 하더라도 교단 총회 신학교를 졸업하지 않았다면 반드시 교단 편입 과정을 거치도록 하고 있다. 사실상 편입 교육은 다른 교파의 목회자들을 장로교회의 신앙과 예배, 그리고 교회 정치사상을 가르치기 위한 과정으로 세운 것인데도 이를 장로교 목사들에게도 요구하는 것은 교단의 벽을 높이는 것이며, 교단 연합의 장애물을 놓는 것이다. 따라서 한국교회가 하나 되기 위해서는 인가받은 대학에서 장로교 신앙으로 양육을 받은 목사라면 조건 없이 받아들여야 할 것이다. 장로교 연합을 위해 장로교 사이에 전면적인 개방이 필요하다고 보지만, 전면적으로 개방이 어렵다면 교단 간 협의를 통해 강도사 또는 목사 안수를 위한 공동 과목을 개설하거나 상호간 학점 인정 제도를 마련하여야 할 것이다. 그리고 그에 해당하는 과목과 학점을 취득한 자에게 강도사 고사 자격을 부여하는 제도를 두며, 장로교라고 하더라도 신학적인 입장이 다를 수 있다고 염려된다면 노회의 면접이나 고사를 통하여 걸러내면 될 것이다.

셋째로, 같은 지역에 있는 노회, 교회, 또는 교인 간에 연합 운동을 전재하는 것이다. 교회 연합 사업을 통하여 장로교회가 하나 됨을 확인할 수 있고, 총회들이 교류함으로 하나의 장로교회를 만들어갈 수 있을 것이기 때문이다. 이러한 예는 미국 장로교도들을 통해서도 발견할 수 있다. 그들은 동일한 신앙을 고백하는 이들을 중심으로 '북미 장로교회와 개혁교회'(North America Presbyterian and Reformed Churches)를 조직하여 매 4년마다 같은 지역에서 총회를 열고, 공동의 과제를 다룸으로 일체성을 확인하고 있다. 한국장로교회도 2000년 시행했던 것처럼, 같은 지역에서 총회를 개최하고, 상호 교류할 수 있을 것이다. 한 예로 개회 예배를 공동으로 드린 후에 각 교단별로 흩어져 총회로 모일 수 있을 것이다. 이러한 방식으로 교단 상호 간에 우정의 사절단을 파견한다면, 교단간의 친교를 더욱 두텁게 할 수 있을 것이고, 이를 통해 궁극적으로는 하나의 장로교회를 만들어갈 수 있을 것이다.

넷째로, 전국적 규모의 목사 장로 기도회, 또는 목회자 재교육을 교단 간에 연합하여 시행하고, 선교지에서 경쟁하는 대신 협력하여 선교의 효율을 극대화하고, 교단을 하나로 만들 수 있을 것이다. 19세기 초반 프런티어 운동(Frontier Movement)이 일어났을 때 미국장로교회는 칼빈주의 교리를 고백하고, 성경적인 단순한 예배를 강조하고, 지역교회의 자율과 평등, 그리고 연합 등 장로교 정치사상을 가지고 있던 회중교회와 통합계획(Plan of Union)을 세웠고, 교단 연합을 통하여 서부 선교지에서 놀라운 결실을 거두었다.[25] 이와 같은 선교지에서 협력은 인적 자원을 극대화하고, 경제적인 면에서 절약하게 함으로 선교의 효율성을 크게 높일 수 있는 방안이다.

다섯째로, 민족 복음화를 위한 전도 전략을 공동으로 수립하는 것이다. 장애인 선교, 가난한 자들을 구제하는 일, 병자들을 돌보는 일 등 교회가 사회를 위해 일할 수 있는 것들에 대해 연구하고, 전도하기 위해 교단들이 연합하여 전략을 세우고, 추진한다면 엄청난 결과를 얻을 수 있을 것이다. 특히 우리에게 주어진 과제인 북한 선교를 위해 교단간의 협력이 필요하다. 이러한 일들을 위해 장로교단이 하나의 창구를 마련한

---

25 당시의 회중 교회는 오늘날의 회중교회와 달리, 교회의 연합을 강조함으로 장로교적인 입장을 취하였다.

다면 그 효과는 대단할 것이다. 이와 같이 연합하여 사업을 추진할 뿐만 아니라 대 정부 및 사회 문제에 공동 대처한다면 장로교회의 위상을 크게 제고하고, 장로 교단의 일체성을 확인할 수 있을 것이다. 이와 같은 노력을 기울이면서 각 교단이 기득권을 과감하게 포기하고, 하나님의 영광을 위해 노력한다면 교회가 하나 되는 것은 그렇게 어렵지 않을 것이다.

한국인의 문화는 정(情)의 문화이다. 우리의 고유한 문화인 '정'의 확산은 하나 됨의 출발점이 될 수 있다. 목회자들과 평신도들이 만나고, 신학자들이 서로 만나 함께 위로하며 격려하고 기도함으로 상호 간에 정을 쌓을 수 있을 것이다. 그리고 그러한 정이 들게 되면 오해가 사라질 것이요, 오해가 사라지면 마음으로부터 하나 되는 일이 일어날 수 있을 것이다. 그러므로 교회의 지도자들은 교단 간에 정이 오갈 수 있도록 교류하는 일에 앞장서야 할 것이다. 아울러 교단을 이끌고자 하는 정치(政治)를 하지 말고, 정치(情治)를 이룰 수 있도록 한다면 하나 되는 일이 가능할 것이다.

교류와 협력을 통해서 정을 나누고, 그 터 위에 성경에 기초한 하나의 교회로 만들어 나간다면, 한국 장로교회의 연합은 멀지 않은 장래에 이루어질 것이다. 이를 위해서 자기희생의 결단과 사고 인식의 전환이 절대적으로 필요하다. 같은 신앙을 가진 자들로부터 하나가 되고, 그 다음에는 조금 더 넓은 면에서의 합동을 이루어가야 할 것이다. 장로교회의 연합을 위해 작은 것부터, 또한 실현 가능한 것부터 지혜를 모아 그것을 시행하고, 그 시행 과정에서 서로 오래 참고, 그리스도께서 하나 되게 하신 것을 힘써 지키려고 노력한다면 장로교회 연합은 반드시 이루어질 수 있을 것이다(*).

제8장
정암 박윤선의 교회정치 사상

이 땅에 복음 운동이 본격적으로 시작된 것은 1885년 부활절에 미국으로부터 감리교 선교사 아펜젤러(Henry G. Appenzeller, 1858~1902)와 장로교 선교사 언더우드(Horace G. Underwood, 1859~1916)가 제물포에 도착하면서부터였다. 그들은 복음 전도의 수단으로 교육과 구제를 채택하여 이 땅에 수많은 교육 기관과 병원을 세웠다. 선교 사역은 큰 열매를 거두었고, 선교 100년 만에 민족의 25%가 기독교 신앙을 고백할 정도로 성공적이었다. 감리교회와 장로교회의 선교 운동이 동시에 시작하였음에도 불구하고 오늘날 한국교회의 다수를 차지하는 것이 장로교인이다. 한국 교인의 70%를 차지할 정도로 성장한 것이다.

들어가는 말

장로교회가 감리교회보다 성장한 데에는 여러 가지 원인이 있을 것이다. 하지만 그 가운데 두 가지만 제시한다면 장로교회가 가진 특징인 성경 중심의 신앙과 민주적 공화정치를 들고 싶다. 한국인들은 원래부터 원전의 가치를 가장 중요하게 간주해 오는 성향이 있는데, 그러한 성향이 성경만을 최종적인 권위로 강조하는 장로교 전통과 맞물리면서 큰 열매를 거두게 된 것이다. 아울러 장로교회가 추구하는 정치체제가 민주적이라는 데서 그 이유를 찾을 수 있다. 복음을 받기 전, 한국 사회는 봉건적 군주 사회였다. 계급주의적인 사회로 부정과 부패가 만연하여 있어서 개혁을 요구하고 있었다. 한국인들은 사회 개혁 대안으로 계급구조적인 감독제가 아니라 평등과 자율, 연합을 강조하는 민주적 공화정치인 장로정치를 선호하였고, 그것을 국가의 정치체제로 채택하여 왔다. 곧 상해 임시정부나 해방 후 한국 정부가 채택하면서 대한민국은 공화정치를 실시해 온 것이다.

  이와 같이 장로교회는 성경만을 최종적인 권위로 인정하는 우수한 신학 원리를 가지고 있었고, 뛰어난 정치체제인 공화정치를 추구해 왔다. 하지만 오늘날에는 그러한 장로교회의 전통을 경시하거나 무시하면서 혼란 가운데 빠져가고 있다. 그래서 오늘날 한국 사회에서 장로교단만큼 교회의 정체성을 상실한 채 방황하며, 사분오열되어 있고, 개교회주의에 빠져있는 교단도 없다. 장로교회(Presbyterian Church)라는 말보다는 회중교회의 냄새를 풍기는 지역교회(Community Church)라는 용어를 더 선호하고, 한 교회가 여러 교회를 지배하는 감독주의적 교회 운영이 보편화되어 있으며, 교회의 연합보다는 개별 교회의 성장만을 추구하는 풍토가 만연되어 있다. 그 결과 오늘날 교회는 세상으로부터 맛을 잃은 소금처럼 짓밟히고 있다.

1. 정암 박윤선의 신학

교회가 다시 교회답게 되기 위해서는 잃어버린 교회의 정체성을 회복하

여야 한다. 성경 중심적인 신앙을 회복하고, 성경적인 장로 정치를 회복
하는 것이 바로 한국교회를 새롭게 만들 수 있는 길인 것이다. 이러한
관점에서 필자는 1980년대 한국교회가 계급구조적인 교권주의에 빠져
있을 때 교회의 정체성을 회복하기 위해 앞장서서 수고하였던 정암
박윤선의 교회 정치사상에 대해 살펴봄으로 한국교회가 잃어버린 것이
무엇이며 다시 회복해야 할 것이 무엇인지 논하고자 한다.

정암 박윤선 박사는 "성경의 사람"[1]으로 평생을 통해 성경에 근거하
여 한국교회를 교회답게 세우고자 한 인물이었다. 그는 신학의 원리로
"계시 의존 사색"을 강조하였는데, 이는 인간의 이성이나 전통보다는
하나님의 말씀인 성경의 특별 계시에 의존하여 생각하고 판단하여 바른
신학을 세워야 한다는 사상이었다. 그는 철저한 개혁주의 신학자로 성
경적인 신학 운동을 전개하였고, 성경이 말씀하고 있다면 "덮어주고
믿어야 한다"는 것을 누누이 강조하였다. 우리의 상식과 지혜로 이해할
수 없다고 하더라도 성경이 말씀한 것이라면 절대적인 진리이므로 믿고
따라야 한다는 것이 바로 정암의 사상이었다.

정암 박윤선은 일생을 바른 신앙 운동과 바른 신학 운동을 전개한
인물이다. 그는 일제에 의한 신사참배 운동으로 교회가 우상숭배에 빠
져 있을 때 주기철 목사와 한부선(Bruce Hunt) 선교사 등과 함께 신사참배
반대 운동을 벌임으로 바른 신앙 운동을 전개하였다. 신사참배로 인하
여 신앙적 어려움을 당하자 만주로 피신하여 만주신학원에서 신학 교육
과 성경 주석 작업에 전념하였다. 해방 후에는 출옥 성도인 한상동 목사
등과 함께 고신대학교를 세워 성경적 신학운동을 전개하면서 혼란스러
운 한국교회를 정화하는 일에 앞장서기도 하였다. 1960년대에는 총신대
학교로 옮겨 바른 신학 운동을 전개하였고, 1980년대 이후로는 합동신

---

1 신복윤, "성경의 사람 한국의 나다나엘", 『박윤선의 생애와 신학』 (수원: 합동신학교
출판부, 1995), 70.

학원을 세워 바른 신학, 바른 교회, 바른 생활을 전개하는 등 한국교회의 발전을 위해 평생을 다하였다. 이러한 정암 박윤선이 한국교회에 미친 영향은 지대하다.

첫째로 그는 한국이라는 토양 위에서 성경적 개혁신학의 나무를 키움으로 한국교회가 21세기 세계 교회를 섬길 수 있는 기초를 마련하였다. 그는 평생을 바쳐 한국교회의 인재를 키우고, 교회를 섬겼으며, 성경 말씀을 해석하는 일에 헌신하였다. 그는 숭실대학교와 평양신학교를 졸업한 후 미국 웨스트민스터신학교에서 신학석사(Th. M.)를 마쳤고, 귀국한 후로 평양신학교, 만주신학원, 고신대학교, 총신대학교, 그리고 합동신학대학원에서의 교수 사역을 통해 수많은 인재를 양성해 내었다. 또한 그는 교회의 사람으로 중국 심양에서 오가황 교회를 개척한 이래 부산, 서울 등지에서 여러 교회를 개척하거나 섬기면서 목회자의 본을 세웠다.[2]

정암이 미친 영향 가운데 가장 두드러진 것은 주석 작업이라고 할 수 있다. 그는 1936년 장로교총회 종교교육부가 발행한 『표준성경 주석』 작업에 참여하여 성경 주해 작업을 시작하였고, 40여년에 걸친 노고 끝에 1979년 한국인 최초로 성경 66권 주석을 완간하였다. 그는 칼빈주의적 신학 원리에 따라 성경을 역사적 · 문법적으로 주해하고 그것을 목회자들이 쉽게 활용할 수 있게 만듦으로 한국교회에 지대한 영향을 미쳤다.[3] 이와 같은 정암의 수고는 성경을 신앙과 생활의 기초로 강조하는 한국교회의 신학 형성에 크게 이바지 하였다. 이처럼 전 생애를 바쳐 신학교육과 주경 사역에 헌신한 정암은 그의 생애 말기에 새로

---

[2] 정암은 뛰어난 신학자 일뿐만 아니라 목회자였다. 그는 만주 심양의 오가황교회, 부산에서 성산교회, 서울에서 동산교회와 한성교회, 그리고 장안교회(현 화평교회의 전신)를 세웠고 섬겼다.

[3] 정암은 목회자들을 위해 1,053편의 설교를 주석에 수록함으로 교단을 초월하여 모든 한국교회의 목회자들이 애용함으로 한국교회에 영향을 미쳤다.

운 학문 운동을 전개하였다. 한국교회를 부패한 인간이 아니라 성경이
다스리는 교회로 만들게 하려고 노력하였다. 곧 교회 정치의 개혁 운동
을 시작한 것이다.

정암이 교회의 정치 개혁에 관심을 갖게 된 것은 1970년대 후반과
1980년대 초반의 교회 상황과 무관하지 않다. 1970년대부터 한국교회에
는 지방색이 난무하였고, 이에 부응하여 교권 투쟁이 크게 일어나, 합동
측 교단은 1979년 경상도와 평안도를 중심으로 한 주류와 전라도와
황해도를 중심으로 한 비주류로 분열하는 고통을 체험하였다. 이러한
가운데 시작된 비주류 측은 일 년 후에 다시 사분오열되었다. 교역자들
의 허세와 세속화 현상이 나타났고, 교회 성장을 위해 수단과 방법을
가리지 않는 교회성장주의가 등장했으며, 그와 함께 교회를 계급 구조
화하려는 시도들이 일어났다. 이제 교회와 세상을 구별할 수 없게 되었
고, 교회는 맛을 잃은 소금처럼 세상으로부터 버림을 당하게 된 것이다.

이러한 상황에서 이영수 목사를 비롯한 합동측의 교권주의자들은
1980년 총신대학의 학사에 개입하기 시작하였다. 그들은 교수들이 신입
생의 자격을 물어 다수의 응시생을 불합격시키자, 신입생의 입학 자격을
완화시킬 것을 교수회에 명하였고, 입시에 낙방된 학생을 합격시킬 것을
명하는 등 교권 침해를 하였다. 이와 같은 상황에서 총신대학의 교수로
수고하던 정암은 신복윤, 김명혁, 윤영탁, 박형용 교수 등과 함께 신학교
를 지킬 것을 다짐하면서 교권주의자들에 대항하였다. 그러나 그해 가을
교권주의자들은 개혁을 외치던 교수들을 지지한 목회자의 교역을 금하
고, 교단에서 제명하는 등 횡포를 부렸다. 총신 사태가 이처럼 악하게
전개되자, 정암은 교수들과 함께 총신대학교 교수직을 사임하였고, 합동
측의 개혁을 위해 새로운 신학교를 세우려고 하였다. 합동측 안에 남아
있으면서 합동측을 개혁하자는 취지에서 학교 이름을 '합동신학원'이라

칭하였다. 그들은 바른 신학 · 바른 교회 · 바른 생활을 개교 이념으로
삼고 학교를 시작함으로 합동신학대학원을 세우게 되었다.

신학교의 설립과 함께 합신 교단이 새롭게 생겨나자, 정암은 새로운
교단을 한국교회의 모델이 되는 교단으로 만들고자 하였다. 가장 성경
적이고 역사적인 장로교 전통에 근거한 장로정치를 합신 교단에 적용함
으로 한국교회가 우러러 볼 수 있는 교단으로 만들고자 한 것이다. 그는
교회를 교회답게 하려면 먼저 장로교회의 정체성을 회복하여야 한다고
생각했다. 따라서 그는 장로교회의 정체성을 회복하기 위해 성경과 16
세기의 종교개혁자들, 17세기 웨스트민스터 총회가 작성한 『장로교회
정부 형태론』(Form of Presbyterian Church Government)을 연구하기 시작하
였다. 그리고 개혁교회의 교회헌법 주석가들, 특히 세계적으로 유명한
네덜란드의 개혁파 헌법학자 보우만(Herman Bouwman)의 저서 『개혁주
의 교회 헌법』(Gereformeerde Kerkrecht) 등을 연구하였다. 그리고 이러한
연구에 기초하여 1983년 3월 『대한예수교장로회 헌법 주석: 정치와
예배 모범』이라는 책을 통해 발표하였다. 마지막 저서가 된 이 책에서
정암은 교회 개혁의 필요성을 주장하면서 성경적 장로정치의 회복을
촉구하였다.

정암 박윤선은 장로정치의 회복은 웨스트민스터 표준 문서로 돌아
가는 데서 시작한다고 보았다. 그는 바른 신앙 운동이 성경에 근거하여
믿고 예배하며, 생활하는 데서 시작한다고 보았고, 바른 신학 운동은
장로교회의 표준 문서인 웨스트민스터 신앙고백서에 따라 성경을 해석
함으로 시작한다고 주장했다. 성경이 하나님의 의지와 구원의 경륜을
보여주는 것이며, 성경의 권위는 성령의 감동으로 된 절대 무오한 말씀
이라는 데 있다는 것이다.[4] 그는 성경의 축자적 영감, 곧 "성경의 모든

---

4 박윤선, "칼빈주의 (1)" 「파수군」 16 (1952): 9-10.

글자들은 성령의 감동으로 된 것"이라고 주장했고, 성경이 무오하다는 것은 "원본에서 무오함"을 말한다고 역설하였다.[5] 바른 신학은 성경을 바로 해석할 때 가능하며, 그러한 신학이 바로 "참된 성경주의" 신학이라고 하였다.[6] 이러한 신학은 교부들과 종교개혁자들, 그리고 웨스트민스터 신앙고백으로 이어지며, "장로교회의 원본 신경은 웨스트민스터 신앙고백서"에 근거한다고 주장하였다.[7]

2. 정암 박윤선의 교회 정치사상

정암이 주장한 교회 개혁 사상은 새로운 것이 아니라 성경적이며 전통적인 장로교 정치의 환원이었다. 그는 교회가 추구해야할 정치 체제는 계급구조적인 감독주의가 아니라 그리스도의 주권을 강조하는 장로정치임을 천명하면서 다음과 같이 장로정치의 성격을 논하였다: "장로회 정치의 정신은 한 마디로 '교회의 주권은 교인에게 있다'라는 교리이다. 이 사실은 세계적으로 알려진 개혁주의 신학자들과 교회 헌법 주석가들이 지적하는 바이다. 이 교리는 16세기 종교개혁으로 말미암아 얻어진 열매이다. 그러므로 교회 헌법은 법조문에 지나지 않는 무미건조한 것이 아니라, 성도들이 신앙상 지표(指標)가 되는 건전한 신학적 표현이기도 하다."[8] 정암은 교회 정부가 총회가 노회에 명하고, 노회가 지교회에 명하는 하향식 집단, 곧 계급적 집단이 아니라고 하였다. 교회 정부는 모든 권세가 교인들로부터 나와서 노회로, 노회에서 총회로 올라가는

5 박윤선 『개혁주의 교리학』 (서울: 영음사, 2003), 41.
6 박윤선, "칼빈주의의 기본 원리와 칼 바르트의 기본 원리", 「파수군」 13:(1952):20.
7 박윤선 『개혁주의 교리학』 (서울: 영음사, 2003), 53.
8 박윤선, 『대한예수교장로회 헌법주석: 정치·예배 모범』 (서울: 영음사, 1983), 8.

상향적 구조라는 것이다. 정암은 이러한 원리에 따라 교회가 운영되어야 하고, 성경적인 정치 원리가 적용될 때 건전한 신앙 운동이 가능하다고 주장했다.

(1) 지역 교회의 자율 확립

정암은 교회의 기초는 성경이 되어야 한다고 보았다. 곧 교회는 무엇보다도 성경적 원리에 의해 운영되어야 한다는 것이다. 성경이 보여주는 정치 원리는 노회와 총회와 같은 상부 기관이 지배하는 것도, 큰 교회가 작은 교회를 지배하는 구조도 아니라 모든 지역 교회가 자율성을 가지는 것이라고 하였다. 이러한 지교회의 자율성은 지역 교회가 교회의 예산이나 결산, 목사의 청빙, 그리고 권징에 이르기까지 제반의 모든 문제를 상부나 상회의 지시에 따라 결정하는 것이 아니라 지역 교회 스스로 결정할 수 있는 권리를 의미한다는 것이다. 정암은 그 구체적인 예를 사도시대의 교회들로부터 찾았다. 사도들은 직분 자를 임직할 때 회중의 동의를 받아 세움으로 지역교회 회중의 권위를 중시하였다는 것이다. 정암은 이렇게 지역 교회의 자율성에 대해 논하였다: "신약교회의 직원은 교회 자체가 선거한 것이 분명하다. 사도 맛디아도 회중의 천거를 경유하여(행 1:22) 선택되었고(행 1:26), 일곱 집사도 베드로나 다른 사도들이 직접 임명하지 않고 회중으로 하여금 그들을 택하도록 하였던 것이다(행 6:5~6). 그러므로 교회의 성직자는 지배자가 아니라 그리스도께서 보내신 수종자(minister)이다"(박윤선 1983, 25).

정암은 지역 교회의 자율성이 자연법에 부합할 뿐만 아니라 성경의 확실한 지지를 받는다고 하였다. 그는 이렇게 말하였다: "갈라디아서 1장 21~22절에 보면, '유대에 그리스도 안에 있는 교회들 (ἐκκλησίαι) 이라고 복수로 기록되었고, 요한계시록 1장 4절과 20절을 보아도 일곱

교회들이 존재한 것으로 알려지고, 그 교회들에는 각기 사역자가 있었으며, 그 교회들의 자치(自治)의 권한도 유지되고 있었음을 알 수 있다"(박윤선 1983, 29). 성경에 보면 초대 교회들이 지역 교회들로 구성되어 있으며, 각 교회에는 목회자가 있어서 자율적으로 운영하였다는 것이다.

한 걸음 더 나아가, 정암은 지역교회의 자율성이 개혁교회들이 지켜온 역사적 전통임을 지적하였다. 그는 몬스마(M. Monsma)의 『교회 정치 주석』(Church Order Commentary)에 나오는 개혁교회 신조 84조를 인용하면서 다음과 같이 논하였다: "개혁 교회의 신조 제 84조는 다음과 같이 말한다. "어떤 교회든지 다른 교회들을 주장하지 못하며, 어떤 목사든지 다른 목사들을 주장하지 못하며, 어떤 장로나 집사가 다른 장로나 집사들을 주장하지 못한다."[9] 그러므로 지교회는 자주적 형태로 교회 자격을 완비한다. 따라서 교회는 성질상으로 어떤 외부 교세의 간섭을 받는 존재가 아니다. 이런 의미에서 학자들은 지교회의 성격을 가리켜 "자율성"(Autonomy)이라고까지 말하기도 한다"(박윤선 1983, 29~30). 지역 교회의 자율성은 어떤 권세에 의해서도 도전받을 수 없는 천부적인 권리, 곧 절대적인 권리라고 본 것이다. 따라서 정암은 노회나 총회가 지역 교회에 부여된 고유한 권리인 자율권을 침범해서는 안 된다고 하였다.

그렇지만, 정암이 지역 교회의 자율성을 절대적으로 본 것은 아니다. 지역 교회는 법이 정해 준 범위 안에서 자율성을 가질 뿐 무제한적인 자율성을 가질 수 없고, 오류의 가능성도 있기 때문이다. 곧 자율성이라는 말은 교회가 하나님의 말씀에서 떠나 자유 할 수 있다는 말이 아니라는 것이다. 이러한 맥락에서 정암은 교회 행정에서 지역 교회가 자유방임적인 자세를 가질 수 없다고 하였다. 왜냐하면 교회의 입법자는 하나님이시므로, 모든 교회는 하나님의 말씀에 근거하여 다스려져야 하기

---

9 I. V. Dellen and Monsma, *Church Order Commentary* (1864), 340~341.

때문이다. 정암은 교회정치 학자 럿거스(F. L. Rutgers)의 말을 인용하면서 다음과 같이 주장했다. "럿거스는 말하기를, "나는 지교회의 '자율성'이라는 말을 사용하기를 원치 않는다." 그 이유는 주님께서 입법자이시고 교회는 결코 법을 만든 적이 없고, 교회는 치리 사역에 있어서 하나님의 말씀에서 법이 무엇인지 설명하는 것뿐이기 때문이다."(박윤선 1983, 30)라고 하였다. 곧 지역 교회에 주신 자율은 성경의 가르침에 기초해야 하고, 성경의 가르침에서 떠난 교회의 자율의 강조는 방종과 혼란만 초래할 수 있기 때문이다.

(2) 사역상의 평등의 실현

정암은 교회가 교회답게 되기 위해서는 교회 조직이 수직적이거나 계급 구조화 되어서는 안 되고, 오히려 교직자 사이에 평등 관계를 유지해야 한다고 보았다. 모든 직분 자는 머리가 되시는 그리스도 아래서 동등한 권세를 가지며, 높고 낮음을 주장할 수 없다고 본 것이다. 장로교 정치는 평신도 위에 집사가 있고, 집사 위에 장로, 장로 위에 목사가 있는 구조가 아니라, 모든 직분 자들, 그리고 "장로들 (목사도 장로임)이 동등(parity of elders)임을 귀중한 정치원리로 가진다."(박윤선 1983, 59)는 것이다.

정암은 교직자의 평등사상이 교회의 자유에 속하는 것이라고 지적하였다. "교직자는 높고 낮음이 없을 뿐만 아니라 도리어 낮아져서 섬기는 자세로 행하여야 된다."는 것이다. 정암은 이를 '사역상의 동등 원리'라고 불렀다(박윤선 1983, 21). 사역상의 평등 원리는 성경적이며, 교회의 혼란과 목회자의 독재를 막을 수 있는 장치라고 주장하였다. 정암은 다음과 같이 주장하였다. "사역 상 동등 교리는 중세시대 교회의 계급적 사제주의로 말미암은 교권 횡포를 개혁하기 위한 개혁자들의 성경적인 교리이다. 그리스도께서는 교회 행정가들이 서로 형제되는 처지에서 봉사해야 된다고 가르치셨다(마 20:25~28; 23:7~12). 이와 같은 동등 원리를 지키지 않는 교회에서는 지도자들이 고집과 독재와 권리 남용의 폐단이 생길 뿐만 아니라, 시기와 적대 의식이 성행하여 교회를 해치고 하나님께 욕을 돌린다."(박윤선 1983, 72). 교회 직분의 계급화는 모든 부조리의 뿌리라고 본 것이다.

정암 박윤선은 교회 직분자들을 계급 구조로 이해하는 것을 비성경적인 사상이라고 보았다. 오늘날 한국교회에서 볼 수 있는 것과 같이 교회의 직분을 권찰, 서리 집사, 안수집사, 장로, 목사의 순으로 교직을 서열화하는 것은 성경의 교훈이 아니라 인간들이 만들어 낸 것일 뿐이라는 것이다. 그는 칼빈의 기독교 강요를 인용하면서 다음과 같이 교직자의 계급화 운동이 일어난 배경에 대해 기술하였다. "5세기부터 8세기 어간에는 '대 장로'(ἀρχιπρεσβτεροι)란 직제(가장 높은 장로), '시골 장로'(ἐπιχώριοι)란 직제(일반 장로 보다 낮음), '수석 장로'(cardinal presbyter)란 직제(대 장로와 거의 같음)등이 생기기도 하였다. 이 같은 계급의 차별을 가진 직제는 성경적이 아니다. 이런 계급 제도는 모두 높아지기를 원하는 죄악 심리로 말미암아 발생되었다"(박윤선 1983, 155). 말씀과 성령이 지배하던 초대 교회에서는 교회 조직이 계급적이지 않았지만, 교회의 세속화와 함께 교회 직분을 계급화 하는 사상이 나왔다는 것이다. 그리고 이러한 주장들은 죄성으로부터 나온 것임으로 교회로부터 제거되어야 한다고 본 것이다.

정암은 교직자의 평등 원리를 실천하기 위해서는 많은 노력이 필요하다고 하였다. "총회는 참된 연합을 위하여 무엇보다도 진리를 앞세워야 하며, 관료주의적(bureaucratic)인 행정이 작용하지 못하도록 온 회원들이 함께 유의 협력하여야" 한다고 주장하였다(박윤선 1983, 160). 또한 총회장이 총회를 대표하는 자라는 의식을 버려야 하고, 단지 회의 중재자

(moderator)라는 것을 잊어서는 안 된다고 하였다. 여기서 우리는 시오도어 베자(Theodore Beza)가 총회장을 회의 중재자로 보았고, 그 이후 장로교도들이 총회장을 회의 중재자 그 이상으로 간주하지 않았던 장로교회의 전통을 고수하고 있음을 확인할 수 있다. 정암은 이와 같은 장로교회의 전통을 강조하면서 총회장이란 용어가 총회를 대표하는 자라는 것을 암시할 수 없도록 아예 "총회의장"으로, 노회장은 "노회의장"으로 불리어져야 한다고 주장하였다. 교권주의를 배제하고, 교역자 사이의 평등을 실행함으로 교회의 교회다움을 회복할 수 있다고 본 것이다.

한 걸음 더 나아가, 정암은 이러한 평등의 원리를 교회의 치리회에도 적용할 것을 주장하였다. 그는 말하기를, "치리회 사이에 대소의 차이는 있지만, 등급의 차이는 존재할 수 없다"고 하였다. 왜냐하면 장로정치는 권위가 위에서 아래로 내려오는 하향적 제도가 아니라 "밑에서부터 위로 올라가는(from bottom up) 치리 제도"로, "그 주권이 교인들에게 있는 신본 공화체제(神本共和體制)"이기 때문이라는 것이다(박윤선 1983, 171). 정암은 교회의 치리가 상하의 관계가 아니라 수평적인 연합을 그 특징으로 하므로, 노회나 총회를 상회로 부르거나 노회나 당회를 하회라고 부르는 것이 옳지 않다고 하였다(박윤선 1983, 119~120). "교회의 치리권이 어디까지나 사역적, 혹은 수종적이니 만큼 자율적이 아니고 하나님의 말씀을 전달하는(declarative) 성질에 불과"하기 때문에 동등하게 다루어야 한다는 것이다(박윤선 19183, 25).

정암은 장로교 정치 체제가 하향적이 아니라 상향적임을 부단히 강조하였다. 그는 교회 개혁을 외치면서 교회가 사용하는 용어 가운데 계급구조적인 의미를 풍기는 것들이 있다고 한다면 과감하게 올바른 말로 대체해야 한다고 하였다. 한 예로 총회가 헌법을 개정할 때 노회의 의견을 묻는 과정을 '수의'(隨意)라고 하는 데, 이 말은 계급적인 의미를 가진다고 하였다. 따라서 '수의'라는 말 대신에 '허락' 또는 '인가를 얻어야 한다'는 말로 대체해야 한다고 주장하였다. 그는 다음과 같이 논하였다: "한국 헌법의 영어 원문인 미국 북장로교 헌법에는 '수의'란 말이 아니라 '허락' 혹은 '인가'(approve)라는 말이 사용되었다."(박윤선 1983, 174).

정암은 교회 조직은 수평적이 되어야 한다고 보았다. 그는 수의라는 말을 바꿀 것을 제안하면서 이러한 원리들이 바로 장로 정치가 수평적인 성경을 가진다고 하였다. 그는 이렇게 말하였다: "이 사실을 보아도 장로교 정치에는 하향식(下向式: 위에 권세를 가지고 아래로 다스리는 식)만이 아니고 상향식(上向式: 밑에 기초를 두고 위로 다스리는 식)도 있다. 그렇다면 이것은 수평선적이라고 할 수 있다. 수평선적인 정치는 결국 연합 전선이 된다. 곧 치리회들이 서로 높고 낮음을 생각할 것이 아니라, 일선 상에서 불의를 막고 의를 세워 나가는 선한 싸움에 서로 합세하는 줄로 생각된다"(박윤선 1983, 174). 정암은 여기서 교회 행정이 총회가 노회에, 노회가 당회에 권면할 수 있지만, 노회나 총회의 영향력은 지역 교회로부터 나온다는 것을 강조한 것이다. 곧 그는 교회의 수직적 관계보다는 수평적 관계를 내세움으로 교회 연합을 추구하고자 하였다. 정암은 이러한 수평적 구조에 기초한 상향적인 제도가 종교개혁자들이 추구한 교회정치 사상이라고 주장하였다. "16세기의 종교개혁으로 개혁된 교회(장로정치주의)의 치리회 구조는 수직선적(vertical)이기보다 수평선적(horizontal)이다. 다시 말하면, 그것은 위에서 다스려 내려가는 것이 아니라 연합전선적(聯合戰線的)인 합세의 치리이다"라고 주장하였다(박윤선 1983, 162).

정암은 교회의 자율적인 운영, 교역자 사이의 평등을 주장하였으며, 또한 교세가 강한 교회가 약한 교회를 지배하거나, 총회나 노회가 지교회를 지배하는 것을 반대하였다. 성경의 가르침을 확인할 때 "모든 교회들을 지배하는 중앙집권정치(centralized church government)가 없다"는 것이다. 그리고 "개교회가 외부의 어떤 교권에 예속되어 있지 않기 때문"에 자(子) 교회를 모(母)교회가 지배한다거나 관리하는 것은 옳지 않다고 보았다(박윤선 1983, 26).

한 걸음 더 나아가, 정암은 노회와 총회의 권위를 규정함으로 치리회 사이의 평등을 유지하고, 교권주의를 막음으로 성경이 보여주는 정치 원리를 회복하려고 하였다. 곧 지역교회의 자율성, 교직자 또는 교회 사이의 평등성, 그리고 지교회들의 연합 운동을 추구하였다. 이러한 기초 위에서 목회자를 양육해야 한다고 보았다. 그는 총회가 신학 교육 기관을 직영함으로 나타나는 여러 가지 부작용을 비판하고, 신학교와 교단의 원만한 관계를 유지하기 위해서는 미국의 웨스트민스터신학교가 취하고 있는 것과 같은 총회의 신학교 인준 체제를 택해야 한다고 주장하였고, 인준 체제를 통해 교권주의자들의 구속을 받지 않을 수 있게 하여 학교 행정의 자율을 견지하고자 하였다.

(3) 개교회주의가 아닌 교회의 연합

정암은 한국 장로교회가 로마천주교회나 성공회, 또는 감독교회가 채택하고 있는 교권주의를 수용하는 것에 대해 신랄하게 비판하였지만, 지역 교회의 자율과 교직자 사이의 평등만을 주장하는 회중교회적 정치체제를 추구하는 개교회주의자들에 대해서 비판적인 입장을 취하였다. "지교회도 전체 교회(세계에 흩어져 있는 보편적 교회)의 지체"이므로, "지 교회는 독립주의(노회나 총회를 가지지 않음)를 가져서는 안 된다"는 것이다. 따라서 정암은, "지 교회는 자체 밖에서 다른 지교회들과의 연합체를 이루기 위하여 노력해야 한다. 진정한 연합 운동은 역시 하나님께서 주신 권리(jus divinum)에 속한다."고 주장하였다(박윤선 1983, 28).

교회 연합은 성경이 제시하는 올바른 교회관에서 나온 것이요, 개교회 주의는 그릇된 교회관으로부터 나온 것이라고 주장한 것이다.

정암은 교회 연합을 경시하면서 독자적으로 교회를 이끌어가는 독립 교회 운동에 대해 비판적이었다. 그는 교단으로부터 떠나는 것이 옳지 않고, 설령 교권이나 신학적 오류로 인하여 행정 보류를 할 수 있더라도, 그것이 영구적으로 되어서는 안 된다고 본 것이다. "자유주의 같은 것을 막기 위한 일시적인 피란 행위"로 잠정적으로 독립 교회로 존재할 수 있으나, 그렇지 않은데도 교회를 떠나 독립 교회를 유지하는 것은 성경적이지 않다는 것이다.

정암은 교회 정치체제가 상황에 의해 좌우되어서는 안 된다고 하였다. 곧 교권주의에 대한 반발 또는 개교회주의의 확산으로 독립교회 운동이 왕성해진다고 하더라도 개교회주의는 정당화될 수 없다는 것이다. 정암은 다음과 같은 논리를 폈다. "다른 교회들과 연락 없이 독립적으로 나아가는 교회는 어떤 특수한 조건 아래서 왕성하기도 한다. 이것은 역사적인 교훈이다. 다른 교회들도 성경을 하나님의 말씀으로 믿고 예수 그리스도를 구주로 믿는 한 (나의 믿음과 같은 한), 다 같은 주님의 교회라고 생각하여야 되지 않겠는가? 그렇게 생각하지 않는 것은 그들을 무시함이 되며, 나아가서는 그리스도를 무시하는 죄가 된다."(박윤선 1983, 29, 30). 독립교회 운동은 교회의 연합을 무시하는 죄이며 결국은 교회를 세우신 그리스도의 은혜를 경시하는 처사가 될 수 있다는 것이다.

정암은 이러한 논리에 근거하여 지상의 모든 교회들은 연합을 추구해야 한다고 하였다. 교회 연합은 바로 성경의 가르침일 뿐만 아니라 개혁주의 신학이 취하여 온 입장이기 때문이다. 그는 칼빈의 예를 들면서 이렇게 주장했다: "칼빈은 종교개혁의 지도자로서 구교에서 나왔지만 교회의 연합을 극력 원하였다. 그는 연합함에 유익하다면 바다라도

건너 갈 마음이 있다고 하였다. 그는 로마 교회(가톨릭교회)를 그리스도
의 교회로 인정하였고, 다만 고위 성직자들이 그 교회에 황폐나 파멸로
서 채웠다고 하였다(John Calvin. The Commentary on Prophet, I. 1959, 153).”(박
윤선 1983, 61, 62)

정암은 교회 연합 사상은 칼빈의 사상일 뿐만 아니라 어떤 이유로든
교회를 분열시키는 것을 옳지 않다고 하였다. 교회의 표지가 존재한다
면 능동적으로 교단을 떠나거나 분열을 일삼는 것은 악하다고 본 것이
다. 그는 칼빈의 예를 들면서 다음과 같이 주장하였다. “칼빈은 성찬
교리에 대하여 루터와 주장을 달리한 후에도 그를 계속 존경하였다....
칼빈의 태도는 루터파의 멜란히톤(Philip Melanchthon)에게 대하여도 마찬
가지였다.... 칼빈은 지엽적인 문제 때문에 신자들이 나누이는 것을 반대
하였다. 그는 아 라스코(a Lasko)를 권면하여 어떤 예배 의식을 반대하는
것을 좀 양보하라고 하였으며, 다른 개혁자들과 마찬가지로 성상 파괴
운동을 금하기도 하였다”(박윤선 1983, 61, 62).

정암은 교회 연합에 대해 부정적 자세를 취하게 하는 독선주의 또는
폐쇄주의의 위험성을 지적하였다. 확실한 이단은 멀리하되, 복음주의
교파들에 대하여 폐쇄적이어서는 안 된다고 역설하였다. 폐쇄주의는
교만에서 기인한 것으로 예수 그리스도의 보혈을 무시하는 죄악이라는
것이다. “예수님의 보혈로만 사람이 구원을 받는다고 믿는 성도들을
교파가 다르다는 이유로 멸시한다면, 그것은 예수님보다 교파를 더 중
시하는 위험한 오착이다”라고 보았다. 그리고 “형제들 중 어떤 문제로
교단을 달리 하였을 경우, 피차 그리스도의 사랑으로 서로 존경하고
아끼고 사랑해야 한다.” 왜냐하면, “외부적 연합만이 반드시 연합이 아
니고 영적 연합(서로 사랑함)이 참된 연합”이기 때문이다(박윤선
1983,118~119).

　정암은 이처럼 개교회주의와 폐쇄주의를 비판하였지만, 교리의 성결이 깨질 때는 그러한 교회로부터 분리할 수도 있다고 보았다. 인간의 감정이나 이권 문제, 지방색, 편파주의, 또는 권리 투쟁을 위한 수단으로 교회를 나누는 것은 정죄되지만 교리적인 불일치가 나타날 때에는 분열도 가능하다는 것이다. 그는 이렇게 말하였다. "교회의 화평은 교회의 성결성 (교리의 성결성, 곧 성경만 표준 하는 신앙생활)과 병행해 있어야 한다. 다시 말하면, 화평을 유지하기 위하여 세속주의와 타협하고 거룩한 하나님의 말씀에서 떠난다면, 그것은 계속 하나님께 욕을 돌림이니 진정한 화평이 아니다. 화평은 하나님을 참되이 높이려는 목적으로 이루어져야 한다. 이 목적에서 떠난 화평주의는 교회의 성결성을 파괴하는 동시에 교회의 타락을 초래한다. 그 뿐 아니라, 그런 자리에서 돌이키지 않고 그 타락이 심해지면 주님의 경고를 두려워하지 않는 어려움에 빠진다. 이렇게 될 경우에, 교회의 성결성을 보존하려는 신자들이 기존 교회(혹은 기존 교단)로부터 부득이 떠나게 된다. 히 12:14... 그런데 교회 역사상에는 순수하지 못한 동기로 분열을 초래한 유감스러운 사례도 없지 않았다. 인간의 감정 문제, 편파주의, 권리 투쟁, 이권 개입 등의 작용으로 인해 교회가 요란케 되며, 분열되는 폐단도 교계에서 사라져야 한다"(박윤선 1983,61).

　정암 박윤선은 성결이 없는 연합을 위선이라고 보았고, 연합이 없는 성결만을 강조하는 것은 독선이라고 보았다. 그는 성결과 화평을 교회 연합의 기초로 보았고, 이 두 가지 축 위에 교회의 연합을 이룰 것을 주장한 것이다. 성결과 화평 위에 교회 연합을 이루고, 하나님의 말씀과 성령이 다스리시는 교회를 만들어 갈 수 있다고 본 것이다. 아울러 그는 불순한 동기에 기초한 교회의 분열을 정죄하였고, 모든 수단을 강구하여 교회의 연합을 유지할 것을 주장하였다.

나가는 말

우리는 지금까지 정암의 교회 정치사상에 대해 살펴보았다. 그는 지역 교회의 자율성(autonomy)을 강조하면서 교역자와 교역자 사이, 교회와 교회 사이, 그리고 치리회 사이의 평등(equality)을 주장하였으며, 교회의 연합(unity)을 추구하면서 한국교회를 하나로 만들고자 하였다. 사실상 이러한 정암의 교회 개혁 사상은 성경과 초대 교회, 그리고 칼빈과 청교도의 교회 정치사상이라고 할 수 있다.

칼빈은 로마천주교회에 의해 교회가 제도화되고 교회 제도가 계급화 되었을 때, 교회를 교회답게 만들기 위해서 성경의 가르침으로 돌아갈 것을 역설하였다. 그는 성경이 보여주고 있는 원리에 따라 교회를 운영할 것을 역설하였다. 그는 성경이 보여주는 통치의 원리를 자율과 평등, 연합에서 찾았다. 모든 지역 교회에게 목회자의 청빙, 예산의 사용, 권징의 실시 등에 관한 자율권이 있고,[10] 모든 교회의 직분자들은 주안에서 평등하고(Calvin 1960, 4.3.8), 모든 지역 교회들은 홀로 존재할 수 없고 상호 연합함으로 주님이 주신 지상 명령을 실현할 수 있다고 본 것이다.[11] 이러한 장로정치 사상은 청교도에게 전수되었고, 네덜란드 개혁교회의 지도자들과 미국의 장로교도들에 의해 발전되어 한국에도 정착하게 된 것이다.

정암은 서구 장로교도들의 주장을 수용함으로 계급적인 유교 문화에 토착화되고 있는 한국의 교회들을 성경에 의해 다시 한 번 새롭게 개혁하고자 하였다. 지교회의 자율과 교역자 사이의 평등, 교회의 연합을 주장함으로 교회를 교회답게 하려고 하였던 것이다. 정암이 이와 같이 교회

---

[10] John Calvin, *Institutes of the Christian Religion*, Library of Christian Classics (Philadelphia, Westminster Press, 1960), 4.3.15.

[11] John Calvin, *Commentary on Prophets* (Philadelphia: Westminster Press, 1949), 41.

연합을 강조하였지만, 어떤 이들은 그의 사상과 그가 취한 행동은 모순이 되는 것이 있다고 주장하기도 한다. 정암이 한상동 목사와 고신대학을 세웠지만 그와의 갈등으로 인하여 고신을 떠났을 뿐만 아니라 총신대학교가 교권으로 혼란해져 있을 때 그곳을 떠난 것은 정암 박윤선이 교회연합보다는 분리를 추구해 온 분리주의자라는 것이다.

그러나 이 말은 옳지 않다. 분리주의는 순결을 화평보다 더 강조하지만, 그는 순결만큼이나 화평을 유지하고자 하였기 때문이다. 그리고 분리주의자는 교회 또는 교단으로부터 추방된 자를 의미하지 않고 능동적으로 떠나는 자들을 의미하기 때문이다. 이러한 점에서 볼 때 그는 분리주의자가 아니었다. 그는 주일에 미국으로 떠나는 선교사를 배웅한 일로 인하여 한상동과 갈등을 빚고, 고신을 떠나게 되지만 분리주의자들처럼 그들을 정죄하며 떠나지 않았다.

정암이 총신을 떠난 것은 그의 의지가 아니었고, 교권주의자들에 의해 쫓겨난 것이다. 총신대학교 사태가 발생했을 때 정암과 동료 교수들은 합동측을 떠나 새로운 교단을 세우려고 하지 않고 그 안에서 개혁운동을 전개하려고 하였다. 하지만 총회를 장악한 교권주의자들은 정암을 비롯한 교수들과 학생들을 합동측에서 제명함으로 그들은 교단을 떠날 수밖에 없었다. 그럼에도 불구하고 그들을 분리주의자라고 부른다면, 교황청에 의해 로마천주교회로부터 추방을 당한 루터나 칼빈도 분리주의자라고 할 수 있을 것이다. 여기서 한 가지 더 고려해야 할 것은 정암과 교수들은 한국 장로교회를 개혁할 염원으로 새로운 학교를 세우면서 많은 이들이 제안하였던 '총회신학교'라는 명칭을 사용하지 않고 합동 교단의 이름이 들어간 "합동신학원"이라는 명칭을 사용하였다. 합동 측 안에 있으면서 교회를 개혁하겠다는 의지의 표현이었던 것이다. 그리고 새 학교의 명칭을 '총회신학교'라고 부른다는 것은 바로 새로운 교단의 출현을 의미할 수도 있었기 때문이다. 그럼에도 불구하고 교권주의자들은 정암을 제명하여,[12] 합동측을 떠날 수밖에 없었던 것이다. 그러므로 정암을 분리주의자로 정죄하는 것은 신학과 역사를 모르는 무지에 근거한 것이라 할 수 있다.

이제 우리의 결론에 이르게 되었다. 한국교회는 아직도 개혁되어야 한다. 개혁주의자들이 '개혁된 교회는 항상 개혁되어야 한다'고 주장했던 것처럼, 교회는 개혁되어야 한다. 하지만 교회 개혁은 시대와 상황(context)의 요구 때문에 되어져서는 안 되고, 성경(text)의 가르침에 따라 오늘의 교회들이 개혁되어져야 하는 것이다. 정암이 세속화 되어 가는 한국교회를 성경적 원리에 비추어 개혁함으로 교회를 교회되게 하려고 했던 것처럼, 장로교회의 정체성을 회복하고, 성경적 원리에 따라 교회를 섬기는 운동을 전개해야 할 것이다. 지 교회의 자율을 지키며, 교회를 계급구조화하려는 어떤 시도도 거부하면서 교역자와 교역자, 교회와 교회 사이의 사역상 평등개념을 확산하고, 폐쇄적인 자세를 버리고 성결을 유지하면서 교회의 하나 됨을 유지하기 위해 최선을 하여야 할 것이다. 그 때, 맛을 잃은 소금처럼 사람들에게 밟힘을 당하고 있는 한국교회가 다시 한 번 새로워질 것이고, 하나님의 영광스러운 나라가 이 땅에 오게 될 것이다(*).

---

12 필자가 총신대학교 신학대학원의 교수로 일하던 1982년 어느 날, 기획실장 박 모 목사는 "박윤선 목사를 비롯한 합신의 교수들을 문교부에 파면 요청을 하였지만, 그들이 이미 학교를 떠났으므로 파면의 실효성이 없어지게 되었다."고 교수회의에 보고한 적이 있다. 이는 이영수 목사를 비롯한 합동측 교단 지도자들이 당시 박윤선과 함께 한 교수들을 얼마나 괴롭혔는지를 보여주는 단적인 예라고 할 수 있다.

제9장

주일 성수와 예배에 대한 교회사적 이해

주일 성수는 창세 때부터 시작되었고, 그 후로 지금까지 교회가 지켜온 전통이다. 인류 최초의 안식은 하나님이 엿새 동안 세상을 창조하시고 제 7일째 되는 날에 모든 일을 그치고 쉼으로 시작되었다. 하나님은 일곱째 날을 복되게 하시고 거룩하게 하셨다(창 2:1~3). 이때부터 이스라엘 공동체는 일곱째 날을 안식일로 삼고 거룩하게 구별하여 지켜왔다. 이와 같이 시작된 안식일 제도는 '광야교회'라고 불리던 이스라엘 공동체에 의하여 이어져 왔고(출 16:23), 모세 때에는 10계명의 한 계명으로 이스라엘 백성에게 주어졌다(출 20:8).

1. 초대교회와 주일 성수

안식일 제도는 그리스도의 부활 때까지 이레 중에 일곱째 날로 지켜 왔다. 그러나 그리스도의 부활 이후로는 이레 중에 첫날로 변경되어

지켜졌다. 그리스도의 십자가 사건과 함께 천지 창조의 기념일이 구속의 기념일인 주일로 변경 되어 지켜지게 된 것이다. 이는 성경을 기록하고 해석할 수 있는 절대적 권위를 가지고 있었던 사도들에 의하여 결정된 것이어서 성경적 권위를 가진다. 따라서 초대교회의 성도들은 안식일이 아닌 안식 후 첫날에 모여 예배하곤 하였고, 이 날을 "주의 날"이라고 불렀다(고전 16:2, 계 1:10).

사도들에 의해 시작한 주일 성수의 전통은 2세기로 이어졌다. 소아시아의 비두니아 총독이었던 플리니우스 2세(Pliny the younger)가 112년경 로마 황제 트라야누스(Trajanus 98~117)에게 보낸 편지에는 초대 교회 성도들이 주일에 예배를 드린 정황이 기록되어 있다. 이 편지에 의하면, 초대 교회의 성도들은 보통 날에는 일출 전에 모임을 가졌고, 정한 날에는 모두 모여 그리스도를 하나님으로 찬송하였으며, 서로 서약하면서 도둑질이나 간음, 훼방하는 일이나 남에게 꾸어주기를 거절하는 죄를 범하지 말자고 다짐하였다. 그리고 잠시 흩어졌다가 저녁이 되어 식사를 하기 위해 다시 모였다. 곧 인육이 아니라 해롭지 않고 평범한 음식을 들기 위해 다시 만났다.[1] 이 편지를 통하여 우리는 2세기의 성도들이 새벽 예배를 드렸고, 정한 날 곧 주일에 공 예배를 드렸으며, 주일 저녁에는 그리스도의 몸을 기념하는 성찬식을 행하였다는 것을 알 수 있다.

주일 성수의 전통은 플리니우스의 편지만이 아니라 초대 교회 변증가요 순교자였던 저스틴(Justin Martyr, 100~165)을 통해서도 확인된다. 저스틴은 『변증서』에서 "... 일요일이라고 부르는 날에 도시에 사는 사람이나 시골에 사는 사람이나 한 곳에 모여" 하나님을 예배한다고 하였다. "왜냐하면 일요일은 첫째 날인데 바로 그 날에 어둠을 밝히셨고, 또한 우리를 만드셨으며, 그 날에 우리 주 예수 그리스도께서 죽음 가운

---

[1] Pliny Jr., *Epistle*, 10.96.

데 부활하셨기 때문"이라고 밝혔다.[2]

저스틴은 당시의 주일 예배 모습을 다음과 같이 기록하였다. "그리고 사도들의 글이나 선지자들의 글을 시간이 허락하는 대로 오래 읽는다. 독경자가 읽기를 마치면 사회자는 강론을 통하여 그 고상한 교훈들을 모방하도록 권면한다. 그 다음에 우리는 모두 함께 일어나 기도를 올린다. 그리고 이미 위에서 말한 대로 기도가 끝나면 빵과 물 탄 술을 가져오고, 사회자가 높이 들고 그 거룩해진 음식을 나누어 주어 모두 받게 하고 참석하지 못한 사람들에게는 집사들이 가져다준다. 그리고 부유한 사람들과 자원하는 사람들은 자기가 정한 것에 따라 헌금을 한다. 그 헌금을 사회자에게 맡기고 사회자는 고아와 과부를 돌보고, 병이나 기타의 다른 이유로 물질이 필요한 사람들을 돕는다. 즉 간단히 말해서 사회자는 필요한 모든 사람을 보호한다."[3] 여기서 우리는 예배가 주일 성수의 핵심이었고, 예배의 요소로는 사도적 전통에 따라 성경봉독, 설교, 기도, 헌금 등의 요소가 있었으며, 성찬 예식이 주일 밤 또는 주일 낮에 베풀어졌다는 것을 확인할 수 있다.

2. 종교개혁과 주일 성수

중세 시대에 이르러 성자숭배 사상이 만연하면서 성자들의 탄생일이나 순교일을 기념하는 축일 제도가 나타났고, 그와 함께 주일 성수운동은

---

[2] Justin Martyr, *Ist Apology, 66 in The Ante-Nicene Fathers*, edited by Alexander Roberts and James Donaldson (Grand Rapids, Michigan: Wm. B. Eerdmans Publishing Company, 1985), 185.

[3] Justin Martyr, Apology, *66 in Early Christian Fathers: Library of Christian Classics* edited by Cyril Richardson (Grand Rapids: Michigan: Wm. B. Eerdmans Publishing Company, 1953), 1:286.

약화되어갔다. 하지만 16세기에 이르러 종교개혁자들에 의해 주일 성수
운동은 다시 회복되었다. 독일의 종교개혁자 마르틴 루터(Martin Luther,
1483~1546)는 『대요리문답서』를 통하여, 성도들이 매일 하나님께 예
배드리는 것이 당연하지만, 인간의 약함 때문에 하나님은 최소한 하루
를 구별하여 하나님께 예배하도록 하였다고 하였다. 그는 성자의 생일
또는 순교를 기념하는 축일을 지키는 것을 비판하면서 오직 주일만을
온전히 지킬 것을 주장하였다. 왜냐하면 주일은 다른 날과 달리 하나님
이 인간들에게 직접 정해주신 날이기 때문이라는 것이다.

제네바의 종교개혁자 요한 칼빈(John Calvin, 1509~1564)은 루터보다
발전된 주일 성수 사상을 가지고 있었다. 그는 안식일을 세운 것은 율법
을 배우고, 제사 의식을 행하며, 하나님이 행하신 일들에 대해 묵상하기
위한 것이라고 주장하고, 이를 위해서 안식일에는 노동을 해서는 안
된다고 하였다.[4] 그는 성자께서 율법을 성취하여 "4계명의 의식적인
부분이 폐지" 되어 더 이상 제7일 안식일을 지킬 필요가 없게 되었지만,
안식일 제도의 도덕적인 부분은 여전히 유효하다고 하였다(Calvin 1960,
2.8.31). 그러므로 하루를 정하여 거룩하게 지키는 것은 성도들의 당연한
의무로 이 날에는 모든 노동을 그치고, 온전히 하나님께 예배를 드려야
한다고 하였다(Calvin 1960, 2.8.34). 주일을 세운 목적이 거룩하신 하나님
과 그분의 사역에 대해 묵상하고 예배하는 일이므로, 성도들은 하나님
의 말씀을 들으며, 떡을 떼며, 공중 기도를 드리는 것에 최선을 다해야
하며, 이 일을 위해서 "하인들과 노동자들을 노동으로부터 자유롭게
해야 한다"고 하였다(Calvin, 2.8.31, 32).

칼빈은 현재의 안식, 곧 주일 성수는 미래의 영원한 안식을 준비하는
것이라고 보았다(Calvin 1960, 2.8.30). 히브리서 기자의 가르침처럼 성도들

---

[4] John Calvin, Institutes of the Christian Religion (Philadelphia, Westminster Press, 1960),
2.8.28.

에게는 장차 안식할 때가 있으므로, 성도들은 그 안식에 들어가기에 힘써야 한다는 것이다(히 4:9~11). 아울러 모든 성도들이 영원한 안식에 참여하기 위해서 평생을 준비하는 것과 같이, 한 주간을 살 때에 주일의 안식에 참여하기 위해서 6일 동안은 열심히 일해야 한다고 주장하였다.

청교도와 주일 성수

청교도들은 칼빈의 가르침에 따라 주일을 온전히 성수를 하고자 하였다. 주일 성수의 진정한 의미가 주일을 온전하게 안식하는 데 있으므로, 모든 성도들은 주일을 미리 준비해야 한다는 것이다. 6일간 일용할 양식을 위해 열심히 일한 후, 토요일이 되면 "그날을 기억하며, 주간에 행하던 모든 일과 번거로운 모든 잡무를 벗어 던지고, 토요일 저녁부터 온전히 주일에 할 거룩한 업무를 차분한 마음으로 준비해야 한다"는 것이다.[5] 그리고 주일이 되면 온전히 하나님께 예배함으로 거룩하게 보내야 한다고 보았다.

성도들은 주일을 성수하기 위해 세속적인 일을 멈추어야 했다. 예를 들면, "(1) 월요일에 시장에 출하하기 위해 짐승을 주일에 도살하는 일, (2) 주일에 곡식을 경작하고, 뿌리고 거두어들이는 일이나, 햇빛이 나거나 날씨가 좋다고 하여 짐승을 먹이기 위한 건초를 만드는 일, (3) 안식일에 매매행위를 하는 일, (4) 날씨가 너무 더워서 월요일까지 그냥 내버려 두면 부패할 수 있다고 하여 물고기를 사고파는 행위 등"과 같이 세상의 일들을 금해야 한다는 것이다. 왜냐하면 "그런 방식으로 주일을 성수하여 어떤 것을 잃는다고 하더라도, 그것은 하나님의 은총을 상실하는 것에 비교되지 않기" 때문이다(Vincent 1988, 257).

청교도들은 주일 성수를 온전하게 하기 위해서 다른 요일에는 행해도 되는 언행을 규제하였다. 한 예로, 주일에 세상적인 것에 대해 토론하

---

5 Thomas Vincent, *The Shorter Catechism Explained from Scripture*, 홍병창 역 『성경소요리 문답해설』 (서울: 여수룬, 1988), 262.

거나 화제를 삼고, 공중 예배가 끝났다고 해서 운동 경기를 하거나 오락을 하는 것은 주일 정신에 어긋난다고 보았다(사 58:13, 14). 그것들은 엿새 동안 세상에서 할 수 있는 일이기 때문이다. 따라서 먹고 마시는 일, 외적의 침입으로부터 나라를 지키는 일, 집의 화재를 진압하는 일, 환자를 심방하는 일과 가난한 자를 구제하는 일, 가축을 먹이는 일(마 12;1~4; 12:7; 10, 12; 눅 13;14~16)과 같이 부득이 해야 할 일들(Vincent 1988, 268)은 제외하고 다른 일을 하는 것은 주일에 합당하지 않다고 하였다. 주일을 세운 목적은 안식, 곧 개인적으로나 공적으로 온전히 하나님께 예배하는 데 있기 때문이다.

청교도들이 철저한 주일 성수를 강조하였지만, 극단적 유대인들과는 달랐다. 유대인들이 전통에 기초하여 안식일에는 전등의 스위치도 올리지 못하게 하는 것과는 달리, 청교도들은 성경이 명한 바를 따라 금하거나 행하고자 하였다. 이러한 입장은 주일에 식사를 준비하는 일에 잘 나타난다. 그들은 성경 어디에서도 주일에 음식을 장만하지 말라거나 그러한 목적으로 불을 지피는 것을 금하지 않았으므로, 주일에 음식을 마련하는 것이 옳다고 여겼다. 주님께서도 친히 안식일 잔치에 참여하였는데(눅 14:1), 이는 안식일에도 손님들을 위해 음식을 마련할 수 있다는 것을 보여 주기 때문이라는 것이다. "안식일에 가축에게 먹을 것을 주어야 했다면, 주일에 우리 자신을 위해 음식을 장만하는 것은 너무 당연한 일"이라고 하였다(Vincent 1988, 259-260).

3. 청교도와 주일 성수의 실제

청교도들은 언행이 일치하는 자들이었다. 그들은 엄격한 주일 성수를 강조할 뿐만 아니라 스스로 지키고자 노력하였다. 그들은 주일 성수의 가이드라인을 제시하였고, 그 안에서 생을 영위하고자 하였다. 대표적인 예가 청교도 신학자 토머스 빈센트(Thomas Vincent)이다. 그는 주일을 주일답게 지킬 것을 주장하면서 다음과 같이 제안하였다. "주일 아침에 하나님과 함께 이 날을 시작하며, 하나님의 창조 사역에 대하여, 특히 그리스도께서 이 날에 부활하심으로 이루어 놓으신 그의 구속 사역에 대하여 거룩하게 묵상하고, 공중 예배에 더욱 잘 부합되도록 하기 위해 성경과 시간이 허용되면 다른 양서들을 읽고, 특히 예배를 위해 골방이나 가정에서 기도해야 한다. 이는 우리에게 대하여 하나님의 입이 된 사역자들을 하나님이 돕고 우리로 더 많은 지식과 체험과 절제와 더 많은 은혜의 분량과 더 밀도 있는 하나님과의 교제를 얻고 누리도록 하기 위함이다"(Vincent 1988, 263).

또한 빈센트는 공중 예배가 끝난 후에 가족과 함께 하루를 경건히 보낼 것을 주장하면서 자신의 경험을 다음과 같이 기록하였다. "우리는 가정으로 돌아와서 (바깥에서 헛되이 무리를 지어 떠돌아다니며 쾌락을 구하지 않고) 그 날 들었던 말씀을 암송하며, 자녀들과 종들에게 요리문답으로 가르치며, 시편 찬송을 부르고, 가정 식구와 함께 기도를 드리며, 음료나 다과를 적당히 들면서 하나님에 대해 이야기를 나눈다. 저녁에는 각자의 방으로 돌아가서 그 날 하나님 앞에서 우리 마음의 자세가 옳았는가를 스스로 살펴본다. 우리 마음에 하나님의 말씀이 보다 철저히 이루어졌는가를 묵상한다. 하나님 앞에 은밀히 기도하는 중에 우리 마음을 부어 하나님에게 바치며, 겸손히 죄를 고백하고 사유하심과 더 많은 은혜를 누리기 위해 뜨겁게 믿음으로 간구하며, 하나님의 모든 은총을 인하여 특히 그의 아들 예수 그리스도와 그로 말미암아 그 안에 주어진 복음적 은총을 인하여 하나님께 감사와 기도를 드린다. 이와

같이 다양한 모든 거룩한 활동을 통해 우리는 우리가 할 수 있는바
온전한 안식일을 지키게 되는 것이다. 그 날이 다하여 갈 때 우리는
결단코 끝남이 없을 하늘나라의 안식일을 바라보게 될 것이다"(Vincent
1988, 263-264).

이와 같은 방식의 철두철미한 주일 성수는 빈센트만의 독특한 것이
아니라 모든 청교도들에게서 쉽게 발견할 수 있는 것이다. 뉴잉글랜드의
청교도였던 존 코튼(John Cotton, 1584~1652)은 주일을 온전히 지키기 위해
서 토요일 밤부터 스스로 절제하면서 예배를 위해 전력을 기울였다.
그는 토요일 밤부터 기도와 묵상을 하고, 주일에는 공중예배를 위한
개인 기도를 드린 후 공중 예배에 참석하였고, 예배가 끝난 후에는 집으
로 돌아와 자녀들에게 설교를 복습시켰다. 오후 시간에는 모든 가족을
불러 모아 요리문답을 공부하였고, 저녁예배에 참석하여 예배를 드렸다.
그 후 집에 돌아와서 가정 예배를 드린 후 주일을 마무리 하였다.[6] 이와
같이 청교도들은 엄격한 주일 성수를 통하여 그들의 정체성을 나타냈다.

청교도의 성경 중심적 주일 성수 사상은 한국교회 초기의 신앙이었
다. 하지만 1980년대 초반부터 저녁예배가 사라지면서 주일 성수가 약
화되기 시작하였고, 주일과 다른 날의 구분이 거의 사라져버렸다. 주일
이 예배의 날이 아니라 휴식의 날이 되면서 저녁 예배가 사라졌고 예배
가 형식화 되었으며, 결과적으로 교인의 감소를 초래하였다. 더 늦기
전에 한국교회는 성경의 가르침에 따라 주일 성수 운동을 전개하고,
주일에는 온전히 하나님을 예배해야 할 것이다. 이를 위해서 저녁 예배
와 가정 예배를 회복하고 예배의 부흥을 일으켜야 할 것이다. 그 때에
한국교회는 한국과 세계를 변화시킬 수 있는 진정한 힘을 얻을 수 있을
것이다(*).

---

[6] John Norton, *Abel Being Dead Yet Speaketh* (London, Thomas Newcomb, 1658), 27.

제10장

글을 맺으면서: 한국교회의 갱신

한국교회는 한 때 전 인구의 25%가 기독교인이라고 자랑할 정도로 성장하였다. 하지만 2005년의 통계에 의하면 전 인구의 18.3%로 교인 수의 감소를 체험하였다.[1] 아이러니하게도 이처럼 교인수가 크게 감소하기 시작한 것은 한국교회가 '교회성장 신학'에 몰입하여 수적인 성장을 위해 전력을 기울이던 때이다. 개 교회의 성장을 위해 각종 세미나와 제자 훈련, 총동원 전도 등 총력을 기울였지만 정반대의 결과를 가져온 것이다. 이는 교회의 성장 또는 부흥이 인간의 노력이나 방법에 의해 이루어지는 것이 아니라, 18세기 대각성운동을 이끈 조나단 에드워즈 (Jonathan Edwards, 1703~1758)가 지적한 것처럼 하나님에게 속한 것이라는 것을 알려준다.

---

[1] 2005년 인구주택총조사에 의하면, 한국인 가운데 53.1%가 종교인으로, 그 가운데 불교 10,726,000명(22.8%), 천주교 5,146,000명(10.9%), 그리고 기독교 8,616,000명(18.3)으로 나타났다. 천주교인은 10년 동안 219만 명이 늘어나 74.4%의 증가를 보였고, 불교는 3.9%가 늘어났다. 하지만 기독교 인구는 144,000명이 줄어들어 1.6% 감소하였다.

들어가는 말

부흥이 하나님에게 속한 것이라면, 교회 부흥을 위해서는 하나님의 뜻이
이루어지길 기도하면서 하나님께서 부흥을 위해 교회에 주신 은혜의 수
단을 사용하는 데 게으르지 않아야 할 것이다. 곧 말씀과 기도, 성찬과
찬송 등에 관심을 기울이되, 가장 중요한 은혜의 수단인 설교의 발전을
위해 최선을 다하여야 한다. 왜냐하면 영적인 각성과 회개 운동은 설교를
통해 일어나고, 교회사에 보고된 모든 부흥운동이 바로 설교를 통해 이루
어졌기 때문이다. 하나님의 말씀이 증거 될 때에 하나님의 영, 곧 회개의
영이 성도들 가운데 임하심으로 각성이 일어나는 것이다(슥 12:10).

부흥을 동반하는 설교는 회개와 각성을 전제로 하고 있다. 오순절날
3,000명이 회개한 베드로의 설교가 그랬고(행 2:14-41), 안디옥과 콘스탄티
노플에서 대 부흥을 이끈 요한 크리스소톰(John Chrysostom, 347~407), 북아
프리카에서 일어난 부흥을 주도한 아우구스티누스(Augustine of Hippo,
354~430), 14세기 영국에서 말씀을 회복한 바 있는 위클리프(John Wycliffe,
c. 1330~1384), 16세기의 종교개혁자들, 17세기의 영미 청교도, 18세기의
존 웨슬리(John Wesley, 1703~1791), 조나단 에드워즈(Jonathan Edwards,
1703~1758)와 조지 휫필드(George Whitefield, 1714~1770), 19세기의 찰스 피
니(Charles Finney, 1792~1875), 그리고 20세기 초반 영국 웨일스와 평양 대부
흥도 회개와 각성을 위한 설교에서 비롯된 것이었다.[2]

---

[2] 1907년의 평양 장대현교회에서 시작된 대 부흥이 바로 그랬고, 6·25 사변이 일어나기
전 고려신학교에서 일어난 부흥도 한 학생이 자신의 죄를 회개하면서 전 고려파 교회로
확산되었다. 북한의 남침으로 나라의 존망이 걸려있었던 상황에서 1950년 9월 부산 초량교회
에서 모인 집회에서 설교자 박윤선 목사가 자신이 지은 신사참배 죄를 회개함으로 큰 각성
운동이 일어났다. 말씀이 증거 될 때에 성령이 임하시고, 성령의 개입과 함께 청중들이
죄악의 심각성을 각성하고 회개함으로 부흥 운동이 일어났던 것이다. 세계 교회 역사상
전례가 없었던 1970년대의 여의도 부흥 운동도 회개 운동이었고, 그 때 여의도 광장은 회개하
고 하나님 품으로 돌아오는 이들로 인산인해를 이루었다.

회개와 각성이 있기 위해서는 바른 신앙적 기준이 요구된다. 곧 바른 신앙 운동을 시작함으로 부흥의 초석을 놓을 수 있는 것이다. 균형과 대칭을 이루는 바른 신앙이 정립되고, 그에 기초하여 교회의 갱신이 드디어 가능할 수 있다는 말이다. 그러므로 교회 부흥을 위해서는 바른 신앙운동이 요구되고, 한 사람 한 사람이 바른 신앙 위에 서는 일이 필요하다. 한 사람이 하나님 앞에 바로 서게 될 때 드디어 작은 부흥이 시작되고, 그것이 사회 전 영역으로 번지게 됨으로 민족과 사회의 복음화가 이루어지기 때문이다.

1. 한국교회의 현실

하지만 오늘날 한국교회는 교회 부흥을 위한 조건들을 충족시키기에는 미흡한 상태라는 점을 인정하지 않을 수 없다. 병을 고치기 위해 진단이 필요한 것처럼, 한국교회의 부흥을 위해서는 한국교회가 약화된 중요한 요인들이 무엇인지 먼저 찾는 작업이 필요하다고 본다. 그 요인을 찾음으로 한국교회의 고질병을 고칠 수도 있기 때문이다.

어떤 이는 1907년의 평양 대부흥을 한국교회 부흥의 원형으로 삼을지 모르지만, 필자는 1970년대의 부흥 운동이야 말로 한국교회의 최대의 부흥 사건이라고 생각한다. 규모 면에서만 아니라 한국교회에 미친 영향이 가장 큰 운동이었고, 지금까지 그러한 부흥이 한국 사회에 오지 않았기 때문이다. 그러면 이와 같이 1970년대의 한국교회의 부흥 운동이 어떻게 차갑게 식어버리게 되었는지 몇 가지 요인들을 찾아보도록 하자.

첫째로 1970년대의 부흥 운동을 사그라지게 만든 가장 큰 이유는 교회의 분열에서 찾을 수 있다. 한국교회는 1973년 미국의 대설교자인

빌리 그래엄이 여의도에서 빌리 그래엄 크루세이드(Billy Graham Crusade)
를 전개한 후 1974년에는 김준곤 박사에 의하여 민족복음화 요원 훈련
을 실시하였다. 그 때 32만 명이 넘는 사람들이 등록비를 내고 일주일간
서울 전역에서 훈련을 받았고, 매일 저녁마다 여의도 광장에서 말씀을
듣고 기도하였다. 그리고 1977년에는 민족복음화대성회가 개최되어 허
다한 이들이 하나님의 품 안으로 돌아왔다. 10년 만에 8,200개 교회와
230퍼센트 늘어난 교인을 둔 교세로 발전하였다. 교회의 부흥은 도덕성
의 고양으로 나타났고, 이러한 질적인 변화는 후진국에 불과하였던 한
국 사회를 중진국으로 이끄는 원동력이 되었다. 하지만 한국교회가 이
와 같이 크게 부흥할 때에 호사다마격으로, 1979년에는 합동측 교단의
분열이 일어났다. 부흥운동으로 세상의 관심이 온통 교회에 몰려있을
때 교권투쟁을 벌이던 자들이 교회를 분열시킴으로 부흥 운동에 찬물을
퍼부은 것이다. 분열하면서 상호 비방을 할 뿐만 아니라 조직 폭력배를
동원하는 등 폭력적인 집단으로 비춰지자, 교회는 세상의 조롱과 비난
의 대상이 되었고, 교회 부흥 운동도 막을 내리게 되었다.[3]

　둘째로, 한국교회는 사회 변화의 도전에 응전하지 못하였다. 한국
사회는 1960년 5·16으로 박정희 정권이 등장한 후 1970년대에 이르러
농경사회에서 산업 사회로 발전하는 등 큰 변화를 체험하였다. 경제
발전에 힘입어 1988년에는 올림픽을, 2002년에는 월드컵 대회를 유치할
정도로 성장하였고, 오늘날에는 세계 12위의 경제 대국의 반열에 올랐
다. 농경 사회에서 산업사회로 옮겨지면서 주 5일 근무제가 시행되었고,

---

[3] 이러한 상황에서 1980년대에 이르러 민주화 운동이 일어났을 때 한국교회는 세상에
대한 사회적 책임을 기피하였다. 해방 이후의 기독교인들은 1948년의 정부 수립 과정에
적극 참여하여 민주 정부를 세우거나 6·25 사변이 일어나 많은 전쟁고아와 과부들이 발생했
을 때 그들을 돌보는 등 보호자 역할을 잘 감당하여 수많은 이들이 교회로 몰려와서 부흥을
체험하였다. 하지만 1980년대의 한국교회는 군사 독재에 대해 항거하지 못하였고, 심지어
그들을 지지하여 아부하는 집단이라는 비난을 받기도 하였다. 결국 1980년대 후반 민주화가
이루어지자, 한국교회는 지성인과 청년층으로부터 외면당하게 되었다.

그와 함께 여가 문화가 널리 퍼져 나가는 등 사회의 발전이 가속화되었다. 많은 이들이 폐쇄된 교회 공간으로부터 열린 공간으로 눈을 돌리면서 휴식과 오락을 추구하기 시작하였다.

이러한 산업의 발전, 문화적 전이에 대해 한국교회는 무방비하게 대처하였다. 오락과 여행 문화가 확산되면서 교회가 전통적으로 지켜오던 주일 성수 개념이 도전을 받게 되었다. 하지만 교회는 이러한 세속적 변화에 대하여 성경적인 답변을 주는 대신, 주일 예배 후에 오락행사를 벌이는 등 세상과 타협하였다. 이와 함께 예배 후에 매매, 오락, 여행 등을 해도 된다는 사상이 퍼져갔고, 결국은 4계명이 실종되는 현상이 초래되었다. 이러한 상황에서 1970년대 말부터 주일 저녁 예배를 폐지하는 교회들이 늘어나면서 주일성수 사상은 완전히 사라지게 되었다. 그 결과 모이기를 폐하는 분위기가 확산되었고, 교인수의 감소를 맛보게 된 것이다.

셋째로, 교회가 포스트모던주의의 도전에 제대로 응전하지 못하였다. 20세기 후반부터 일어난 뉴에이지 운동(New Age Movement)의 영향을 받아 많은 교회들이 전통적인 예배를 포기하고 열린 예배를 도입하였다. 그 결과 예배는 하나님께 드리는 제사가 아니라 사람들을 위한 공연으로 바뀌었고, 설교보다는 찬송이 예배의 중심이 되었다. 예배에서 감정을 고조하는 경향이 지배하게 되면서 설교의 약화를 초래했고, 설교의 약화는 회심자들의 감소를 겪게 만들었다.

넷째로, 대교회주의의 확산이다. 대교회주의는 회중교회 또는 개교회주의적 교회관에서 나온 것으로, 1970년대 미국의 풀러 신학교(Fuller Theological Seminary)에 의해 한국교회 안에 소개되었다. 이 신학교의 맥가브란과 피터 와그너(Peter Wagner) 교수 등은 교회 성장을 추구하려면 차별화되어야 한다고 가르쳤다. 이를 위해서는 교회에 대한 홍보 강화,

교회 버스 운행을 통한 원거리 교인의 확보, 수양관의 건축과 교회 묘지를 마련하는 일을 통해 교세를 과시하고, 세미나, 철야 기도회 등을 빌미로 교인 늘리기에 주력해야 한다고 하였다. 교회성장신학의 영향으로 한국교회는 오랫동안 유지해 왔던 교회의 연합 운동이 깨졌고, 교회는 연합보다는 경쟁관계를 취하게 되었다.

대교회 운동의 확산은 개교회주의를 부추겼다. 개교회주의가 확산되면서 교회에 의한 교회 개척이 사라졌다. 교회당이 협소하여 성도들이 한 곳에 모이기가 힘들면 새로운 교회를 개척하였지만, 교회성장신학의 영향으로 큰 교회당을 건축하거나 수차례의 공예배를 드리는 일이 보편화되었다. 구경꾼 교인(back-seat church members)이 양산되었고, 신자와 불신자의 구별이 사라지게 되었으며, 강단이 경시되거나 무시되기 시작하였다. 강단이 사회적으로 인기 있는 이들에게 점령당하기 시작하였고, 설교가 성경 강해보다는 신앙 간증 중심으로 변해갔다. 말씀 없는 총동원 전도 집회, 연예인의 간증 집회, 철야 기도회 등이 교회의 중심에 자리를 잡게 된 것이다.

개교회주의의 확산으로 성도의 교제가 약화되었다. 한국교회 성장의 가장 강력한 요인 중의 하나였던 성도의 교제는 점차 교회에서 볼 수 없게 되었다. 이전에는 성도 중 가난하거나 병든 이들을 찾아서 돌아보는 일, 결혼과 장례 등에 상부상조하는 일이 보편적이었지만, 교회가 대형화되면서 그러한 모습을 찾아 볼 수 없게 된 것이다. 성도의 교제가 불가능해지자 교인이 누구인지 알 수 없게 되었고, 그와 함께 교회 권징을 실시할 수 없게 되었다. 교회 권징이 사라지면서 한국교회는 세상 집단과 동일한 집단으로 변모하였다.

다섯째는 실용주의의 영향이다. 실용주의가 소개되면서 많은 이들이 교회 성장을 위해서는 수단과 방법을 가리지 않아도 된다는 생각에

사로잡히게 된 것이다. "꿩 잡는 게 매"라는 말처럼, 목표 달성을 위해서는 수단과 방법을 가리지 않고, 불법을 정당화함으로 교회가 초법적인 단체로 변모하게 된 것이다. 곧 교회의 일은 하나님의 일이므로, 세상법을 무시해도 된다는 사상에 따라 불법을 정당화하기 시작한 것이다. 교회 건축이라는 명분 아래 복권 투자를 정당화하고, 법이 금지한 땅에 교회나 교회 관련의 빌딩을 짓기 위해 정부를 상대로 로비하거나 법 개정을 로비 하는 등 초법적인 기관처럼 행하기도 하였다.[4] 그 결과 세상은 교회가 자신의 이익을 위해서는 법을 무시하는 집단이라고 인식하기 시작하였고, 교회는 세상으로부터 격리 당하게 되었다.[5]

마지막으로 세속주의의 영향으로 교회가 약하게 되었다. 초대 교회의 성도들은 세상의 가치관을 따라 살지 않고 그것에 역류하여 살았다. 죄악과 불의, 정욕과 더불어 타협하지 않고 신앙을 지키기 위해 목숨을 아끼지 않았다. 그러나 오늘날에는 세속주의의 영향으로 그러한 모습을 찾아보기가 어렵고, 성과 속을 구별하기 힘들다. 교회가 섬김 공동체이지만, 지배구조로 바뀐 지 오래여서 집사나 장로가 되거나, 노회장이나 총회장이 되면 출세한 것처럼 여기는 풍토가 만연해 있다. 예배에서도 세속주의 영향이 널리 발견된다. 예배가 하나님의 영광을 드러내기 위

---

4 교회는 하나님의 말씀의 지배를 받는 집단이지 실사 구시하는 집단이 아니다. 교회의 모든 행동은 실용주의적 가치관보다는 성경에 근거해야 한다. 사람들이 좋아한다는 구실아래 성경에 명한 바 없는 성무(聖舞) 등 인위적인 예배 요소를 고안해 사용하는 일, 주일보다는 교회가 정한 성일을 더 귀하게 여기며 준수하는 것들이 바로 그런 것들이다. 이러한 것들을 한국교회가 수용하는 것은 중세 교회가 실용주의의 덫에 걸려 많은 부정과 부패를 낳았던 과오를 다시 반복하는 것이다. 그러므로 성공적인 사례를 남긴 프로그램이라고 하더라도 교회에 도입하기 전에는 반드시 그것이 성경적 동기(motivation)와 수단(standard), 목적(goal)에 부합하는지 확인해야 할 것이다.

5 하지만 교회가 교회다우려면 세상 위에 군림하거나 초법적인 단체처럼 행동해서는 안 된다. 교회는 세상 속에 있는 집단으로, 세상 속에서 교회답게 행동함으로 소금과 빛의 사명을 감당할 수 있는 것이다. 교회가 이렇게 세상을 선도하는 집단이 되려면, 교회는 반드시 동기와 수단, 그리고 목적이 성경에 부합한 지 물어야한다. 목적이 옳지만 수단과 동기가 잘못되거나, 동기와 목적이 좋더라도 방법이 옳지 않으면 그 행동은 잘못된 것이기 때문이다.

한 것보다는 인간들의 욕구를 만족시키기 위해 드려지고 있다. 말씀 선포보다는 간증이나 강의가 설교를 대신하고 있고, 교회의 관리와 운영이 말씀과 은혜에 따르지 않고 세상 기업의 운영 방식을 따르고 있고, 마치 제왕처럼 목사들이 군림하는 경우도 자주 있다.

이와 같은 세속주의의 영향이 크지만 아직도 한국교회가 전혀 의식하지 못하고 있는 것이 가족계획에 대한 자세이다. 성경은 "생육하고 번성하여 땅에 충만하라"(창 1:28)고 명하고 있지만, 한국 교인들은 성경보다는 가족계획을 통해 자녀 생산을 제한하고 있다. 하지만 이러한 세속적 가치관은 사회만이 아니라 교회에도 엄청난 손해를 끼쳐 왔음을 교회만이 아니라 사회가 다 인정하고 있다. 인구 감소를 유발하여 노령화 시대를 앞당겼고, 교회 측에서 볼 때는 주일학교들이 문을 닫게 만든 것이다.[6] 교회가 성경보다는 세상의 설득에 빠져, 한국교회는 세속화로 몰락한 서구 교회의 전례를 반복하고 있다는 데 문제성이 더 있다.[7] 말씀(text)보다 상황(context)을 더 의존함으로 세속주의를 따랐고, 암담한 결과를 초래하고 있는 것이다.

우리는 지금까지 부흥하던 한국교회가 쇠퇴하게 된 몇 가지 요인에 대해 살펴보았다. 곧 교회의 분열, 사회적 변화에 대한 준비의 부족, 주일 성수 개념의 약화, 포스트모던이즘, 개교회주의, 실용주의적 가치관, 세속주의 영향으로 인하여 한국교회가 쇠퇴하게 되었음을 확인하였다. 그렇다면 한국교회를 다시 일으키고자 한다면 소극적으로는 그러한 것들로부터 벗어나고, 적극적으로는 부흥의 전제 조건들을 회복하는 일이라고 생각한다. 다른 말로 하면 그릇된 가치관을 멀리하면서 바른

---

6 하지만 천주교회는 가족계획에 반대하였고, 그 결과 오늘날 한국 사회에서 천주교인의 급격한 증가가 있었다.

7 한 예로 네덜란드는 19세기 만해도 막강한 기독교 국가였지만 지금은 로마천주교 국가가 되었다. 개혁파 교인들이 가족계획을 수용했던 것과는 달리 천주교도들은 거부하여 자녀를 양산하였으므로 결국 네덜란드는 천주교 국가가 되었던 것이다.

신앙 운동을 회복할 때 교회의 부흥을 위한 토대를 마련할 수 있게 된다는 말이다. 곧 교회 부흥을 위해서는 좌나 우로 치우지지 않는 균형감이 있는 바른 신앙이 회복되고, 그것이 교회 안에 자리를 잡아나가도록 해야 할 것이다. 그 때에 건전한 인격을 갖춘 성도들이 일어날 것이고, 그들이 일어나 교회를 섬길 때 교회다움을 회복할 수 있을 것이고, 교회다움을 회복할 때 드디어 한국교회는 부흥을 체험할 수 있을 것이기 때문이다.

2. 바른 신앙 운동의 절급성

한국교회가 위기에 빠질 수밖에 없었던 것은 한국교회의 신앙이 한쪽으로 치우쳤기 때문이 아닌가 생각한다. 신앙을 지성으로만 이해하는 이들이 있는가 하면 감정적인 차원에서 추구하는 이들이 많은 것도 부인할 수 없다. 그래서 어떤 이들은 신앙을 사변화하기도 하고, 다른 이들은 신앙을 영성 개발 또는 신비 체험의 극대화에 두는 경우도 많다. 하지만 이는 균형 잡힌 신앙이라고 할 수 없고, 결국 모래 위에 지은 집과 같아서 어려운 일을 당할 때 무너지고 말게 된다. 이점에서 건전한 신앙 운동이 필요하다고 할 수 있다.

건전한 인격은 지성과 감성, 그리고 의지가 조화를 이루고, 그것들이 균형감을 유지해 갈 때 완성되어진다. 그 가운데 어느 한 가지가 더 강조되거나 한쪽으로 치우치게 되면 균형을 잃게 되고, 이는 결국 인격의 파멸을 가져오게 된다. 신앙도 마찬가지다. 지성만을 강조한다든가 감정에만 호소하게 될 때 그릇된 신앙 운동으로 변질되게 된다. 지성만을 신앙의 원리로 삼게 될 때 신학의 사변화가 일어나고, 이성과 상식을 신학의 원리로 삼는 합리주의로 치닫게 될 것이다. 그리고 감정과 체험만을 절대화 한다면 은사주의나 신비주의에 빠질 수 있게 된다.

　중세 교회를 병들게 만든 것은 사변적인 스콜라 철학이었다. 중세 신학자들은 스콜라 철학에 빠져 '바늘 끝에 천사 몇이 앉을 수 있을까?'를 논하면서 신학을 사변화 하였다. 신학이 사변화 되자, 하나님과의 직접적인 만남을 추구하려는 신비주의자들이 나타났는데, 그들은 성경 계시를 상대화 시키고 주관적 종교체험을 절대화하였다. 그 결과 신학은 사변적인 스콜라 철학과 주관적인 신비주의로 나누어졌고, 이는 결국 교회를 혼란으로 몰아넣었다. 영적인 혼란은 교인들로 하여금 무지와 맹신으로 이끌었고, 이는 결국 교회의 타락을 초래하였다.

　신앙의 불균형 현상은 중세 시대에만 국한되지 않고 언제 어디서든지 교회가 존재하는 곳에 함께 한다는 데 문제의 심각성이 있다. 종교개혁 운동도 마찬가지였다. 마르틴 루터(Martin Luther, 1483~1546)가 중세의 사변주의 신학을 개혁할 것을 외치면서 성경대로 믿고 생활할 것을 역설하고 얼마 되지 않아 정통주의 논쟁이 벌어짐으로 신앙의 균형이 무너지게 되었다. 누가 정통 신학을 갖고 있는지 논쟁하면서 교회로부터 은혜가 약하여졌고, 신학이 다시 사변화 된 것이다. 이처럼 신앙적 형식주의가 일어나자, 17세기에는 이에 대한 반발로 경건주의 운동이 나타났다. 경건주의자들은 신학적 논쟁 대신 주관적인 체험, 곧 감정을 중시하였는데, 이는 독일 교회로 주관주의에 빠지게 되었고, 이는 객관적인 진리인 성경보다 인간의 종교적 체험을 더 귀하게 여기는 합리주의의 길을 열었다. 그 결과 19세기에는 기독교로부터 신비적인 요소를 다 제거하려는 시도들이 일어났고, 이는 기독교의 '비기독교화'운동으로 나타났고, 결국 이는 기독교회의 쇠퇴로 인도하였다.

　18세기 미국에서도 일어난 대각성운동도 마찬가지였다. 18세기 초반에 조나단 에드워즈(Jonathan Edwards)와 조지 휫필드(George Whitefield)에 의하여 대각성운동이 일어나 뉴잉글랜드의 주민 30만 명 중 25만 명 이상이 각성하는 일이 있었다. 대각성운동과 함께 성도의 수가 늘어나고, 주민들의 생활에 큰 변화가 나타났다. 대화의 내용이 달라졌고, 설교에 집중하는 등 예배에 열심을 내었다. 수많은 사람들이 하나님을 찬양하고, 사랑하며, 하나님만을 높였다. 교회 밖에 있는 사람들에 대한 연민으로 전도에 열심을 보이는 등 사회적으로 경건한 분위기가 조성되었다. 놀라운 부흥이 일어난 것이다.

그러나 신앙의 균형을 깨는 극단적인 신앙 운동이 일어났고, 이로 인하여 부흥 운동은 오래 가지 못했다. 부흥이 절정에 달했을 때, 제임스 대븐포트(James Davenport) 같은 열광주의자들이 일어나 신자를 거듭난 자와 그렇지 않은 자로 구분하고, 말씀보다는 성령의 은사와 영적 체험을 중시하면서 부흥 운동을 극단화 시켜갔다. 그들은 방언, 예언, 신유, 환상 등을 강조하였고, 성경 이외의 것을 불태우는 극단적인 행동도 불사하였다. 인위적인 상상과 확신을 추구하면서 신앙을 주관화하고, 신비 체험을 종교의 본질로 삼았으며, 종교적 감정을 극대화하기 위해 금식과 기도에 몰입하기도 하였다. 직접적인 계시를 구하고, 타인의 마음에 있는 죄를 지적하며 멋대로 분별하거나 세속적이라고 평가하기도 하였다.

이러한 열광주의에 대해 찰스 초운시(Charles Chauncy, 1705-1787)를 비롯한 합리주의자들은 감정주의로 인한 교회의 혼란과 무질서를 지적하면서 부흥 운동을 비판하였다. 그들은 큰 소리로 우는 것, 졸도하고 쓰러지는 행위, 소리 지르는 것, 황홀경을 추구하는 것 등 감정에 의존하는 신앙을 반대하면서 도덕적인 삶이 그리스도인이 추구해야 할 덕목이라고 주장하였다. 모든 종교적 감정은 이성에 의해서 지배를 받아야 한다고 외치면서 이성에 의해 조절되고 지배되어지지 않는 열심이나 감정을 불러 오는 부흥 운동은 하나님의 역사가 아니라고 주장하였다.

이처럼 사탄은 신앙에서 지성이나 감정 등 하나만을 강조함으로 신앙을 극단으로 몰아가고 있다. 독일 교회가 정통주의 논쟁으로 사변화 되고, 사변화에 대한 반발로 경건주의가 일어나고, 그에 대한 반발로 기독교의 비기독교화 운동을 이끈 것처럼, 대각성운동 이후 미국 뉴잉글랜드의 교회들도 열광주의와 합리주의 등 신앙적으로 불균형한 형태를 취하면서 청교도 후손들은 정통 신앙을 떠나 대부분 삼위일체 교리를 부인하는 유니테리언(Unitarian)이 되었다. 교회의 몰락을 초래한 것이다.

이처럼 역사는 신앙적 균형 유지가 기독교의 생존과 밀접한 관계가 있다는 것을 가르쳐준다. 그러므로 한국교회가 바로 서기 위해서는 신앙을 지성이나 감정 한쪽으로 극단화하려는 운동을 경계해야 한다. 폴 틸리히(Paul Tillich)가 지적한 것처럼, 신비주의와 합리주의는 동전의 양면과 같이 교회를 파괴하게 하려는 사탄의 전략이기 때문이다. 그렇다고 하여 신앙의 영역에서 신비나 지성을 부정하거나 제거해서는 안 될 것이다. 올바른 그리스도인은 신비주의를 거부하지만 신비를 인정하고, 합리주의를 배척하지만 합리성을 추구하기 때문이다. 바른 신앙 운동은 신앙에서의 균형과 대칭이 이루어질 때 가능하게 되고, 그러한 신앙에 근거할 때 드디어 교회의 갱신의 기초가 마련된다고 할 수 있다.

3. 교회의 갱신

한국교회는 이와 같이 신앙에서 균형감을 회복하고, 그 위에서 교회를 새롭게 만들어가야 할 것이다. 교회를 회복하기 위해서 먼저 필요한 것이 예배의 갱신이다. 많은 이들이 예배를 새롭게 하기 위해 노력해왔다. 전통적인 예배 대신 새로운 형식의 열린 예배를 접목시키고자 하기도 하고, 미국 교회를 성장 모델로 삼아 예배 갱신 운동을 전개하기도 하였다. 하지만 예배 갱신은 성경에 근거하여야 가능해진다. 바른 신학적인 전제에 기초하여야 한다는 말이다.

예배의 회복

교회 역사상 예배 갱신에 대해 교회가 갖는 입장은 크게 두 가지로 나눌 수 있다. 하나는 성경이 금하지 않았으면 사람들에게 은혜를 끼칠 수 있는 것이라면 무엇이든 예배에 채용할 수 있다는 주장이요, 다른 하나는 모든 예배를 성경이 명한 대로 해야 한다는 입장이다. 전자의 입장이 루터를 비롯한 일반인들이 지지한다고 한다면, 후자는 칼빈을 비롯한 개혁주의자들이 지지하였다.

하지만 대부분의 경우는 전자의 입장에서 갱신이 이루어졌다. 초대 교회에서 중세로 옮기면서 예배 갱신이 이루어졌는데, 중세 인들은 성경이 금하지 않았거나 교회 발전에 유익이 되는 것이라고 한다면 교회가 조건 없이 채택해야 한다고 보았다. 따라서 그들은 인위적인 것을 예배에 포함시키는 등 새로운 예배를 고안하여 냈다. 이러한 예배의 타락은 무지와 미신에 가득 찬 교회를 만들어 내었고, 교회를 세상으로부터 구별할 수 없게 만들었다.

칼빈과 청교도들은 예배의 타락은 교회의 부패를 초래한다고 보고 오직 성경에 근거하여 예배할 것을 주장하였다. 그들은 인위적인 예배를 거부하면서 성경이 지시한 바에 따라 예배해야 한다고 본 것이다. 아론의 두 아들 나답과 아비후가 하나님이 명하지 않은 다른 불을 가지고 제사하다가 불에 태워서 죽임을 당한 사건(레 10:1~2)이 교훈하는 바는 성경에 명한대로 예배해야 한다는 것이다. 성경적인 예배는 예수께서 유대인들에게 "어찌하여 너희 유전으로 하나님의 계명을 범하느뇨?"라고 힐난하신 말씀을 통해서도 입증할 수 있는 것이다(마 15:1~4). 예수님은 인간이 고안한 인간의 전통에 근거하여 예배할 수 없다는 것을 밝히셨기 때문이다.

칼빈과 청교도들은 신약 성경이 보여 주는 예배가 "신령과 진정"을 특징으로 한다(요 4:24)고 하였다. 신령한 예배는 의식적인 것과 대조된다. 구약의 예배는 오실 예수 그리스도를 상징하는 것들이기 때문에 의식적이어야 했다. 구약의 제사들이 오실 그리스도를 상징해야만 했기 때문에 의식적이었던 것이다. 그러나 실체가 되시는 예수께서 친히 오셔서 십자가에서 단번에 제사를 완성하셨으므로(마 5:17), 신약의 예배는 더 이상 의식적으로 드릴 필요가 없게 되었다. 예수 그리스도의 십자가 사건이 예배의 갱신을 이루었기 때문이다. 따라서 예수님은 신약 시대의 성도들은 신령과 진정으로 예배해야 한다고 하셨다. 이러한 맥락에서 볼 때, 예배 갱신은 소견에 좋은 대로 행해서는 안 되며 성경이 가르친 대로 해야 한다. 하나님의 말씀에 기초한 단순하고, 영적이며, 신령과 진정으로 드려지는 예배, 초대 교회의 예배를 회복하는 일이야말로 침체에 빠져있는 한국교회를 살리는 지름길이 될 것이기 때문이다.

교회 정치의 갱신

아울러 한국교회 갱신을 위해서는 교회 정치가 바로 개혁되어야 한다. 몇 십 년 전까지만 해도 한국교회는 칼빈과 청교도의 전통에 따라 지역 교회의 자율성, 교역자 사이의 평등성, 지교들의 상호 연합을 강조하는 연합을 교회의 정치 원리로 삼아왔었다. 하지만 1980년대 후반부터 시작된 열린 예배와 제자 훈련 등 새로운 목회 전략 프로그램, 대교회운동과 함께 나타난 카리스마적인 목회자의 등장, 세속적인 교회성장주의,

그리고 새로운 목회 패러다임의 도입 등 변화를 체험하면서 성경과 개혁주의 전통으로부터 멀어지게 되었다. 특히 교회 연합을 부정하는 개교회주의, 어떤 지역의 한 교회가 다른 지역에 있는 교회를 지배하는 형식의 '교회의 지점화' 운동이 일어나고 있으며, 목사가 제왕과 같이 군림하는 현상이 일어나고 있다. 이처럼 그릇된 사상이 많지만 그 가운데 하나, 곧 미래의 한국교회에 가장 큰 악한 영향을 미칠 수 있는 것이라고 생각되는 공석목회(Absenteeism)에 대해 고찰해보고자 한다.

공석목회(空席牧會)는 한 명의 목사가 다수의 교회를 맡아 목회하는 것으로, 요즘 쉽게 볼 수 있는 현상 가운데 하나이다. 이는 명성이 있는 교회가 여러 곳에 지점 교회를 개척한 후, 본 교회 목사의 설교를 케이블로 발사하여 예배하게 하고, 교회를 관리하게 하는 운동이 일어나면서 시작되었는데, 목사들이 이를 부의 축적 수단으로 오용하고 있다는데 문제의 심각성이 있다. 한 목사가 다수의 교회들로부터 사례를 받음으로 재산 축적을 하는 일이 널리 확산되고 있는 것이다. 다수의 교회를 맡아 목회하면서 한 주는 A지역에 있는 교회, 다음 주일에는 B지역에 있는 교회에 가서 설교하는 경우도 있고, 아예 교회에 가지 않고 하수인을 통해 교회를 관리하며 사례만 챙기는 경우도 있다.[8]

이와 같은 공석목회의 만연은 한국교회가 중세말의 교회의 부패상을 재현하고 있는 것이라고 볼 수 있다. 중세 말기에 "군주들의 궁정에는 3곳의 수도원장직, 2곳의 주교직이나 대주교직을 가진 소년들이 많이 있었다. 한 참사회 의원이 성직록을 5개나 6개, 7개를 가지고 수입만 챙기면서 그 교회들을 전연 돌보지 않는 경우가 허다하였다."[9] 교황

---

[8] 어떤 이는 이러한 죄를 지으면서도 회개하는 대신 자신의 유능함을 자랑하기 위해 신문에 광고하는 경우도 종종 있다.

[9] John Calvin, Institutes of the Christian Religion (Philadelphia: Westminster Press, 1960), 4.5.7, 스코틀랜드의 제임스 4세는 18살 밖에 안 되는 동생 로스 공작(Duke Ross)을 세인트 앤드류스의 대주교로 임명하였을 뿐만 아니라 다른 두 교회로부터 성직록을 받게 하였고,

레오 10세(Leo X)는 13살에 추기경에 올라 교회들로부터 수많은 돈을
긁어모았고, 마인츠의 주교 알브레흐트(Albert)는 마인츠와 마그데부르
크 대주교직, 할버슈타트의 주교직 등 3개 직분을 레오 10세로부터 사서
축재하였다.10 16세기 중반 프랑스의 남부 랭규독(Languedoc)에는 22명
의 사제가 있었는데, 그 중 5~6명만 교회에 머물면서 목회하고 나머지
는 사례비만 받고 나타나지 않았다. 영국에서는 헨리8세의 주치의였던
린에이커(Linacre)가 4개 교구의 주임신부, 3개의 성당의 수사 신부직,
그리고 요크 대교구의 선창자(先唱者)를 맡아 엄청난 돈을 모았다. 공석목
회의 가장 추한 모습은 프랑스의 외교관이었던 드 프라(Antoine du Prat)에
게서 찾아볼 수 있는데, 그는 상스(Sens)의 대주교로 임명되었지만 죽어
서 장지로 갈 때에야 처음으로 성당 안으로 들어갔다.11

공석목회가 교회의 무질서와 부패의 온상이 되어 왔음은 거론의
여지가 없다. 그리고 수많은 학자들과 교회회의가 공석목회를 정죄하고
금하였다. 16세기의 신학자 존 메이저(John Major, 1467~1550)는 공석목회
를 "교회개혁을 막는 장애물"로 간주하였고, 인문주의자 존 콜렛(John
Colet, 1467~1519)은 공석목회를 "고위 성직자의 세속화 현상"이라고 비
판하였다. 또한 칼빈은 공석목회를 "해괴한 악폐"이며 "하나님과 자연
과 교회 제도에 반하는 제도"라고 비난하였다. 칼빈의 비판은 아주 신랄
하다: "나는 이 제도가 하나님과 자연과 교회 제도에 반대된다는 것을
말하려 한다. 한 약탈자가 동시에 여러 교회를 점령하는 것이나, 비록
원하더라도 자기의 양떼와 함께 있을 수 없는 사람을 목자로 임명하는
것은 다 해괴한 악폐이다. 그럼에도 불구하고 (극도로 파렴치한) 그들은

1504년 로스가 죽자 9살 난 그의 사생아 알렉산더 스튜아트(Alexander Stuart)를 그 자리에
앉혔다.
10 오덕교, 『종교개혁사』(수원: 합동신학대학원출판부, 2000), 28,
11 Owen Chadwick, The Reformation (Middlesex, England: Penguin Books, 1985), 15.

모든 비난을 면하려고 이런 가증하고 추악한 것을 교회라는 이름으로 덮어 버린다"(Calvin 1960, 4.5.7). 즉 공석목회를 약탈 행위이며, 파렴치한 삯군 목회 행위로 본 것이다.

종교개혁자들은 물론 심지어 부패한 중세교회까지도 정죄한 공석목회 제도를 한국교회가 비판 없이 시행하고 있는 것은 부끄러운 일이다. 이는 한국교회 지도자들의 교회관에 문제가 있거나 성경적 목회관을 정립하지 못하여 이를 묵인하고 있다고 볼 수 있다. 교회는 그리스도의 몸이며, 목회자는 교회의 청지기라는 것을 잊고 있는 것이다. 참된 목회는 목회자가 교회를 이용하는 데에 실현되지 않고 교회의 유익을 위해서 목회자가 죽는 곳에서 나타난다. 예수께서 말씀하시길, 참된 목자는 "양떼로 하여금 생명을 얻게 하고 더 풍성히 얻게 하지만" 거짓 목자는 "도둑질하고 죽이고 멸망시킨다"고 하였다(요 10:10~11). 이러한 맥락에서 볼 때 자신을 위해 목회하는 자가 있다면 그는 삯군일 수밖에 없다. 그러므로 공석목회가 이 땅에 정착하기 전에 그 뿌리를 뽑아내야 할 것이고, 모든 목회자들은 청지기로서의 정체성을 확인하면서 하나님이 맡기신 자신의 양떼의 형편을 부지런히 살펴서 양떼의 건강과 안녕을 지키는 목회 운동을 회복해야 할 것이다(잠 27:23).

4. 하나님 주권의 확장

한국교회가 다시 말씀 위에 집을 짓기 위해서는 바른 신앙 위에 바른 예배를 드리고, 바른 교회관을 정립할 뿐만 아니라 그러한 신앙에 기초하여 세상을 변혁해야 할 것이다. 그리스도인은 세상을 떠나 존재하는 이들이 아니라 세상 속에서 살아야 하는 존재이며, 하나님의 통치 영역은 교회만이 아니라 온 우주 공간에 미쳐야 하고, 하나님의 뜻이 하늘에서 이루어진 것과 같이 땅에서도 이루어져야 하기 때문이다.

하나님 주권의 세속에의 적용

그렇지만 한국 장로교회들이 하나님의 주권을 사회 가운데 실현하는데는 미흡한 점이 많았다. 참여의 영역만이 아니라 참여 방식에서 그랬다. 한 예로 1980년대 이전 한국교회의 사회 참여 방식에 대해 고찰해보면 더욱 그렇다. 진보적인 그리스도인들은 사회 참여 영역을 인권문제로만 국한시켰고, 보수적인 신자들은 신앙적인 문제로만 제한시켰다. 전자는 민주화와 노사문제 등 5계명에서 10계명과 관련된 계명을 적용하는데 집중하였지만, 후자는 우상숭배 문제나 주일 성수와 같은 1계명에서 4계명에 관련된 것으로 연관시킴으로 하나님의 주권을 제한적으로만 적용하였다.[12] 그리고 사회 참여의 방식에서도 문제성이 있었다. 진보든 보수든 그들이 택한 방법은 개혁이 아니라 혁명적인 방법을 사용하였다. 설교를 통하여 설득하거나 권면하는 방식이 아니라 물리적인 혁명의 방법을 취한 것이다. 자신들의 주장을 관철하기 위해서 파출소를 습격하거나 화염병을 투척하는 등 파괴적인 방법, 곧 혁명적 방법을 사용해 왔던 것이다.[13]

한국교회가 이와 같이 급진적이며 과격한 입장을 갖게 된 배경에는 한국교회 안에 정교 분리라는 재세례파의 전통이 흐르고 있기 때문이다. 한국교회는 재세례파의 전통에 기초하여 정교분리를 주장하며 그리스

---

[12] 그러나 개혁주의는 1계명에서 10계명의 말씀이 사회의 모든 영역 속에 적용되어야 한다고 가르친다.

[13] 그렇지만 개혁주의 신학을 혁명을 지지하지 않고 점진적인 개혁을 추구한다. 물리적인 힘에 의존하여 사회를 개혁하고자 하지 않고 영적인 감동과 설득을 통하여 개혁하고자 한다. 이를 위해 개혁주의자들은 모든 그리스도인들이 정치에 참여해야 하고, 법을 제정하며 법이 다스리게 해야 한다고 주장했다.

도인의 정치 참여에 소극적인 입장을 취하였다. 하지만 장로교회의 입장은 이와는 차이가 있다. 장로교도들은 통치자와 백성의 관계를 계약 관계로 이해하고, 폭군에 대한 저항권을 인정하며, 정교 분리보다는 교회와 정부가 상부상조하여 하나님의 뜻을 실천해야 한다고 주장한다. 그러나 한국교회는 재세례파의 입장에서 세상을 보고, 교회의 사회 참여를 반대하면서 폭정에 침묵하거나 두둔하는 애매한 입장을 취하기도 하였고 때로는 폭력적 방법을 통하여 자신들의 뜻을 관철하고자 한 것이다.

이와 같은 그릇된 교회관과 사회관으로 인하여 한국교회가 입은 손해는 크다. 빛과 소금의 역할을 감당하지 못함으로 교회다움을 상실하여 세상의 비난을 받게 된 것이다. 그러므로 한국교회가 다시 일어나려면 지난날의 과오를 털어버리고, 성경이 가르쳐 온 방식, 곧 개혁주의 신앙에 근거하여 사회 개혁 운동을 전개해야 할 것이다. 하나님의 나라를 대적하는 비성경적인 사상과 싸울 뿐만 아니라 모든 교회들이 한마음과 한 뜻을 품고 성경적 개혁 운동을 전개해야 한다는 말이다. 이를 위해 한국교회가 주력해야할 일은 소돔과 고모라의 멸망을 초래한 바 있는 사악한 죄악인 동성애 운동의 저지, 행복권의 추구라는 미명 아래 태아의 생명을 죽이는 낙태의 반대, 사람들의 영혼을 갈라먹은 진화론 사상의 배척, 반기독교적인 사상과의 투쟁을 통하여 성경적인 가치관이 사회의 구석구석에 적용될 수 있도록 노력해야 할 것이다.

나가는 말

교회는 세상의 빛과 소금이 되어야 한다. 교회가 세상의 빛과 소금이 되려면 세상으로부터 영향을 받는 대신 세상을 변혁하는 영향력을 가져야 한다. 하지만 오늘의 현실은 이상과는 다르며, 큰 괴리를 보이고 있다. 물질만능의 세속적 가치관, 계몽주의적 사고방식, 그리고 진화론과 같은 인본주의 사상의 영향으로 세상 속에 묻혀있는 실정이다.

이러한 세속적인 가치관으로부터 탈피할 수 있는 길은 성경적 가치관을 회복하는 것이다. 모든 성도들이 우선적으로 성경의 가르침에 따라 살며, 사회 구석구석에 성경적 교육 운동을 전개하는 것이다. 성경은 영원불변한 진리이며(마 5:18), 날이 센 양면의 칼과 같이 부패한 인간의 심령 폐부를 치료할 수 있는 유일한 수단이기 때문이다(히 4:12). 성경대로 산다는 것은 성경을 모든 판단의 기초로 삼음에서 시작된다. 성경의 가르침에 행동의 동기(motivation)와 기준(standard), 그리고 목적(goal)을 점검하고, 그것에 따라 살아간다면 하나님의 나라가 그들의 심령 가운데 이루어질 것이다.

동시에 한국교회를 회복할 수 있는 길은 2세에 대한 신앙 교육이다. 사사기를 통해 교훈하는 것처럼 이스라엘의 몰락은 신앙 교육의 부재에서 시작되었다(삿 2:10). 교회의 장래는 얼마나 좋은 건물과 시설을 가지고 있느냐에 달려있는 것이 아니라 어떤 사람들이 교회에 의해 양육되고 있느냐에 달려 있다. 하지만 한국교회는 교회가 가르칠 자녀들이 없어서 주일학교들이 문을 닫을 정도에 이르렀다. 이렇게 된 것은 몇 가지 이유가 있다. 첫째는 교인들이 가족계획에 앞장섰기 때문이요, 둘째는 교회가 2세 교육에 투자하지 않았기 때문이요,[14] 셋째는 입시 중심의 학교 교육 때문이다. 입시 교육으로 인하여 허다한 청소년들이 주일에 교회보다는 학원에 몰려감으로 교회 교육이 불가능하게 되었다. 그러므로 한국교회를 살리기 위해서는 이러한 사회적인 문제들을 먼저 해결하도록 해야 할 것이다.

청소년들을 교회로 돌아오게 하기 위해서 한국교회가 해야 할 일은

---

14 19세기 영국 교회들이 선교에만 모든 재정을 투자하고 2세 교육에는 무관심했던 같이 한국교회는 선교에만 치중하고 교육에는 무관심한 자세를 보여 왔다.

많다. 모든 가정과 교회가 2세의 신앙 교육을 위해 재정을 투자하는 일, 자녀들이 기독교 신앙으로 양육 받을 수 있는 기독교 학교를 세우는 일 등 허다한 일이 요구된다. 우리 민족의 암흑기에 있을 때 선교사들이 학교를 세워 인재를 양육하여 오늘의 기독교회를 세웠던 것처럼, 교회 학교 운동을 통하여 차세대를 준비해야 할 것이다. 이를 위해서 모든 지역 교회들이 초등학교 교과과정의 학교를 세우고, 노회는 중고등학교 과정의 학교를 세우며, 총회에서는 이 사회와 교회를 이끌 인물들을 양육할 대학을 세움으로 2세들이 기독교 신앙 가운데 양육될 수 있게 하여야 할 것이다.

교회는 개혁 신앙에 철저할 때에 성장하였고, 물질주의, 세속주의, 기복주의와 같은 비성경적인 사상으로 교회가 정체성을 상실할 때는 어려움을 당했다. 그러므로 교회는 먼저 교회다움을 회복해야 할 것이다. 성경의 가르침으로 돌아가서 교회의 세습이나 교권 투쟁 등 교회가 세상으로부터 지탄을 받는 일들을 과감하게 벗어버리고, 주일을 성수하고 저녁예배를 회복하는 등 옛날의 복음(Old Time Gospel)으로 돌아감으로 교회의 부흥을 준비해야 할 것이다. 주님께서 에베소 교회를 향하여 "너를 책망할 것이 있나니 처음 사랑을 회복하라"(계 2:4)고 하신 그 경고를 기억하면서 모이기를 힘쓰고, 기도와 말씀 전무하며, 자신의 개혁을 이루기 위해 수고하고, 부지런히 자녀들에게 성경을 가르치며, 사회 변혁을 위해 노력하게 된다면 한국 장로교회의 회복은 반드시 이루어질 것이다(*).

부록

한인 디아스포라의 역사 - 교회를 중심으로

하나님은 당신의 뜻을 이루기 위해 다양한 민족과 사람을 들어 쓰신다. 율법을 주시고 간직하기 위해 유대 민족을 사용하였고, 복음 운동을 위해서 각양각색의 민족과 사람을 사용하였다. 지상의 여러 곳에 영광스러운 교회를 세워 그의 일을 하시고, 한 민족이 사명을 다 감당하였을 때는 준비된 다른 민족 또는 교회를 동원하여 자신의 뜻을 이어가게 하였다(계 1:20; 2:5). 이와 같은 복음 운동은 역사 속에서 계속하여 전개될 것이고, 마지막 때에 이르러는 영광스러운 교회 시대를 이끌어 낼 것이다.

들어가는 글

하나님이 교회사를 통해 시대마다 각기 다른 민족을 사용하신다는 주장 가운데 하나가 복음이 서진(西進)한다는 학설이다. 이 주장은 17세기 영국의 청교도 설교자 리처드 십스(Richard Sibbes, 1577~1635)에 의해 제기된 바 있다. 그는 1630년에 행한 「상한 갈대」(The Bruised Reed)라는 제목의 설교를 통하여, "지금까지 복음의 진로는 해가 동쪽에서 떠서 서쪽으로 지는 것과 같이 동에서 서로 움직여 왔으며, 하나님의 적당한 때에 서쪽을 향해 더 나아가게 될 것이다'라고 주장하면서 신대륙으로 이민하는 청교도들을 격려하였다.[1] 유대에서 로마로, 로마에서 유럽 대륙으로, 유럽 대륙에서 영국으로 복음 운동의 중심이 옮겨졌고, 17세기 이후에는 신대륙 미국에 복음 운동이 활발하게 펼쳐질 것을 예견한 것이다.

십스의 설교대로 17세기 초반 미국에 이주한 청교도들은 영광스러운 교회 시대를 열었다. 그들은 인간의 궤변이 다스리는 것을 거부하고 성경이 다스리는 성경 국가(Bible Commonwealth)를 추구하면서 법치주의 국가를 만들었고, 유럽의 모든 나라들이 우러러 볼 수 있는 "언덕 위의 도시"를 세우려는 의도 아래 가견적 성도들(visible saints)이 다스리는 거룩한 국가(Holy Commonwealth)를 건설하였다. 18세기에는 대각성운동 (the Great Awakening)으로 뉴잉글랜드 인구 30만 명 가운데 25만 명이 회심하는 일이 있었고, 인디언을 복음화하려는 선교 운동이 본격적으로 시작되었다. 19세기 초반에 프런티어 지역의 복음화를 위한 부흥운동이 일어나 복음의 서진 운동이 일어났으며, 해외 선교 운동을 주도하면서 미국은 세계 복음화의 중심 국가가 되었고, 점차로 복음 운동은 태평양을 건너 서쪽으로 진행되었다.

영국의 선교사 윌리엄 캐리(William Carey, 1761~1834)에 의해 세계 선교 운동이 일어난 이래, 19세기는 미국의 저명한 교회사가 라토우렛 (Kenneth S. Latourrett) 교수의 지적처럼, "기독교 역사상 가장 위대한 세기"가 되었다. 19세기에 이르러 드디어 "온 땅으로 가서 제자를 삼으라" (마 28:19)는 그리스도의 지상 명령이 실현되기 시작하였기 때문이다.

---

[1] Richard Sibbes, *Works of Richard Sibbes*, Alexander B. Grossart, ed. Reprinted. (Edinburgh: The Banner of Truth, 1982), 1:110.

아프리카, 인도, 페르시아, 인도차이나 등지에 선교사들이 속속 도착하였고, 마침내 온 세상의 끝이라고 여겼던 금단의 나라 조선에도 복음이 전해져 큰 결실을 거두게 되었다. 복음 운동이 미국에서 한국으로 옮겨지기 시작한 것이다.

한국 선교는 그 어떤 나라보다도 괄목할만한 열매를 맺었다. 선교 역사 120여년 만에 전 인구의 25% 이상이 복음을 알게 되었고, 대통령 국무총리 등 정부 관료들과 다수의 국회의원, 사법부의 수장 등이 복음적 신앙을 고백할 정도가 되었다. 세계에서 가장 큰 교회, 가장 큰 감리교회와 장로교회를 가졌으며, 세계를 이끌어갈 능력이 있는 젊은이들이 신학 교육을 받는 국가가 되었다. 정부의 인가를 받아 운영하는 40여개의 신학대학에서 매년 7,000명 이상의 목회자들이 배출되고, 한국의 복음적인 신학을 배우기 위해 전 세계에서 신학생들이 몰려오며, 세계 두 번째 규모의 선교사 파송국이 되었다. 이제는 기독교 운동의 변방 국가가 아닌 중심 국가가 된 것이다. 경제적으로도 큰 발전이 있었다. 50년 전만 해도 가장 빈곤했던 국가 중의 하나였지만, 오늘날에는 세계에서 무역량 9위, 경제력 13위의 부국이 되었고, 골드만삭스(Goldman Sachs)의 보고서에 의하면, 2050년경 세계에서 두 번째로 부유한 나라가 될 것이라고 한다. 촛대가 한국으로 옮겨져 왔고, 한국 복음 시대가 시작된 것이다.

이와 같은 한민족 시대를 열기 위해 하나님은 수많은 선교사들을 한국에 보내셨고, 동시에 허다한 한인들을 전 세계에 흩으셨다. 영국의 선교사 토머스(Robert Jermain Thomas, 1842~1866)가 미국 상선 제너럴셔먼(the General Sherman) 호를 타고 한국에 도착하여 대동강 가에서 복음을 전하다가 순교한 19세기 중반, 하나님은 한인들을 세계 속으로 흩어놓기 시작하였다. 복음을 받아들이게 하였을 뿐만 아니라 우리 민족의 유목민적인 기질을 이용하여 전 세계에 흩어놓으신 것이다.

한인의 해외 이주 역사는 크게 4 시대로 나누어 설명할 수 있을 것이다. 첫째 시대는 조선 왕조 말기로, 자연 재해로 인해 많은 이들이 생계 해결을 위해 외국으로 떠남으로 시작되었다. 둘째는 고종 임금이 조선의 근대화를 이루기 위해 국호를 대한 제국으로 선포한 대한제국 시대로, 다수의 동포가 미국과 멕시코로 떠났다. 셋째는 일본의 강압에 의해 한일합방이 있은 후 일제의 박해를 피해 떠나는 대대적인 이민 운동이 있었다. 마지막으로 1945년 일본이 제2차 대전에 패하면서 우리 민족이 해방된 이후 미국을 비롯한 여러 나라로 흩어지게 된 이민을 들 수 있다.

1. 조선 말기와 대한제국 시대의 이민운동(1858~1910)

조선이 근대화되기 이전에는 해외 이주가 불가능하였다. 국민의 수가 바로 국력을 상징했으므로 정부가 인력의 해외 유출을 엄격히 금했기 때문이다. 외교를 맡은 관리를 제외하고는 해외여행이 금지 되었고, 더구나 해외 이주를 꾀하는 자는 이유 여하를 막론하고 극형을 면치 못하였다. 그렇지만 조선왕조 말기에 있었던 정치적 혼란, 자연 재해로 인한 극심한 기근은 농민들로 하여금 해외 이주를 꿈꾸게 하였다. 이러한 상황에서 19세기 중반에 이르러 조선과 청나라 사이의 국경 통제력이 약화되자, 허다한 조선인들이 국외로 탈출하면서 이주가 시작되었다.

한인들의 해외 이주는 1858년 제정 러시아가 연해주의 개발을 위해 자국민의 이주를 장려하는 정책을 펴면서 더욱 늘어났다. 철종 14년인 1863년 겨울에는 농민 13세대가 비밀리 얼어붙은 두만강을 건너 우수리

강 유역에 정착하였고, 연이어 많은 사람들이 이주에 가담하였다. 1869
년에는 대기근으로 생계가 막연해진 4,500여 명의 농민들이 연해주로
떠났고, 만주 지역에도 다수가 이주하였다. 1870년에는 서간도에 2,000
여 명의 한인이 30개의 마을을 이룰 정도였다.[2]

1881년 청나라가 만주에 대한 봉금(封禁)을 해제하자, 한인들의 이주
는 더욱 활발해졌다. 이주자들은 만주 봉황성 근처에 있는 고려문(高麗門)
에 정착하여 서간도를 개척하였다. 1899년에는 김약연 선생과 그를 따
르는 142명의 주민이 북간도 용정으로 이주하여 황무지를 개간하였다.
이와 같은 이주 운동이 꾸준히 전개되어 이주자가 매년 늘어갔다. "1909
년 9월부터 1910년 4월까지 8개월 사이에 북간도로 이사한 세대가 1,304
호가 될 정도였다"(이헌창 2010, 2).

만주와 연해주에 이주한 한인들은 근검하게 생활하여 유족한 삶을
누렸고, 주변 사회에 큰 영향을 미쳤다. 연해주의 한인들은 쌀 생산에
성공하여 쌀의 북방한계선을 높였으며, 한인 공동체를 운영하기 위해
투표 제도를 도입하여 관리를 선출하는 등 행정 자치를 이루었다. 연해
주를 방문하여 그들의 행정 체제를 살펴본 본국인들은 그 제도를 조국인
조선으로 옮겨 시행하고자할 정도였다.

조선 말기의 한인 디아스포라들이 행한 역할 가운데 아주 중요한
일이 성경을 한국어로 번역한 것이다. 성경 번역 작업은 만주와 일본에
서 동시에 이루어졌다. 만주에 이민한 이들 가운데 이응찬, 서경조 등은
1880년 스코틀랜드의 선교사 존 로스(John Ross, 1842~1915)를 만나 복음
을 받아들이고, 그의 도움을 받아 1882년 요한복음과 누가복음을 번역
하였고, 1887년에는 신약 성경을 모두 번역하여 <예수셩교전서>를 출
판하였다. 또한 신사유람단의 일원으로 일본에 가 있던 이수정도 1883

---

2 이헌창, "'이민 시대'가 열리다." <조선일보> 2010. 2. 3.

년 미국인 선교사 헨리 루미스(Henry Loomis, 1839~1920)의 도움을 받아 마가복음을 번역하였다. 만주에서 번역된 성경은 서상륜을 통해 1883년 황해도 지역에 배포되었고, 그에 의해 한국 최초의 교회가 황해도 소래에 세워졌다. 또한 이수정의 성경은 1885년 4월 초대 선교사인 언더우드(Horace H. Underwood, 1859~1916)에 의해 한국인들에게 소개되었다. 이와 같이 조선 말기의 한인 디아스포라들은 성경을 번역함으로 조국인 조선의 복음화를 준비하였다.

조선 말기의 불법적 이민 운동은 대한제국 시대를 맞이하면서 합법적으로 추진되었다. 고종 임금이 1896년의 아관파천(俄館播遷) 이후 국내외 여론을 받아들여 1897년 국호를 대한제국이라 칭하면서 대한 제국이 시작되었다. 황실은 국부를 창출하기 위한 방안으로 1901년 5명의 한인을 미국 하와이의 사탕수수 농장으로 이주시켰는데, 이는 노동 이민의 성격을 지닌 것으로 근대적인 이민 운동의 효시였다.

1902년 12월 22일에는 102명의 이민자들이 겐카이마루라는 일본 배에 승선하여 인천 제물포를 떠났다. 그들은 일본 나가사키에 들러 신체검사를 받고 태평양을 횡단하던 미국 여객선 갤릭 호(the Gallic)로 갈아타고 1903년 1월 13일 하와이 호놀룰루에 도착하였다. 이로서 하와이 이민 운동이 시작되었다. 그 뒤로 이민선이 속속 도착하여 한인의 수는 "1905년까지 7,226명"이 되었고, "남자가 6,200명, 부녀자가 640명, 어린 아이가 550명이었다."[3] 얼마 후 일본의 방해로 하와이로의 이주는 중지되었지만 1910년부터 1924년 까지 약 800명의 "사진 신부"(寫眞 新婦)라고 칭해지던 "신부를 포함한 860명의 한인이 더 도착하였다."[4]

---

3 윤인진, "코리안 디아스포라: 재외 한인의 이주, 적응, 정체성", 한국사회학회 (2003. 6): 127.

4 재외동포재단 외, 『하와이 동포의 한국 사회에 대한 기여』 (인천: 인하대학교 출판부, 2009), 25.

이 당시 하와이로 이민한 7,000여 명 중 약 40%가 기독교인이었다. 이민자들은 하와이에 도착한 후 6개월만인 1903년 7월 4일 오하우 섬의 모쿨레이아에서 교회 설립 예배를 드리고, 교회를 중심으로 생활하면서 외로운 이민 생활을 헤쳐 나아갔다. 그 뒤 이주자가 하와이 전 지역으로 흩어지면서 지역마다 교회들이 세워졌는데, 김형찬에 의하면, 그 수가 39개에 이르렀다.

한인들에게 교회는 유일한 회집 공간이었다. 예배의 장소이면서 교육의 장소요, 회합의 장소였다. 교회와 학교는 사실상 하나이면서 한인들만의 공간이었다. 교회가 세워지는 곳에 학교들이 생겨났다. 교회당은 주중에 학교로 운영되었고, 주말에는 예배 처소로 사용되었다. 교회당은 동포들이 모이는 장소였고, 교육과 회합의 장소가 되었다(재외동포재단 2009, 71). 따라서 교회의 활동은 바로 한인 디아스포라의 활동이었고, 한인 디아스포라의 사역은 바로 교회의 일이기도 하였다.

한인의 이주 운동은 1905년에 이르러 멕시코로 지경이 넓혀졌다. 멕시코로의 이주는, 사실은 일본인 중개인의 농간에 의해 시작된 것이다. 해외 이주의 바람이 불자, 일본인 중개자는 한인들을 불러 모은 후 멕시코가 꿈을 이룰 수 있는 땅이라고 설득한 후 이민시켜줄 것을 약속하고 돈을 챙겼다. 이들의 사기에 걸린 한인 노동자들은 멕시코 동부의 유카탄 반도로 끌려가 용설란 농장에서 노예처럼 일하였다. "일을 하다가 주인의 마음에 들지 않으면 매를 맞고 곤란한 것을 견뎌내지 못하여 도망하다가 경무청에 잡히어 갇힌 자가 많고 잡히면 볼기가 25개요 두 번 도망하다가 잡히면 볼기가 50개라. 심지어 처자를 버리고 달아난 자도 있고 어저귀 나무에 목을 매어 죽은 자도 있었다."[5] 이와 같은 극심한 상황에서 그들을 돌볼 사람도 기관도 없었다. 더구나 이민

---

5 이헌창, "'이민 시대'가 열리다." <조선일보> 2010. 2. 3.

자들을 신앙으로 이끌만한 리더십이 없었기 때문에 이민자들은 방치된 가운데 있었고, 그 결과 그들은 한인의 정체성을 상실하고 철저하게 현지화 되었다.

한인들의 미국 본토로의 이주도 1903년에 시작되었다. 하와이 이민자 가운데 몇 명이 샌프란시스코에 이주하였고, 이주자들이 계속 늘어나면서 1907년에는 샌프란시스코 거주자가 1,037명이 되었다. 그들은 1903년 상항한인감리교회를 세웠으며, 1906년 상항한인장로교회를 설립하였다. 그들은 교육에 남다른 열심을 내었는데, 일본인이나 중국인은 물론이고 백인보다도 교육열이 높았다. 또한 조국의 독립에 지대한 관심을 가지고 후원하였다.

당시 민족의 선각자들은 한인 디아스포라를 응집시켜 신앙적 · 민족적 공동체로 만들고자 하였다. 대표적인 인물이 도산 안창호이다. 그는 25살이던 1902년 교육학을 공부하러 미국으로 유학한 후, 1903년 한인 이주자들과 샌프란시스코 유다 스트리트(Judah Street)에 상황연합감리교회를 세워 기독교 신앙에 기초한 민족 운동을 전개하였다. 도산의 지도 아래 한인교회는 동포의 권익보호와 화합, 생활 개선에 앞장섰고, 이민 생활에 지친 한인들의 마음을 달래주는 안식처가 되었다. 그 후 도산은 잠시 귀국하였다가 미국으로 돌아와 자신이 만든 공립협회와 하와이의 한인합성협회(韓人合成協會)를 연합해 국민회를 조직한 후 민족의 독립 운동에 앞장섰다. 대한인 국민회는 이민자들의 이익을 대변하는 일을 하였지만, 가장 큰 업적은 조국의 독립운동을 위해 이바지한 점이라고 하겠다.

미국 한인교회들은 대한인 국민회와 같은 민족 단체와 더불어 조국의 개화와 독립을 지원하였다. 그들은 어려운 이민 생활에도 불구하고, 대한인 국민회를 도와 "독립자금을 보내고, 정치조직을 만들어 동포들의

권익을 보장하고, 직접 독립운동에 나섰으며, 교육을 국권 회복의 한 수단
으로 생각하여 교육에 힘썼다. 또한 여성단체는 구제금을 모아 동포들을
돕고, 모국에 보냈으며, 모국과의 교류를 통해 정체성을 함양하기도 하였
다.'[6] 또한 교회는 유학생들에게 복음을 전하고 장학금과 일거리를 제공
하는 등 미래의 한국을 이끌 인재 양성에 참여하는 등 조국의 독립과
복음화를 위한 투자를 아끼지 아니하였다.

한편 중국에 거주하던 한인들은 스스로 모범 사회를 만들어 조국의
개화와 독립에 이바지하려고 하였다. 간도 이주를 이끈 김약연을 비롯
한 북간도 이주자들은 민족의 유일한 소망이 기독교에 있음을 확신하고
1909년 이주자 전원이 기독교로 개종하였다. 그들은 그들이 살고 있던
지역에서 한국이 동쪽에 있음으로 동쪽을 밝히겠다는 비전을 가지고
명동촌(明東村)을 세운 후, 명동교회를 중심으로 교육과 신앙 운동을 전개
하면서 조국 독립을 지원하였다. 곧 용정에 명동학교를 세워 인재를
양성하고, 독립지사들을 적극 후원하는 일에 앞장섰다. 한 예로, 1909년
안중근이 간도의 천주교회를 찾아가 이토 히로부미를 처결할 연습 공간
을 달라고 요청하였다가 거절당하였을 때, 명동교회는 적극 도와줌으로
거사가 가능하게 만들었다.

2. 일제 강점기의 이민(1910~1945)

1910년 일본이 강제 병합으로 나라를 빼앗은 후, 일본인들은 척식회사를
세운 후 농토를 농민들로부터 강탈하였다. 살길이 막힌 허다한 농민들이
조국의 독립을 위해 또는 일제의 학대를 피해 만주와 러시아, 일본으로

---

6 재외동포재단 외, 『하와이 동포의 한국 사회에 대한 기여』, (인천: 인하대학교 출판부, 2009), 20.

이주하면서 이주자가 크게 늘어났다. 합방 당시 전 인구가 1700만 명이었는데, 이 때 이미 전 국민의 1.7 퍼센트인 약 30만 명이 해외로 이주한 상태였다. 그 가운데는 중국 22만 명, 러시아 6만여 명, 일본 2,527명, 하와이 약 6,000명, 미국 본토 약 1000명, 멕시코 974명이 있었다.[7]

그 후 1932년 일본이 만주국을 세운 후 만주를 개발하자, 한인들의 집단 이주가 이루어졌고, 1930년대 후반 만주 거주 한인 수는 약 50만 명이 되었다. 그 가운데 25만이 가난을 피해 집단 이주한 자였다.[8] 이 이주자 가운데 기독교 신자들도 많았는데, 한 통계에 의하면, 1932년 만주에 한인교회가 122개 있었고, 신도수가 16,200명에 이르렀다고 한다. 그러나 이 통계는 조선총독부가 1925년 실시한 보고서보다 적으므로 신뢰성이 떨어진다고 할 수 있다.[9] 다른 말로 하면, 한인 교회와 교인 수는 그 보다 더 많았던 것이다.

또한 일본으로의 본격적인 이주도 시작되었다. 제 1차 세계 대전으로 일본이 경제적 호황을 누리자, 많은 한인들이 도일하였다. 1937년 중일전쟁과 1941년 태평양 전쟁을 일으킨 일본이 한인들을 징용하거나 징병하여 일본에 끌어감으로 재일 한인의 수는 더욱 늘어났다. 해방을 맞은 1945년에는 230만 명이 넘어섰으나 해방 후 다수가 귀환하는 바람에 1947년에는 598,507명으로 감소하기도 하였다.[10]

---

[7] 이헌창, "'이민 시대'가 열리다." <조선일보> 2010. 2. 3.

[8] 권태환, 『세계의 한 민족 - 중국』 (서울: 통일원, 1996), 80.

[9] 조선총독부 통계에 의하면, 1925년 당시 간도 지역에 116개의 교회와 17,538명의 신자가 있었다고 한다. 김영재, 『한국교회사』 (수원: 합동신학대학원출판부, 2004), 180. 그런데 중국 전역을 살펴본다면 이보다 훨씬 더 많은 신자와 교회가 있었을 것이다.

[10] 이문웅, 『세계의 한민족 - 일본』, (통일부, 1997): 66~70. 그럼에도 불구하고 재일 교포들은 조국이 어려울 때에 일본에 있는 한국대사관을 비롯하여 총영사관의 거의 대부분을 기증하였다. 조국이 가난하여 외국에 공관 하나 마련할 수 없을 정도로 외화가 부족할 때, 현 시가로 4조원이 넘는 가치의 건물과 부지를 기증했던 것이다. 외교통상부의 일 년 예산이 1조원을 넘은지 얼마 되지 않았다는 점을 고려할 때, 막대한 금액이 동포들의 호주머니에서 나왔던 것이다. 재외동포재단 외, 『하와이 동포의 한국 사회에 대한 기여』 (인천: 인하대학교 출판부, 2009), 16.

일제 아래서 디아스포라 한인들은 그들을 돌아볼 정부가 없었기 때문에 많은 고초를 겪었다. 특히 연해주에 거주하던 고려인들이 당한 고초는 형언하기 어려울 정도였다. 하지만 그들은 벼농사를 연해주에 소개하여 경제적으로 성공할 수 있었고, 군대를 양성하여 고국 독립을 수행할 기지를 만드는 등 열심을 내었다. 연해주 이주자들은 신한촌(新韓村)을 건설하고 최재형, 이상설 등을 중심으로 권업회를 만들었으며, 한민학교, 고려 극장 등 항일적인 민족 단체를 세워 독립 운동을 이끌었다. 하지만 이들의 수고는 대 러시아주의를 주창하던 러시아 정부의 경계를 샀고, 러시아 군에 의해 강제 분산되면서 좌절되었다. 1937년 스탈린에 의해 강제 이주로 총 36,442 가구 171,781명이 연해주를 떠나 우즈베키스탄, 카자흐스탄, 키르키즈스탄, 우크라이나, 투루크메니스탄, 타지기스탄 등 중앙아시아의 불모지로 분산되었다. 수많은 사람이 여행 중 사망하였고, 정착 과정에서 끔찍한 고통을 겪었다.

많은 한인들이 해외로 떠났을 때 모국 교회도 가만히 있지 않았다. 교회는 목회자를 파송하여 이주한 한인들을 신앙적으로 지도할 수 있게 하였다. 1907년 독노회(獨老會)를 구성한 장로교회는 해외 이주자를 돌볼 계획으로 외지 전도국을 설치한 후 여러 명의 전도자를 해외에 파송하였다. 1909년 러시아의 블라디보스토크에 거주하는 한인들을 돌보기 위해 최관흘 목사를 파송하였고, 이주자가 더 늘어나자, 1918년에 김현찬을 전도목사로 파송하였다.

일본에는 초대 목사 가운데 한 사람인 한석진을 파송하였다. 그는 1909년 일본 동경에 도착하여 유학생들에게 3개월간 전도한 후 귀국하였다. 이듬해에는 장로 박영일을 보내어 한석진이 설립한 교회를 거점으로 유학생들을 보살피게 하였다. 교회가 어느 정도 안정되자, 1911년에는 장로 임종순을 보내어 일본 유학생들을 돌아보았으며, 다음 해에는 감리교회와 합세하여 동경 유학생을 위한 연합교회를 설립하였다(김영재 2004, 174).

장로교회는 중국 만주의 한인들을 위해서도 목회자를 파송하였다. 1910년 김영제 목사를 북간도 지역에 전도목사로 파송하였고, 같은 해 평북 대리회는 김진근을 서간도의 전도목사로 파송하였다. 아울러 장로교 총회는 1913년 중국 산동성에 거주하는 한인들을 돌보고 중국 선교를 하기 위해 김영훈, 박태로, 사병순 3인의 목사를 파송하였고, 이들이 귀국한 후에는 1917년 방효원과 홍승모를 파송하였고, 그 다음 해에는 박상순을 추가 파송하였다(김영재 2004, 177). 세월이 흐르면서 이주자의 수는 점차 늘어갔고, 교회의 수도 증가하였다.

감리교회 역시 이주자들을 위해 목회자들을 파송하여 교회를 세웠다. 1909년 9월에는 목사 이화춘을 용정에 파송하였고, 1910년에는 목사 배형식과 손정도를 남북 만주에 파송하였으며, 1920년에는 남만주 감리교 지방회를 조직하였다. 감리교회는 러시아에 있는 한인들에 관심을 갖고 1920년대부터 전도 목사를 파송하였다(김영재 2004, 179). 이와 같은 교회의 관심 가운데 한인 디아스포라들은 이국에서 정착하고, 교회의 울타리 안에서 민족적 · 신앙적 정체성을 유지할 수 있었다.

한편 디아스포라 한인교회들은 조국의 독립을 위해 모든 노력을 기울였다. 교회를 중심으로 독립 운동을 전개함으로 교회는 독립운동의 본부요 독립지사들의 은신처가 되었다. 만주의 한인교회들은 은밀하게 독립군을 지원하였고, 일본의 한인교회들은 유학 중이던 학생들을 돌봄으로 조국을 이끌 지도자를 양성하는데 일조하였으며, 미국의 한인교회들도 예외가 아니었다.

미주 한인교회들은 "한인들과 민족의 고난과 아픔에 함께 울고 함께 기도하며 민족과 함께"하면서 조국의 독립을 지원하였다.[11] 한인교회는

언제 어디서나 한인 사회의 중심이었고, 종교적으로나 사회적, 문화적
으로, 또 심리적으로 이민자들의 생활에 큰 영향을 미쳤다. 교회는 한민
족이 숨 쉬고 살 수 있는 유일한 공간이었고, 이로부터 여러 사회단체들
이 생겨나 독립 운동을 이끌었다. 교회가 이민자들의 사회 문화적 센터
가 되면서 종교 외적인 기능까지 감당하기 시작한 셈이다.

특히 디아스포라 한인들은 자금을 모아 조국의 독립 지원에 앞장섰다.
한 예로, 하와이 대한인 국민회를 살펴보자. 이 기관은 교회를 기반으로 운
영되었고, 독립 운동을 지원하였다. 이 기관은 "독립운동 자금으로 독립의
연금, 인구세, 애국금, 독립 공채, 혈성금, 각종 특연금 등을 모금"하였고,[12]
1937년 12월 임시 대의원회를 열어 "중국에서의 군사 운동을 절대 후원하
기로 결의한 후 이를 위해 경상 사무 이외의 일반 사업을 모두 정지하고 인
구세와 혈성금을 거두어 임정에 송금하기로 결의하였다." 대한인 국민회
가 1909년부터 1920년까지 모은 기금이 약 300만 달러가 넘었고, "그 대부
분이 상해의 대한민국 임시정부를 지원하기 위하여 송금되었다"(재외동
포재단 외 2009, 35).

또한 미주 한인교회는 한인들이 미국 사회와 문화 속에 정착할 수
있는 문화센터의 역할을 하였다. 한 예로 하와이 한인교회는 이민 초기
부터 교회 내에 일반 학교를 세워 교회와 학교의 담을 헐어버림으로
모든 한인이 모일 수 있는 공간을 만들고, 영어와 미국 문화를 소개하였
다. 1904년 9월 한인감리교회가 조그만 건물을 빌려 첫 한인 학교를 세우
고, 그곳을 예배처소로 사용함으로 교회당은 한인들의 교육의 장이요 예
배의 공간이 되게 하였다. 한인교회는 민족 교육을 위해 1907년 한글학교
를 세웠고, 이는 얼마 후 하와이 전역에 24개로 늘어났다(재외동포재단 외

11 김홍기, 『평신도를 위한 신학』 (서울: 이화여자대학교출판부, 2006), 218.
12 재외동포재단 외, 『하와이 동포의 한국 사회에 대한 기여』 (인천: 인하대학교 출판부, 2009), 33.

2009, 79). 그 후 1913년 감리교 선교부가 여성 교육을 위한 기관인 한인중앙
학교를 세워 여성 교육도 활발하게 되었다(재외동포재단 외 2009, 75). 이와
같이 한인 디아스포라들은 가는 곳마다 교회를 세웠고, 교회는 한인학교
를 세워 한글과 조국의 역사를 가르침으로 한국인으로서의 민족적 정체성
과 신앙인으로서 정체성을 가질 수 있도록 힘을 썼다.

4. 해방 이후의 이민운동

1945년 8월 일제가 제2차 세계대전에서 패망하면서 해방을 맞게 되었
다. 해방과 함께 일제의 압박을 피해 떠난 이들이 일본과 중국, 러시아로
부터 귀국하였다. 중국에 거주하던 이들 가운데 다수가 귀국하지 못하
고 정착하여 중국 국적을 취득함으로 조선족이 되었고, 소련에 머물던
한인들도 중앙아시아의 여러 나라에 정착하여 고려인이라 불리어지게
되었다. 해방과 함께 다수의 한인이 귀국하면서 해외 이주민의 수가
감소하게 되었다.

하지만 1950년 6.25 사변 이후로 한인 이민의 역사가 새롭게 전개되
었다. 5,000 여명의 전쟁고아를 미국이 수용하면서 미국에 의한 새로운
이민 운동이 전개된 것이다. 1950년부터 1964년 사이 주한 미군과 결혼
한 6,000여명의 여성이 미국으로 건너갔고,[13] 1953년부터 미국 정부가
한국 고아들에 대한 입양 정책을 펴면서 다수의 어린이가 입양되었다.[14]
이들과 함께 유학생 가운데 일부가 귀국하지 않고 미국에 머물면서

---

[13] 1950년부터 2000년까지 미군과 결혼하여 이민한 여성의 수는 10만 명에 이른다고
한다. 윤인진, "코리안 디아스포라: 재외 한인의 이주, 적응, 정체성", 한국사회학회 (2003.
6): 127.

[14] 1953년부터 2005년까지 미국으로 입양된 수는 156,951명이다. 장윤수, "한인 디아스포
라와 해외입양," 237~238.

1960년대 중반까지 15,000여명의 한인이 미국에 거주하였는데, 그 중에서 다수를 차지한 것이 미국인과 결혼한 이들이었다.

1960년까지만 해도 해외 이주는 특정한 사람들에게만 허용되었으므로 일반인의 이민은 불가능하였다. 그렇지만 1960년대 중반부터 일반인에게도 이민이 본격적으로 허락되면서 새로운 시대가 열렸다. 이는 대한민국 정부가 잉여 인구를 외국으로 내보냄으로 인구 압력을 줄이고, 해외 동포들이 송금하는 외화를 벌기 위해서 인력을 남미, 서유럽, 중동, 북미로 송출하는 집단 이민 계약을 맺으면서 시작되었다. 정부의 주도 아래 1960년대 중반 파라과이, 아르헨티나, 브라질 등지에 농업 이민이 시작되었고, 1960년부터 간호요원과 광부들이 독일로 떠났다.[15] 한인들이 미국과 중국, 일본만이 아니라 1960년대부터 아시아와 유럽, 남아메리카로 퍼져가게 되었다.

1965년에는 미국이 동양인의 이민을 금지시켰던 이민법(PL 89-236)을 개정하면서 미국으로의 본격적인 신이민이 시작되었다. 1968년 미국이 한인의 이민을 받아들일 것을 선포하자, 수십만 명의 한인들이 신분의 상승, 경제적 번영과 정치적 자유를 얻기 위해 떠나갔다. 신이민자들의 대부분은 고급 인력으로 이주자 중 70%가 고등 교육을 받은 자이거나 고급 기술자들이었고, "미국 센서스 자료에 따르면 25세 이상의 한인 중 학사 학위 이상의 학력을 가진 사람들의 비율이 34.5%에 달하였는데, 미국인 중에서 동일 수준의 교육을 받은 사람들의 비율은 20.%였다."[16]

미주 신이민자들은 대도시 중심으로 정착하였다. 아시아계 이주자들이 주로 하와이나 서부의 농촌 지역에 정착하여 어려움을 당한 것과

---

15 1977년까지 파독 간호요원과 광부는 18,993명이었다(국민화해위원회).

16 윤인진, "코리안 디아스포라: 재외 한인의 이주, 적응, 정체성", 한국사회학회 (2003. 6): 142.

달리, 경제적 기회가 더 많은 로스앤젤레스, 뉴욕, 시카고, 필라델피아 등 미국의 중요한 도시를 중심으로 정착하여 이민의 터를 놓았다. 이민자들은 근검하게 생활하여 현지인의 인정을 받았으며, 재정적인 부를 누림으로 부러움을 샀다. 또한 이민자들은 가는 곳마다 교회를 세움으로 신앙적 · 민족적 정체성을 유지해 나갔다. 한인이 있는 곳에는 반드시 한인교회가 있게 되어 한인교회가 늘어갔고, 교회는 한인 커뮤니티의 기반이 되었다.

신이민자의 등장과 함께 해외로의 이주 배경도 다양해졌다. 해방 이전에는 기근, 압제, 식민지 통치에서 벗어나기 위해 농민과 빈곤층을 중심으로 이민하였으며, 정착보다는 일시 체류의 성격이 강하였다. 그러나 1960년대 이후 나타난 신이민자들은 이주하는 나라의 높은 생활수준과 교육 기회에 강하게 끌려 이민한 경우가 대부분으로 영구 정착을 목표하였다. 1980년대 이후로 새로운 이민 풍속도가 나타나기 시작하였다. 곧 1970년대 빌리 그레이엄 전도대회(Billy Graham Crusade), 엑스플로 '74(Explo'74), 민족복음화대성회 등 대형 집회와 더불어 한국교회가 크게 성장하면서 선교 운동이 시작되었고, 그와 함께 선교를 위해 공적으로나 사적으로 이민하는 이들이 많아졌다.

(표1) 재외동포재단 2009년 통계
* 1. 1952~2004년간 재일동포 귀화자 총수(조선적 포함)
* 2. 1952~2005년간 재일동포 귀화자 총수(조선적 포함)
* 3. 1952~2008년간 재일동포 귀화자 총수(조선적 포함)
* 4. 2000년도 중국 전국 인구조사상의 조선족(중국 국적) 총수

출처 : 재외동포재단
http://www.korean.net/morgue/status_2.jsp?tCode=status&dCode=0103

지역별	국가별	2005	2007	2009	백분율(%)	전년비 증가율(%)
아주지역	합계	3,590,411	4,040,376	3,710,553	54.39	-8.16
	일본	901,284 *1(284,840)	893,740 *2(296,168)	912,655 *3(320,657)	13.38	2.12
	중국	2,439,395	2,762,160	2,336,771 *4(1,923,329)	34.25	-15.40
	기타	249,732	384,476	461,127	6.76	19.94
미주지역	합계	2,392,828	2,341,163	2,432,634	35.65	3.91
	미국	2,087,496	2,016,911	2,102,283	30.81	4.23
	캐나다	198,170	216,628	223,322	3.27	3.09
	중남미	107,162	107.624	107,029	1.57	-0.55
구주지역	합계	640,276	645,252	655,843	9.61	1.64
	독립국가연합	532,697	533,976	537,889	7.88	0.73
	유럽	107,579	111,276	117,954	1.73	6.00
중동지역	합계	6,923	9,440	13,999	0.20	48.29
아프리카지역	합계	7,900	8,485	9,577	0.14	12.87
총계		6,638,338	7,044,716	6,822,606	100	-3.15

'죽의 장막' 중국에도 한인들의 진출이 다시 시작되었다. 1986년 북경에서 아시안 게임이 열리고, 1992년 한국과 중국이 수교하면서 한인들은 사업 확장 또는 취업을 목적으로 중국에 이주하여 신선족(新鮮族)을 이루었다. 그들은 수도인 북경, 상업의 도시인 상해, 천진, 청도 연태 등지로 이주하였다. 기독교인들은 종교 포교를 금하는 중국 정부의 감시를 피해 사업장 안에 예배처소를 마련하여 은밀히 예배드리며 전도하였다. 얼마 후부터는 중국 정부의 허락이 나오면서 한인 집회가 가능하게 되었고, 중국 각지에 교회들이 세워졌다. 1991년 북경, 1992년 청도, 1993년 상해 등에 교회가 세워진 것이다. 세월이 흐르면서 한인의 거주지가 늘어나, 오늘날에는 300개 이상의 한인교회가 중국 전역에 세워졌다.

1997년 금융위기가 발생하자 경제적 또는 자녀 교육을 이유로 많은 이들이 해외로 이주하면서 한인들의 활동 지경이 훨씬 더 넓혀졌다. 특히 1990년대 이후에는 자녀 교육을 위해 이민하는 이들이 늘어났다. 보다 나은 환경에서 자녀를 교육하겠다는 일념으로 해외 이민이 시작되어 일하는 아빠는 고국에 남겨둔 '기러기 가족'을 이루기도 하였고, 온 가족이 이민하기도 하였다. 이들은 대부분 미국, 캐나다, 호주, 뉴질랜드, 필리핀 등 영어권으로 떠났고, 최근에는 중국어를 가르치기 위해 중국으로 가는 경우도 많다.[17]

지금까지 한민족의 이주에 대해 간략하게 살펴보았다. 한인의 이민 역사는 짧지만 전 세계 어디에도 한인이 없는 곳이 없을 정도가 되었다. 외교통상부의 통계 자료에 의하면, 1991년 재외한인은 4,832,414명이었고, 2001년에는 5,653,809명이 세계 151개국에서 생활하였고, 2009년에는 176개국에 6,822,606명이 거주하는 것으로 나타나 있다. 1991년부터 2001년까지 10년 동안 80여만 명이 이민하였고, 2000년대에 들어오면서 이민 운동이 더 활발해져서 8년 만에 162만 명이 더 늘어났으며 거주지를 25개국이나 더 넓혔다.[18]

한국인의 해외 이주 운동은 몇 가지 면에서 특이한 점이 있다. 첫째로 한인의 해외 이주는 단시간에 이루어졌지만, 전 세계에 흩어졌다는 점이다. 한인의 이주는 이주한 나라의 수에서나, 이주 인구수를 전체 인구수로 나누어 본 이주비율에 비추어볼 때 타 민족과 다르다. 최고(最古)의 디아스포라 역사를 가진 유대인의 경우에 해외 이주 국가는 수십

---

[17] 그렇지만 모든 부분에서 이민이 증가하는 것은 아니다. 국제결혼으로 인한 해외 이주는 1981년 6,187명이던 것이 매년 감소하여 2005년에는 445명이 되었다. 또한 역 이민자들도 1992년 8,792명에서 2005년에는 3,512명으로 줄어들어 가는 현상이다. 재외동포재단 홈페이지 http://www.korean.net/morgue/status_2.jsp?tCode=status&dCode=0103 참고.

[18] 외교통상부의 재외동포에 대한 통계는 일괄성과 정확성이 떨어지는 것으로 지적되고 있다. 재미 한인의 경우 민족성을 기준으로 미국 시민의 경우도 한인에 포함하고 있지만 일본의 경우에는 일본 국적 소지자는 한인에서 제외한 것이 그 일례이다. 윤인진, "코리안 디아스포라: 재외 한인의 이주, 적응, 정체성", 한국사회학회 (2003. 6): 125.

개국에 불과하지만, 한국인은 이주 2세기도 안되어 176개국에 흩어져 있고, 세계에서 가장 인구가 많은 중국인들이 해외로 진출한 수에 비하면 한인의 해외 이주비율은 매우 높다. 중국인의 경우 내국인이 13억인 반면 해외 화교는 3600만 명[19]으로 이주 비율이 0.28%에 불과하지만, 한국인은 10%에 가깝다. 이는 한국인의 기저에 유목민, 곧 기마 민족의 피가 흐르고 있을 뿐만 아니라 하나님께서 선한 목적을 위해서 한인들을 흩어 놓으신 결과일 것이라고 생각한다.

둘째로 한인 디아스포라들은 철저한 민족적 정체성을 가지고 있다. 한인들은 이민 운동의 초기부터 조국의 독립이라는 민족적 과제를 가지고 있었고, 이를 위해 단합하면서 민족성을 유지해 왔다. 해방 후에도 이러한 관심이 변하지 않고 조국의 민주화와 경제 발전을 후원해 왔고, 오늘의 한국의 민주화와 경제 발전은 이들의 지원에 힘입어 이룬 것이라고 해도 과언이 아니다. 한인들은 현지인의 문화나 언어보다는 한국어와 문화를 중시하는 경향이 높으며, 한인 타운을 형성하는 등 민족적 정체성을 유지해 오고 있다. 이러한 현상은 한국보다 경제적 · 문화적 수준이 낮은 나라에서만이 아니라 선진국에서도 동일하게 나타난다. 민족적 정체성은 만인사해주의를 주장하는 기독교 안에도 강하게 남아 있는데, 한인들이 모국인 한국에서 발행한 성경과 찬송가를 사용하여 예배하는 것도 일례이다. 미국은 물론 중국(조선족)과 러시아의 한인(고려인)들도 예외가 아니다.

셋째로 한인 디아스포라들은 교회 중심적이다. 한국교회는 이민 초기부터 선교사를 보내어 이주자들을 돌아봄으로 교회가 이민자들의 활동 중심이 되었다. 아울러 이주자들에게 선교적 소명을 부여함으로, 한인들이 가는 곳마다 교회를 설립하여 오늘날에는 176개국에 5,500여

---

[19] Lawrence Tong, "Mission Potential of China Diaspora and Partnership with NEAN." paper.

개의 교회가 있게 되었다. 이러한 배경에서 '중국인은 가는 곳마다 음식점을 차리고, 일본인은 비즈니스를 위한 사무실을 열며, 한국인은 교회를 세운다.'는 말이 나왔다고 할 수 있다. 교회는 한인 이민자들의 생활 중심이 되어, 이민자들에게 교회 생활이 지역 공동체 생활의 가장 중요한 부분이 되고 있다. 교회 출석이 미주 한인 이민자들에게 하나의 삶의 방법이 되어, 한인 중 약 65%~70% 정도가 정기적으로 교회에 출석하며, 80~90%가 적어도 한 주에 한번 이상 교회에 나간다.[20] 한인 디아스포라들에게 교회는 생활의 핵심이요, 삶의 일부이며, 한인 디아스포라 운동을 교회 중심적 운동이라고 할 수 있다.

나가는 말

한인 디아스포라 교회들은 이민 운동 초기부터 오늘날에 이르기까지 모국과 밀접한 관계를 가지면서 성장해 왔다. 조선 말기와 대한제국 시대에는 조국의 개화 및 선교를 위해, 일제 강점기에는 조국의 독립을 위해 온 힘을 기울였다. 해방 후에는 조국 교회의 부흥과 경제발전, 민주화와 민족의 통일을 위해 기도하면서 협력해 왔다. 그 때마다 한인 디아스포라들은 주어진 사명을 다함으로 모국의 교회와 사회의 발전을 이루었다.

한인 디아스포라교회들은 문화유산을 보존하고 발전시켰으며, 교민들을 신앙 가운데 양육하기 위해 최선을 다하였다. 교인들은 성경을 하나님의 말씀으로 믿고, 그 말씀 안에서 생활하는 운동을 펴서 교회 밖의 사람들에게 인정을 받았다. 복음을 알지 못하는 교민들에게 복음을 전하며 돌아봄으로 많은 이들을 교회의 품으로 인도하였다. 그 결과,

---

20 김계호, "미주한인이민교회 백년: 회고와 전망 - 종교사회적 관점에서." paper, 11.

미국으로 "이민 오기 전에 기독교 신자가 아니었던 사람들 중의 약 40%가 이민 온 후 기독교인이 되었다," 한인들의 약 25% 정도가 교회의 직분을 가지게 되었고(김계호 11), 다수가 교회 직분을 얻는 것을 귀하게 여기고 있다. 이민자들에게 교회생활이 얼마나 중요한 요소인지를 보여주는 실례라고 하겠다.

한인교회들은 이주자들이 요구하는 사회적 보호 기능을 다하였다. 특히 미국과 같은 나라의 경우를 살펴보면, 미국은 다문화사회로, 그 안에 사는 한인들은 민족적 소수자이다. 다문화주의는 문화적 차이를 관용하는 것처럼 보이지만, 미국의 '다문화'는 미국이란 영토에 기점을 둔 주류(WASP; 백인 앵글로색슨계 개신교 신자) 문화를 중심으로 하고 있고 그 외 외국의 영토에서 기원하는 다른 문화는 하위로 서열화하고 있다. 따라서 한인들은 인종적 차별과 문화적 차이와 언어 장벽으로 주변인 생활을 감수할 수밖에 없는 실정이지만, 교회는 한인들의 지위 불일치에 의한 좌절감을 해소하기 위해 최선을 다해 왔다. 한글학교를 개설하고 한국 문화를 이주자들에게 소개함으로 민족적 동질감과 연대감을 제공하고, 한인 사회 내의 사회적 네트워크를 형성하여 상호 협력하며 돕고 일자리를 마련해주는 등, 가족적 분위기와 심리적 안정감을 이민자들에게 주어 사회적 응집력을 모으는데 앞장서서 한인 공동체를 이룰 수 있었다.[21]

하지만 여기서 한인 디아스포라 교회들이 만족해서는 안 될 것이다. 하나님이 1세기 만에 한인들을 176개국에 흩어놓으시고, 5,500여 개의 교회를 세우게 하신 크신 뜻을 알아야 하기 때문이다. 이미 지적한 것과

---

[21] 이러한 증거는 2008년 <크리스챤투데이>가 창간 11주년을 맞아 실시한 '미주 한인교회 현황'에 대한 목회자 설문 조사에서도 확인할 수 있다. 설문에 의하면, 많은 목회자들이 이민 교회가 성장하게 된 가장 큰 요인으로 '이민 생활의 어려움'(23.3%)과 교회의 '이민 사회의 중추적 역할 감당'(18.8%)을 들었다. 이는 한인교회가 이민 사회에서 외롭게 살아가는 한인들에게 사랑방 역할을 하고 있음을 보여준다.

같이, 하나님은 한 민족에게 복음을 전하기 위해 19세기에 세계 선교 운동을 일으켰고, 짧은 시간에 한민족을 전 세계 176개국에 흩어놓으셨다. 더구나 전 세계에 한류 열풍을 일으키어 한인에 의한 복음 운동이 가능하게 만들어 주셨다. 그래서 정민영은 "동방 은자의 백성 한민족을 긴 동면에서 깨어나게 하시고 세계 방방곡곡으로 흩으신 하나님의 섭리 이면에는 … 선교적 목적"이 있다고 하였다. 곧 "한국교회를 선교의 도구로 쓰시기 위해 한인들을 강권적으로 흩으신 것"이라고 하였다.22 아주 시기적절한 주장이라고 생각한다.

사실상 디아스포라 한인들은 현지의 역사와 언어, 문화를 잘 이해하고 아는 준비된 일군들이다. 특히 한인 2세들은 현지의 언어와 문화를 잘 아는 이들로 현지인들에게 복음을 전하고 세계 선교를 이룰 수 있는 가장 적합한 사람들이므로 이들을 선교 자원으로 적극 활용한다면 큰 열매를 맺을 수 있을 것이다. 최근에 브라질과 칠레에 사는 한인들이 현지인들에게 복음을 전하여 큰 열매를 거두고 있는 것이 그 단적인 예이다.23 한 걸음 더 나아가, 한인교회들은 한인 2세들을 그들이 살고 있는 주변의 국가들에 선교사로 파송함으로 복음적 연대를 강화하고 선교적 사명을 다할 수 있을 것이다.24 이 같은 디아스포라 한인들의 현지인 선교와 해외선교, 그리고 모국인 한국교회의 연대를 강화하여 선교 협력과 연대를 구축한다면 엄청난 열매를 맺을 수 있을 것이다.

하나님의 지상 명령을 온전히 수행하려면 지역 교회들이 강건해야 한다. 목회자는 마음과 뜻과 성품을 다하여 성경을 가르치고 전하면서 교인들을 돌아봄으로, 성도들은 세상의 빛과 소금으로 살면서 전도함으

---

22 정민영, "전략적 선교 자원 한인 디아스포라를 동원하라." 2004. 볼티모어 포럼, 3.
23 이광순, "한국 장로교 선교의 방향", 163.
24 "싱가포르 한인교회는 두루 선교를 통해 인도네시아와 말레이시아, 그리고 인도까지 광범위한 선교지를 두루 선교하고 있다." 브라질의 상파울로 연합교회와 영락 교회 역시 세계 선교로 선교지를 확장하고 있다. 이광순, "한국 장로교 선교의 방향" 163.

로 건강한 교회를 만들 수 있다. 한 걸음 더 나아가, 한인교회들은 남북통일 문제 등 민족에게 주어진 시대적 사명을 다하고, 고질적인 개교회주의를 지양하고 하나님의 일을 위해 지역의 교회들의 연합, 디아스포라 교회들끼리의 연합, 한국교회와 디아스포라 한인교회의 연합이 있어야 할 것이다. 이러한 연합에 기초하여 건전한 목회 리더십과, 차세대를 신앙으로 양육할 교육 프로그램을 개발하며, 연대하여 세계 선교를 이룰 수 있는 방안을 강구하고 실현해야 할 것이다.[25] 이러한 헌신과 노력이 결실을 맺게 된다면, 하나님의 은혜로 전 세계가 복음화가 되어 멀지 않은 장래에 영광스러운 하나님의 나라가 이 땅에 올 것이다.(*)

---

[25] 2004년 이순근 목사의 제안을 따라 미국 볼티모아에서 제1차 포럼이 열렸고, 그 후에 수차례 모임을 가져왔다. 제2차는 2005년 6월 뉴욕중부교회(김재열 목사 시무)에서, 제3차 2006년 중국 베이징에서 북경한인교회(박태윤 목사 시무)에서, 제4차 2007년 일본 동경요한교회(김기동 목사 시무), 제5차 2008년 말레이시아의 쿠알라룸푸르 열린교회(김기홍 목사 시무), 제6차 포럼이 중국 상해연합교회(엄기영 목사 시무)에서 열렸고, 제 5차 모임 때부터 국제화를 이루기 위해 한인 디아스포라포럼으로 이름을 바꾸었다.

제 3의 물결 운동 비판: 빈야드 운동에 대한 소고

1990년대에 들어서 한국교회를 강타한 대표적인 신학적인 흐름을 든다면 '제 3의 물결 운동'[1]이라고 할 수 있다. '제 3의 물결'이라는 용어는 미래학자 엘빈 토플러(Elvin Toppler)에 의하여 창안된 용어로, 미국 풀러신학교의 피터 와그너(Peter Wagner) 교수가 은사운동에 적용하면서 기독교계에서 새로운 의미로 사용되고 있다. 와그너는 19세기 말에서 20세기 초까지 일어났던 오순절 운동을 제 1의 물결, 1960년대에 있었던 프로테스탄트 여러 교파의 은사 운동이 로마천주교회에 미친 은사 갱신 운동을 제 2의 물결, 존 윔버(John Wimber)[2]의 은사운동을 제 3의 물결이

---

1 John Wimber, *Power Evangelism* 『능력전도』, 이재범 역 (서울: 도서출판 나단, 1988), 169.

2 존 윔버는 1934년 불신자의 가정에서 태어났는데 그의 아버지가 일찍 사망하여 그는 편모슬하에서 외아들로 자랐다. 1952년 고등학교를 졸업하고, 음악전문대학에 진학하여 1954년 졸업한 후 Righteous Brothers라는 보컬 그룹을 만들어 라스베가스(Las Vegas)에서 활동하기도 하였다. 1962년 이혼 직전에 기독교와 관련을 맺게 되고, 퀘이커교도(Quaker)들이 인도하던 성경공부에 참석하여 기독교를 배웠다. 그는 1970년 퀘이커 교회인 형제교단(Friends)에서 목사 안수를 받은 후, 1970년에서 73년 사이 아주사 퍼시픽 성경대학에 편입하여 공부하였고, 신학을 더 배우기 위하여 1974년 풀러신학교에 진학하였다. 거기서 그는 교회 성장학 교수 피터 와그너(C. Peter Wagner)를 만나게 되었고, 그와의 만남은 그의 생애를 바꾸는 결과를 가져왔다. 그는 1977년 요르바 린다 갈보리 채플(Calvary Chapel of Yorba Linda)을 설립하였고,

라고 칭하였다.

제 3의 물결은 1977년 존 윔버에 의해 미국 캘리포니아 주의 로스앤젤레스에서 시작되어 캐나다, 영국, 중남미 전역에 영향을 미쳤다. 특히 캐나다 토론토의 에어포트교회는 소위 말하듯 "하나님을 만나는 장소"가 되어, 「토론토 라이프」(Toronto Life)가 지적한 것처럼, 1994년에는 토론토의 최고 관광 명소가 되었다. 이 교회는 1994년 초반 랜디 클락(Randy Clark)과 200여명의 교인으로 시작하였는데, 1년 만에 4,000여명이 모이는 교회가 되었다. 소위 거룩한 웃음, 진동, 동물적인 괴성, 넘어짐 등의 체험과 치유 사역을 강조하고, "예수 그리스도는 어제나 오늘이나 영원토록 동일하다"는 말씀(히 13:8)과 "나를 믿는 자는 내가 하는 일을 그도 할 것이요, 또한 그보다 더 큰 일을 하리라"고 하신(요 14:12) 말씀에 근거하여 성령 역사의 현재성과 구원의 표징으로 표적과 기사를 주장하고 있으며, 이를 통한 지상 왕국의 건설(마 16:19)을 꿈꾸고 있다.

1. 빈야드 운동과 한국교회

한국에 '제3의 물결 운동'이 소개된 것은 1991년 존 윔버(John Wimber)의 『능력 치유』가 이재범 교수에 의하여 번역되고, 얼마 후 그의 또 다른 저서인 『능력 표적』이 도서 출판 나단에 의해 출판되면서부터이다. 윔버의 은사 중심적 이적 운동은 치유 목회에 대한 관심을 일으켰고, 많은 이들의 적극적인 지지를 받았다. 이러한 시대적인 조류를 인식한

치유 사역과 은사 운동으로 급격한 교인수의 증가를 체험하였다. 그 후 1982년 피터 와그너의 주선으로 풀러신학교에서 시간 강사로 "표적과 기사와 교회 성장"(Signs, Wonders and Church Growth)을 강의하면서 '제 3의 물결'운동을 주도하였다. John White, *When the Spirit Comes with Power: Signs and Wonders Among God's People* 『능력 표적』, 나단출판부 역 (서울: 도서출판 나단, 1991), 212~218.

「목회와 신학」은 1993년 4월호에 '제 3의 물결 운동'을 특집으로 다루어 한국교회에 알렸다. 기고자의 대부분이 은사주의 운동에 대한 진단이나 평가 없이 빈야드 운동에 대해 소개하여, '제 3의 물결'이 한국교회에 큰 영향을 미칠 수 있는 분위기를 조성하였다. 그 후 「목회와 신학」 1996년 6월호에 한국교회 갱신을 위한 권두 좌담을 통하여 존 윔버의 '제 3의 물결 신학'을 신학적 평가 없이 소개하였고, "능력 목회의 파도가 몰려온다."는 특집을 통해 빈야드의 은사 운동을 긍정적으로 널리 알렸다.

빈야드 운동에 대한 신학자들의 진단

1995년 「목회와 신학」 6월호의 특집에 기고한 한국의 대부분의 신학자들은 빈야드 운동에 대하여 긍정적인 평가를 내렸다. 이재범 박사는 빈야드 운동의 역사와 현황을 소개하면서 빈야드 운동을 오늘날 한국교회가 침체의 늪에서 나올 수 있는 "출애굽"운동이라고 극찬하였고,[3] 한신대학교의 예영수 교수는 캐나다의 토론토에 있는 에어포트 빈야드 교회를 중심으로 일어나고 있는 '토론토 축복'은 히포의 아우구스티누스(Augustine of Hippo)과 성 프란시스(St. Francis), 존 웨슬레(John Wesley), 캐더린 쿨만(Catherine Kuhlman), 멜 태리(Mel Tari)와 같은 인물들이 체험한 바 있는 교회사적인 사건이므로 이를 성급하게 정죄해서는 안 된다고 주장하였다(목회와 신학 1995:6, 71, 74). 숭실대학교의 김영한 교수는 미국 장로교 신학자 워필드(B. B. Warfield)와 현대 개혁주의 신학자 패커(J. I. Packer)의 사상을 비판하면서 은사 운동의 가능성을 제시하였다(목회와 신학 1995:6, 75). 한국에서 보수적이며 개혁주의적인 신학을 고백한다고 하는 총신대학교의 이한수 교수도 특별은사의 가치를 낮게 평가하는

---

3 「목회와 신학」 (1995, 6), 64.

개혁주의적인 입장을 비판하면서, 빈야드운동이 "나름대로 성경적 토
대를 가지고 있는 것으로 판단"된다고 주장하였다(목회와 신학 1995:6
92, 97). 그러나 장신대학교의 현요한 교수는 은사주의자의 오류를 지적
하면서 치유만을 강조하는 것은 기복신앙에 불과하며 복음의 본질과도
무관하다고 하였다. 복음은 영광의 신학이라기보다는 고난의 신학이기
때문이다(목회와 신학 1995:6, 104).

빈야드 운동의 확산

이와 같은 한국 신학자들의 무비판적인 평가 또는 찬양 가운데 수천
명의 목회자들이 빈야드 운동에 대해 관심을 갖고 로스앤젤레스의 빈야
드 교회나 캐나다의 토론토에 있는 에어포트 교회의 세미나에 참석하였
으며, 그것을 한국교회에 적용하려고 하였다.[4] 어떤 교회는 기존의 예배
방식을 빈야드 방식으로 바꾸어 순서 없이 진행하는가 하면 다른 교회는
예배를 치유 집회로 만들어 갔다. 이러한 유행에 보조를 맞추어 일부
여행사에서는 빈야드 집회에 참석하고자 하는 이들을 모집하는 광고를
내는 등 빈야드 열풍이 한국교회 전역에 확산되었다.

빈야드주의자들의 개혁주의 신학 비판

문제는 이것만이 아니다. 빈야드 교회 지도자들이 추구한 것은 주관적
체험의 극대화로, 객관적 신앙 곧 성경을 중시하는 개혁주의 신학을
공격함으로 그들의 입장을 세워가고 있다. 그들은 한편으로 그들의 신학
운동이 건전한 개혁주의에 기초한 것처럼 위장하고, 다른 면으로는 개혁

---

[4] 로스앤젤레스 빈야드교회 한인 담당목사인 민병길에 의하면, 존 윔버가 주관하는
로스앤젤레스 빈야드 세미나에 참석한 한국인 목사가 800여명, 평신도가 200여명이다. 민병
길, "능력목회의 새로운 장을 연 아나하임 빈야드 크리스챤 펠로우쉽," 「목회와 신학」
(1995, 6), 117. 여기다가 토론토 에어포트의 빈야드 교회에서 실시한 세미나에 참석한 숫자를
더하면 적어도 2,000명의 목회자가 참석하였을 것으로 추산된다.

주의 신학을 공격의 주된 대상으로 삼고 비판하고 있다.[5] 빈야드 운동의
지도자 가운데 하나이요 심리학자인 존 화이트(John White)는 빈야드 운
동이 복음주의적인 신학에 근거한 것처럼 보이기 위해 조나단 에드워즈
(Jonathan Edwards), 조지 휫필드(George Whitefield), 존 웨슬레(John Wesley),
마틴 로이드 존스(Martin Lloyd Jones)와 같은 신학자를 들먹였고, 다양한
신조 가운데 웨스트민스터 신앙고백서가 "그 포괄적인 성격 때문에 윔버
에게 가장 큰 의미를 지니고 있는" 신조라고 하기도 하였다.[6]

　　그러나 빈야드주의자들은 성경을 최고의 권위로 삼는 개혁신학을
비판해 왔다. 그들의 공격 대상 가운데 하나가 19세기 대표적인 개혁주
의 신학자 벤저민 워필드(B. B. Warfield)이다. 그는 『기독교 기적론』을
통해 신앙체험을 절대화하는 것을 경계하였다. 모든 종교 체험은 성경
에 비추어 판단해야 한다는 것이다. 빈야드주의자들은 이러한 워필드의
계시중심 사상을 그들의 체험중심 신학의 확산을 막는 장애물로 보고,
워필드의 신학은 반기독교적인 계몽주의 사상의 영향을 받고 있다고
비판하였다. 빈야드주의자들의 개혁신학에 대한 공격으로 신학에 문외
한인 평신도는 물론 신학자들까지 이러한 사상에 현혹되어 개혁주의

---

　　[5] 존 윔버는 그의 신비 체험을 에드워즈의 성령 체험과 동일시하였다. (Wimber 1988,
56). 그는 또한 『능력 치유』에서 지적하기를, "1726년에서 1756년까지 진행되었던 대각성운
동에 에드워즈, 웨슬리, 그리고 휫필드와 같은 사람들 모두 그들에게 기도를 받았던 사람들에
게서 격렬한 감정의 분출이나 기이한 육체적 상태를 목격하였다. 그로 인해 종교지도자들은
다른 그리스도인들에 의해 비판의 표적이 되기도 했다"라고 하였다. John Wimber with Kevin
Springer, Power Healing, 『능력 치유』 이재범 역, (서울 나단 출판사, 1991), 351. 또한 그는
자신이 비판을 받은 것처럼 에드워즈도 박해를 받았다고 말하면서 에드워즈의 체험은 바로
자신의 신비 체험과 같은 성격의 것이라고 주장하였다(윔버 1991, 353). 토론토 에어포트
빈야드 교회의 한인 담당목사인 김승환도 「목회와 신학」에 투고한 "토론토 불레싱으로 퍼지는
영적 메아리, 토론토 에어포트 빈야드 교회"라는 글에서 "1730년대의 요나단 에드워드
(Jonathan Edwards)목사의 사역의 기록을 보면 [빈야드 운동과] 같은 현상이 일어났음을 찾아
볼 수 있습니다"라고 하였다. 「목회와 신학」 (1995, 6), 119.
　　[6] John White, *When the Spirit Comes with Power: Signs and Wonders Among God's People*
『능력 표적』 나단출판부 역 (서울: 도서출판 나단, 1991), 222.

신학을 거부하는 움직임이 있는 실정이다. 따라서 필자는 이 글을 통하여 존 윔버의 빈야드 운동의 신학적인 배경, 빈야드주의자들의 주장과 그들에 의하여 제시되고 있는 현상들의 성경적 기초 여부, 그리고 한국 교회가 그것들을 수용할 수 있는지 여부를 - 1740년대 초반 대각성운동이 끝나고 미국 교회가 극단적인 신비주의 운동으로 혼란 가운데 있을 때 은사 운동에 대한 건전한 진단과 평가를 내림으로 미국 교회의 방향을 제시한 바 있는 - 에드워즈의 입장에서 검토하고자 한다.

2. 존 윔버와 빈야드 운동의 신학적 기초

윔버의 신학은 사도행전의 은사들이 역사 속에서 연속된다는 신학적 전제에 기초한다. 그는 사도행전의 "표적과 기사는 결코 종식될 수 없는 것으로써, 정도의 차이는 있을지언정, 사도시대로부터 오늘날까지 끊임없이 일어나고 있다고 하였다. 그리고 이러한 현상은 성경과 교회사가 공히 입증하고 있는 것"이라고 하였다(Wimber 1988, 167).[7] 하나님이 은사를 주시는 목적은 치유에 있고, 치유를 통하여 모든 질병과 연약함만이 아니라 심지어 죽은 자까지 살릴 수 있다고 주장하였다(Wimber 1991, 278). 윔버는 말씀만으로는 믿지 않는 자들도 치유 이적을 통하여 기독교 신앙에 돌아올 수 있으므로, 치유는 하나님의 나라를 확장하는 가장

---

[7] 그는 그의 주장을 합리화하기 위해 저스틴 마터(Justin Martyr), 이레니우스(Irenaeus), 터툴리안(Tertullian), 노바티안(Novatian), 암브로스(Ambrose), 아우구스티누스(Augustine)와 같은 초대교회 지도자들, 그레고리 1세(Gregory I), 아씨시의 성 프란시스(St. Francis), 왈도파(Waldenses)와 같은 중세시대의 인물, 종교개혁 시대의 인물로는 루터(Luther), 로욜라(Loyola), 아빌라의 테레사(Teresa of Avila), 퀘이커(Quaker), 얀센주의자(Jansenist)를 꼽고 있으며, 근세에 와서는 웨슬레(Wesley)의 체험과 아주사 지역에서 일어난 부흥운동 등을 예로 든다(Wimber 1988, 213~234). 그러나 그가 열거한 인물들은 몇을 제외하고는 은사를 인정하였을 뿐, 그와 같은 은사주의자는 아니었다.

중요한 수단이라고 하였다. 이와 같은 전제에 기초하여 영적인 체험을
강조하는데, 그 체험 가운데는 몸의 진동과 떨림, 고꾸라지는 현상, 몸부
림치거나 경련을 일으키는 현상, 울거나 웃는 현상, 장시간에 걸쳐 찬송
하는 행위, 예언과 방언, 계시, 투시 현상이 있다.

윔버의 신학적 배경

윔버의 신학은 퀘이커 교회의 신령주의 신학에 기초한다. 윔버가 기독
교를 처음으로 알게 된 것이 퀘이커교도를 통해서였고, 목사 안수를
받은 단체도 바로 퀘이커 교회인 프렌즈 교단(Friends)이었다. 퀘이커
교회는 영국의 조지 폭스(George Fox, 1624~1691)에 의해 세워졌다. 폭스는
신령주의자(Spiritualist)로, 기성 교회들이 성경과 같은 객관적인 진리만
을 강조하다가 내적인 빛의 사역을 제한하여 신약의 가르침에서 떠나
있다고 주장하면서, 정상적인 신앙생활을 하려면 내적인 빛의 지시를
받아야 한다고 하였다.

  '내적인 빛'(the Inner Light)은 그리스도께 갈 수 있는 유일한 길로,
양심으로부터 흘러나오는 것이라고 하였다. 곧 양심 속에서 세미하게
말씀하는 내적인 빛에 따를 것을 주장함으로 기존의 교회 형식이나
제도를 무시하였다. 신앙의 최종적인 권위가 객관적인 성경의 가르침이
아니라 사람의 심령 가운데서 말씀하시는 '내적인 빛'이라고 본 것이
다.8 폭스는 "옥스퍼드나 케임브리지에서 배운다고 해서 그리스도의
사역자가 될 자격을 갖추는 것이 아니며" 영적인 소명을 받는 것이
중요하다고 하였다. 곧 성령을 받기만 하면 된다고 하였다. 성령의 감동
을 받으면 남녀를 불문하고 목회자가 될 수 있으므로 목회자의 훈련이

---

8 폭스의 이러한 주관주의적인 신학은 그의 후계자인 로버트 바클레이(Robert Barclay,
1648~1690)와 18세기 대표적인 학자인 조셉 거니(Joseph John Gurney, 1788~1847)와 같은
신학자에 의하여 퀘이커 신학을 형성하였다.

필요 없으며, 이점에서 직업적인 목회는 거부되어야 한다고 하였다. 그는 기성 목회에 대해 철저한 비판을 가하고, 교회 건물들을 "뾰족탑이 있는 집들"이라고 조롱하고 혐오하였다. 주님은 교회 건물에 살지 않고 사람들의 마음에 거하신다고 생각했기 때문이다.

폭스는 기독교의 참된 빛이 "다른 사람, 책, 또는 글의 도움 없이 주어지는 순수한 하나님과 그리스도에 관한 지식" 곧 내면적인 계시라고 정의하였다. 그는 "내가 인도를 받아 선포한 말은 하나님께서 성령을 통해 성경을 주셨다는 것, 선지자들과 사도들이 배웠던 하나님과 그리스도를 알기 위해 모든 사람은 자기 안에 있는 성령에게로 나아가야 한다는 것, 그 영으로 말미암아 모든 사람은 성경을 바로 알 수 있을 것이라는 것이었다."라고 말하였으며,[9] 하나님이 성경을 뛰어 넘어 일하시며, 여전히 계시가 오늘날에도 임한다고 주장하였다.[10]

폭스는 '내적인 빛'에 따라 살게 될 때 타락 전의 아담처럼 완전해지며, 의롭고, 깨끗하며, 순결한 삶, 곧 하나님의 형상을 온전히 회복한 생활을 할 수 있다고 하였다. 그는 '내적인 빛'을 '그리스도의 신령한 빛'으로, 이 빛은 신비한 '그 무엇'으로 그리스도나 성령 자신도 아니라고 설명하였다. 그는 "그리스도의 빛을 통해 그리스도를 받아들이는 사람에게 … 나는 하나님의 신령한 능력과 성령과 예수의 빛을 가지고서… 나아간다"(폭스 1994, 87, 88)고 하였다. 따라서 "내적인 빛은 하나님께서 우리에게 주신 그 무엇이나, 하나님 자신은 아니다." 이 말 속에 조지 폭스의 신비주의가 내포되어 있다.

폭스는 1647년 순회설교를 통해 퀘이커 사상을 널리 전하면서 다음

---

9 George Fox, 『조지 폭스의 일기』, 문효미 역, 일산: 크리스챤다이제스트사, 1994), 147.
10 그는 하나님으로부터 리치필드라는 곳으로 가라는 명령을 받기도 하고, 그곳에 도착했을 때 신을 벗으라는 명령을 받기도 하였고, 전쟁에 대한 환상을 보기도 하고, 황홀경을 체험하기도 하며, 성경이 열리는 체험을 하기도 하였다고 하였다(Fox 1994, 111, 359, 80).

과 같이 가르쳤다. 신약성경과 내면의 빛은 성도에게 검소한 의식주 생활을 권하고, 법적인 선서, 무력의 사용, 군대의 입대를 금한다. 전쟁은 불법적이며, 노예제도는 가증한 것이다. 기성교회들은 초대교회의 신앙을 떠나 있으나, 그리스도께서는 참된 교회, 곧 퀘이커 교회를 불러 모으고 있다. 신조들은 '내적인 빛'의 인도 아래 작성된 것이 아니라 인간이 만든 것이므로 신뢰할 수 없다. 특히 의의 전가 교리, 예정론, 전적 타락과 삼위일체 교리는 신뢰할 수 없다. 외적인 신앙은 구원에 도움이 되지 못하며, 오직 영혼 속에 말씀하시는 내적인 빛을 통하여만 그리스도께로 가는 길을 발견할 수 있고, 그 빛은 그리스도인을 하나로 만들며, 계속적으로 성경적인 계시를 나타낸다.

이와 같은 폭스의 주관주의적인 신학은 농민전쟁을 부추긴 바 있는 토마스 뮌처(Thomas Müntzer), 내적인 종교를 주장한 한스 뎅크(Hans Denk), 직접 계시를 주장한 발타자르 후브마이어(Baltarsar Hubmaier)와 같은 16세기의 신령주의적인 재세례파의 사상과 맥을 같이 한다. 그들은 환상이나 직관을 통해 하나님의 계시를 직접 받는다고 주장하면서 신앙생활에서 가장 중요한 것은 주관적인 체험이며, 이에 기초하여 신앙생활을 할 것을 주장하였다. 따라서 성경의 가르침을 객관적 진리로 인식하는 기독교 신앙을 붕괴시켜야 할 대상이라고 본 것이다.

웜버는 이러한 신령주의적 퀘이커 사상에 기초하여 그의 신학을 전개했다. 물론 그는 퀘이커처럼 '내적인 빛'이라는 말을 사용하지는 않았지만, '분별의 은사'라는 용어를 사용하면서 그의 사상을 전개하였다. 그는 분별의 은사들이 지혜의 말씀, 지식의 말씀, 영분별의 은사로 구성된다고 하였다. 이러한 은사들은 "모두 초자연적인 통찰력을 부여해 주는 은사들"로서, 그것들을 통해서 "마치 하나님께서 사물들을 파악하시듯이 사물을 파악하게 된다."는 것이다. 지혜의 말씀은 "하나님께서 특정한 상황에 당신의 지혜와 통찰력을 계시해 주시는 것"으로, 특히 상담을 진행하는 과정에서 큰 도움을 준다고 하였다. 지식의 말씀은 "하나님께서 전혀 사전 지식이 없는 상황에 관하여 정보나 사실을 계시해 주시는 것"이며, 영을 분별하는 은사란 "어떤 사람에게 있어 특정한 동기를 유발하는 요인이 인간적인 것인가, 신적인 것인가, 혹은 마귀적인 것인가를 분별할 수 있는 초자연적인 통찰력을 말한다"고 했다(Wimber 1991, 321~322). 이와 같이 윔버는 주관적인 직관을 신학의 원리로 삼았는데, 이러한 '내적인 빛'을 체험할 수 있는 방법으로 영감, 꿈, 환상, 성경 구절이 있다고 하였다(Wimber 1991, 323).

윔버에게 퀘이커의 '내적인 빛' 개념은 그의 신학과 목회의 원리가 되고 있다. 그는 설교하거나 전도할 때, 사람들을 만날 때마다 '내적인 빛'의 지도를 받는다고 하였다(Wimber 1988, 88). 그는 이러한 직관의 성격을 다음과 같이 말했다. "내가 하나님의 말씀을 들었던 것은 육체적인 감각 기관을 통해 이루어진 것이 아니었다. 그것은 하나님께서 나에게 말씀하시는 것을 영적으로 감지하는 것, 또는 하나의 인상에 가까운 것이었다. 시간이 지남에 따라 내가 그때에 들었다고 생각했던 것들이 사실로 입증되었다"(Wimber, 1991, 106).

윔버는 또한 『능력 전도』에서 그의 체험을 이렇게 말했다. "시카고 집회를 마치고 뉴욕으로 가는 비행기 안에서 사업가로 보이는 중년 신사가 앉아 있었다. 처음에는 그에게서 아무런 특별한 점도 발견할 수 없었다. 그러나 다시 한 번 나의 눈길이 그에게로 향하는 순간 나는 소스라쳐 놀랄 수밖에 없었다. 그의 얼굴 위에 매우 분명하게 '간통'이라는 글씨가 나타나 있었기 때문이다. 나는 눈을 비비고 나서 다시 한 번 그의 얼굴을 쳐다보았다. 그 글씨는 여전히 그의 얼굴 위에서 사라지지 않고 있었다. '간통' - 나는 육안이 아니라 마음의 눈으로 이 글씨를 읽을 수 있었던 것이며, 그 비행기 안의 그 누구도 나처럼 이 글씨를 읽을 수 있었던 사람은 없었다고 믿는다. 왜냐하면 이는 성령께서 나에게만 보여주신 것이었다고 확신하기 때문이다. 그것이 영적인 현상이라는 사실이 이 사건의 현실성을 더욱 생생하게 느끼게 했다'(Wimber 1988, 65~66).

여기서 웜버는 내적인 빛 - 그의 말로 표현하면 분별의 은사 - 을 주장하는데, 그 은사의 성격을 "육안이 아니라 마음의 눈으로" 읽을 수 있도록 "성령께서 내게 보여준 것"이라고 하였다.[11] 그는 이러한 투시의 은사로 당뇨병에 시달린 사람을 고치고(Wimber 1988, 102), 관절염에 걸린 여인을 치유하게 될 영상을 보게 되었다고 하는 등 많은 직관의 예를 나열하였다(Wimber 1988, 104). 이처럼 웜버에게 내적인 인상이나 투시는 최고 판단 기준이 되고 있다.

그러나 퀘이커의 직관이나 웜버의 투시 현상은 올바른 판단의 근거가 될 수 없다. 그러한 현상들은 매우 주관적이어서 하나님으로부터 왔다고 할 만한 증거가 없기 때문이다. 성경은 적그리스도도 하늘에서 불이 땅에 떨어지게 하고, 귀신들도 얼마든지 사람들을 현혹할 수 있다고 말한다(계 13:13). 그러므로 직관과 투시는 사탄의 전략일 수도 있다. 그래서 에드워즈는 명저 『신앙과 정서』에서 말하기를, "마귀는 자신의 본 얼굴을 숨긴다. 그리고 광명의 천사처럼 나타나서 사람들이 자기를 두려워하지 않고 자기를 경배하도록 만든다. 사단은 인간의 상상력이나 공상을 통해서 그런 모든 기만을 형성한다. 그래서 거짓된 종교와 가짜 은혜와 가짜 정서의 영향을 받아 사람들이 그러한 것들에 사로잡히게 된다. 그야말로 이 방법은 마귀가 가장 크게 즐거워하는 것이다.

---

11 여기서 우리는 웜버가 말하는 직관의 모호성을 발견하게 된다. 그는 '간통'이라는 글자가 얼굴 위에 쓰여 있어서 그의 눈을 비비고 쳐다보았다고 말하여 육신의 눈으로 볼 수 있는 것처럼 말한 후, 이를 성령이 자신에게 보여준 영적인 체험이라고 말하고 있다.

마귀는 어리석고 기만당하는 심령에 보금자리를 튼다."고 하였다.[12]

많은 거짓 종교는 이러한 직관과 상상력에 기초한다. 이교도 가운데 고대 피타고라스학파는 이상한 환각과 환희를 강조하면서 그것이 신으로부터 온 영감이며, 하늘로부터 온 직접적인 계시라고 여겼다. 사도시대 이후 나타난 이단인 에세네파(Essenes)도 환상과 직관을 주장하였고, 고대 영지주의자(Gnostics)나 몬타누스파(ㅊ)도 하나님과 직접 대화를 나눈다는 상상에 빠지곤 하였다(Edwards 1993, 298).

사람들은 어떤 특정한 상황에서 하나님의 말씀이 떠올랐다고 하여 그것이 하나님이 하시는 말씀으로 생각하기도 한다. 그러나 우리는 그러한 경우에 하나님이 말씀하실 수도 있지만 그렇지 않을 수도 있다는 가능성을 인정한다. 왜냐하면 마귀들도 예수를 시험한 것과 같이 하나님의 말씀을 이용하기 때문이다. 더구나 하나님의 역사 방법은 그러한 인상을 통해 나타나지 않는다. 진리의 영이신 성령께서는 신비한 방법으로 "사람들의 마음에 성경 말씀을 떠올리는 분이 아니기" 때문이다(Edwards 1993, 205). 성령의 보증은 "성령의 인침과 같은 것"으로 "성령으로 말미암은 어떤 즉각적인 암시나 어떤 사실을 알게 해 주는 그런 것이 아니다"(Edwards 1993, 223).

설령 성령께서 이런 은사를 어떤 사람에게 주셨다고 하더라도 "그것은 일반적인 성령의 작용이지, 성령의 특별하고 은혜로운 감동은 아니다"(Edwards 1993, 201). 곧 그러한 이적은 구원 사역과 관련이 없이 역사되는 성령의 사역인 것이다. 그러므로 우리는 성도들에게 "사람의 기질과 체질을 관찰"한 후 "그의 공상에 암시를 집어넣고 불화살을 당기는" 사단의 꼬임에 넘어가지 않도록 조심해야 할 것이다(Edwards 1993, 302).

---

[12] Jonathan Edwards, *A Treatise Concerning Religious Affections*, 『신앙과 정서』 서문강역 (서울: 지평서원, 1993), 300.

체험중심적 신학 사상

둘째로 윔버의 신학은 인간의 체험에 기초한다. 개혁주의자들은 성경에 근거하여 성령과 그의 사역인 이적과 기사를 이해하려고 하지만, 윔버는 성경(text)보다는 상황(context)을 그의 출발점으로 삼고 있다. 윔버의 다음의 증언은 이를 잘 입증해 준다. "나는 성경연구 - 특히 복음주의적인 방식의 - 가 하나님의 일을 수행하기 위한 능력을 갖춤에 있어 가장 중요한 일로 생각했었다. 그러나 이 보다 더욱 중요한 것 - 표적 기사를 통하여 하나님의 능력을 드러내는 일 - 있음을 깨닫고 나서는, 성경연구의 중요성이나 필요성을 부인하지는 않으면서도 이것만이 하나님의 일을 수행하기 위해 필요한 능력을 갖추기 위한 유일한 길이라고 생각하지 않게 되었다. 둘째, 나는 믿음에는 여러 가지 형태가 있다는 것과 이 가운데 기적에 대한 믿음을 내가 얼마나 경시해 왔었는지를 깨닫게 되었다. 복음주의적인 분위기에서 성장한 나는 그리스도인으로서의 성장 과정에는 교리적인 믿음과 인격적인 신실성이 작용하는 것으로 배워왔다. 교리적인 믿음은 하나님과 그의 사역에 관한 지식을 바르게 배워 나아감으로써 성장하는 것이며, 인격적인 신실성은 우리의 삶을 통해 각종 성령의 열매(갈 5:22~23)로 거두게 되는 성숙한 인격을 의미한다. 그러나 내가 이상의 두 가지 차원의 믿음으로는 부족하다는 사실을 깨닫기에는 상당한 시간을 필요로 했다"(Wimber 1988, 79).

여기서 윔버는 전통적으로 프로테스탄트 교회들이 고백해 온 성경의 절대적인 권위를 강조하는 오직 성경 사상(Sola Scriptura)을 거부하고, 그의 치유 중심의 신학을 전개하게 된 배경을 설명하였다. 그는 치유신학이 성경에 근거한 것이 아니라 상황에 근거하여 만들어졌음을 간접적으로 증거한 것이다. 성경을 신앙과 삶의 유일한 근거로 삼지 않고 개인의 체험이나 이성이 판단의 기준이 될 때 항상 거짓된 사상이 출현

했다는 것은 교회사의 증언이므로, 윔버의 주관주의적인 신학은 매우 위험한 사상이라고 하겠다.

둘째로 우리는 윔버의 거짓 증언을 발견하게 된다. 그는 『능력 전도』에서 자신이 4대째 불신자의 가정에서 자라났으며(Wimber 1988, 15), 기독교를 알게 된 시기는 가정 문제로 어려움을 겪던 1962년이라고 하였다. 곧 그가 기독교에 대하여 처음 알게 된 것은 복음주의자들이 이단으로 간주하는 퀘이커를 통해서였다고 증거 한 바 있다. 그러나 여기서 그는 자신이 "복음적인 분위기에서 성장하였다"고 소개하여 독자를 속이고 있는 것이다. 교회 역사상 그 누구도 퀘이커 신앙을 복음적이라고 받아주는 이가 없기 때문이다. 그러므로 우리는 여기서 윔버의 빈야드 신학이 거짓으로 가득 찬 '인간이 만든 종교'(man made religion)에 불과하다는 것을 확인하게 된다.

퀘이커의 직관 신학에 기초하여 윔버는 치유 신학을 세워 나갔다. 그는 질병과 가난이 사단이 주는 것이라는 전제 아래, 치유 사역은 예수 그리스도께서 지상에서 행하신 사역의 핵심이라고 하였다. 그는 『능력 치유』에서 이렇게 말했다. "예수께서는 질병을 사람들의 적으로 이해하셨다. 질병은 악을 그 근원으로 하고 있으며, 사단의 왕국에서 비롯된 것이다. 가장 깊고도 무서운 병이 죄이며, 육체적 질병이나 가난과 같은 결과들은 죄 때문인 것이다"(Wimber 1991, 48). 또한 그는 『능력 전도』에서, "예수께서는 설교보다는 치유 사역이나 귀신을 쫓아내는 일에 그 사역의 대부분을 할애하셨다"고 주장하였다(Wimber 1988, 85). 이처럼 윔버는 병과 가난이 죗값으로 오는 것이라고 보며, 그리스도의 사역을 단지 치유 사역을 제한하는 등 성경을 극단적으로 설명하였다.

하지만 성경은 병과 가난의 원인이 오직 죄에서 기인한 것이라고 단정하지 않으며, 예수 그리스도의 사역으로 고찰해 보더라도 치유

(healing)보다는 설교(preaching)와 교육(teaching)에 초점을 두고 있음을 확인할 수 있다(마 4:23). 그리고 성경 기자들은 예수 그리스도의 사역이 병을 고치므로 시작한 것이 아니라 "회개하고 천국을 준비하라"고 설교하심으로 천국 사역을 시작하였다고 증언하고 있다(마 4:17; 행 1:3~8).

치유 신학의 혼합주의적 배경

이단 운동은 성경을 하나님의 말씀으로 간주하지 않음에서도 시작하지만 성경을 강조하면서도 자의적으로 그것을 해석하는 데서 일어난다. 바른 신앙인은 자신이 가진 생각과 사상을 성경에 비추어 점검하지만 이단자들은 자신의 주장을 합리화하기 위해 성경을 이용하는 것이다. 더구나 성경이 아니라 인간의 가르침에 근거하여 신학 운동을 전개한다면 그것은 비기독교적인 것이 될 수밖에 없다.

이러한 신학 운동이 웜버의 치유 신학이다. 그는 그의 치유 신학의 배경에 대하여 다음과 같이 말하였다. "나는 치유, 특히 예수님의 사역에 나타나 있는 치유의 역사를 보다 정확히 이해하기 위하여 성경을 연구하기 시작했다. 또한 치유 사역에 관하여 매우 지적인 주장을 펴 나아간 맥너트(Francis MacNutt)를 포함하여 치유에 관한 그리스도교 서적들을 닥치는 대로 읽어 나갔다. 내가 그렇게 했던 것은 병든 자를 위해서 효과적으로 기도할 수 있는 방법뿐만 아니라 우리 교회의 교인들 모두를 그렇게 할 수 있도록 훈련시키고 무장시킬 수 있는 방법을 배우기 위해서였다"(Wimber 1991, 102). 곧 그는 성경대로 병든 자를 위하여 기도하다가 실패하고, 오랄 로버츠의 오순절 모델, 성공회와 로마천주교회의 성례전적 모델, 치유를 강조하는 신오순절 모델, 마귀 축출 모델, 심리적 내적 치유를 강조하는 심리적 영적 모델과 같은 각각 상이한 견해를 지닌 여러 학파의 치유주의자들이 제시하는 신학과 그 실천 방안을

연구하였고,13 이러한 모델들로부터 배운 바를 빈야드 교회에 적용하였
다고 기술하였다(Wimber 1991, 284). 그러므로 우리는 윔버의 치유 신학이
성경에서 나온 것이라기보다는 인간에게서 나온 것이며, 성경을 교재
(text)로 사용한 것이 아니라 하나의 참고서(reference)로 사용하여 발전시
킨 인위적 사상이라고 결론지을 수 있다.

윔버는 그의 신학이 정통에 서 있다는 점을 나타내 보이기 위해
교회 역사에 호소한다. 하지만 그가 의존하는 것은 루터와 칼빈과 같은
프로테스탄트의 신학보다는 로마천주교회의 이적 신앙이다.14 로마천
주교의 기적 신앙은 3세기에 "이미 이교 세계에서 유행하던 전설들이
그 주제와 심지어 내용까지 그대로 기독교의 형식으로 재현"되면서
나타났다.15 이러한 이적 신앙 가운데 대표적인 것이 아씨시의 프란시
스나 시에나의 캐더린에게 나타났다고 하는 성흔(聖痕), 성물이나 성자
의 화상을 통하여 나타난다고 하는 기적, 마리아 상에서 흘러나오는
눈물 등이 있다. 로마천주교도들은 이와 같은 성물이나 성상을 숭배하
며 그것들을 통한 기적을 기대하며 성지를 찾고 성상을 순례한다.

---

13 그는 오랄 로버츠(Oral Roberts)와 코플랜드(Kenneth Copeland)와 같은 부흥사나 복음
전도자에 의하여 실시되는 오순절 모델, 영국 성공회 주교인 매독스(Morris Maddocks)와
매사추세츠의 로마천주교 신부인 맥도나우(Edwards McDonough)와 같은 이들이 사용하는
전례적 - 성례적인 모델, 치유 훈련과 특별 집회를 강조하는 맥너트(Francis MacNutt)와 디오리
오(Ralph DiOrio)와 같은 사람이 주장하는 신오순절 모델, 복음전도와 마귀 축출에 사용하는
마귀 축출 방법, 과거에 입은 상처와 원한의 치유에 주된 관심을 두는 심리적 영적 모델
혹은 내적인 치유 모델을 참고하여 치유 신학을 발전시켰다고 하였다. Wimber 1991, 309~311.
14 로마천주교회는 빈야드주의자들처럼 은사의 절대성과 은사 운동의 가능성을 주장해
왔다. 로마천주교 신학자 프랜시스 맥너트는 말하기를, "실제로 치유는 개신교보다는 카톨릭
교인 편에서 훨씬 이해하기 쉽다. 카톨릭 교인들은 신유를 포함한 기이한 은사들로 축복을
받은 성자들의 전통 속에서 성장해 왔으며, 신유는 아직도 성자로 시성되기 위한 하나의
시금석 역할을 하고 있기 때문이다. 따라서 천주교인들은 신유에 대한 믿음을 갖게 되는
데 별로 어려움이 없다"고 하였다. Francis MacNutt, Healing (Notre Dame, IN: Ave Maria,
1974), 13.
15 Benjamin B. Warfield, Counterfeit Miracles 「기독교 기적론」 이길상 역 (서울: 도서출
판 나침판, 1989), 131.

　　하지만 종교개혁자들은 이러한 미신으로부터 교회를 개혁하기 위해 로마천주교회의 이적 신앙을 비판하였고, 오직 성경에 기초한 신앙을 강조하였다. 이점에서 빈야드주의자들은 종교개혁자들과는 다르다. 그들은 성경이 적그리스도도 이적을 행할 수 있다고 가르치지만(계 13:11~14), 모든 이적이 하나님에게서 온 것으로 간주함으로 로마천주교회의 이적 신앙을 비판 없이 수용하고 있는 것이다. 그러므로 그들의 사상은 프로테스탄트 신학보다는 로마천주교회의 이적 신앙 또는 포스트모더니즘에 기초하고 있다는 것을 알 수 있다.

　　3. 개혁주의 교회의 은사 이해

윔버는 이 같은 혼합 신학에 근거하여 그의 신학을 전개하면서 오히려 개혁주의 신학을 비판했다. 윔버는 개혁주의자들이 초자연적인 치유와 기적은 사도시대, 곧 성경의 정경화와 함께 종료되었다고 주장하는 것은 그릇된 가르침이라고 비판하였다. 성경을 강조하지만 이적을 가볍게 생각하는 개혁주의자들, 곧 "그들의 믿음은 역사 속의 그리스도인 보다는 현대의 합리주의자나 물질주의자의 입장에 가까운 자들"이라고 혹평하였다(Wimber 1991, 43). 또한 그는, 개혁주의자들의 초자연적인 역사에 대한 자세는 종교개혁 이후 "하나님 대신 인간의 이성이 만물의 척도로 왕좌를 차지한 …… 계몽주의적인 사고의 입김을 반영"하는 것이라고 비판하였다.[16] 이적과 기사의 역사를 부인하는 개혁주의자들의 주장은 반기독교적이라는 것이다. 윔버는 이 같은 반은사주의적 신학의 대표자로 벤저민 워필드를 지목하였다(Wimber 1988, 10).

---

　　16 존 윔버, 피터 와그너, 찰스 크래프트, 앤 왓슨, 존 화이트 외 13인 공저, 『제 3의 물결을 타고』 변진적 변창욱 옮김 (서울: 도서출판 무실, 1991), 33.

계시의 종료 사상

그러나 워필드를 비롯한 개혁주의자들은 은사를 부인하는 것이 아니라 은사주의를 반대하였음을 기억해야 한다. 신비나 이적을 부인한 것이 아니라 신비주의와 이적주의를 배척한 것이다. 개혁주의 신학자 벌코프 (Louis Berkhof)는 그의 『조직신학』(Systematic Theology)에서 기적의 존재를 부인하지 않고 그 가능성을 제시했다. 그는 섭리를 일반 섭리(providentia ordinaria)와 특별 섭리(providentia extraordinaria)로 나누면서, 전자는 자연법칙에 따라 제2 원인을 통하여 하나님이 사역하는 것을 말하며, 후자는 제2 원인의 중재 없이도 하나님이 직접적으로 역사에 간섭하는 것이라고 하였다. 곧 기적은 특별섭리에 속하는 것으로, 개혁주의 신학 체계 속에서 이적이 가능하다고 하였다. 그러나 그에게 기적이 존재하는 목적은 빈야드주의자들이 주장하는 것처럼 단지 능력 전도나 능력 치유를 위해 있는 것이 아니라 영혼의 구원을 위하여 존재한다고 하였다.[17]

개혁주의 교회는 빈야드주의자들이 주장하는 것처럼 기적이나 은사를 부인한 것이 아니라 계시의 연속성을 주장하는 은사주의를 배척한다. 그리고 기적이 오늘날에도 일어날 수 있지만 성경적 가르침에 근거하지 않은 은사나 이적은 하나님에게서 온 것이 아니며, 기적이 일어난다고 해서 모든 것이 하나님에게서 온 것으로 보아서는 안 된다고 믿는다. 모든 이적이 하나님에게서 온 것이라고 한다면 불교도들이나 모슬렘들에게서 나타나는 이적도 하나님의 역사로 보아야 하기 때문이다. 더구나 개혁주의자들은 허구에 찬 이적 신앙을 부인한다. 로마천주교인들은 초대 교회 당시 신앙 때문에 혀가 잘린 아프리카 교회의 신자들이 말하게 되었다는 것을 사실로 믿지만, 우리는 이를 사실로 인정할 수 없다. 요한 웨슬레가 지적한 것처럼 "누구든지 이런 허구를 믿을 수 있는

---

[17] Louis Berkhof, *Systematic Theology* (Edinburgh: The Banner of Truth Trust, 1974), 176~177.

사람이라면 사람이 주전자 속으로 들어갔다는 이야기도 믿을 것"이기 때문이다(Warfield 1989, 221).

워필드는 이러한 개혁주의 신학사상에 근거하여 사도들이 가졌던 것과 같은 은사들이 이미 중단되었다고 하였다. 왜냐하면 그러한 은사들이 주어진 목적이 "교회 확장 자체가 아니라 하나님께로 온 사자들로서 사도들의 권위를 확증해 주는 것"이기 때문이다(Warfield 1989, 30). 그리고 은사들은 "하나님이 교회를 세우라고 권위를 부여하여 임명하신 대리인으로서의 사도들이 지닌 신임장"으로 사도들의 교회와 함께 사라졌기 때문이다(Warfield 1989, 12). 그는 부언하여 말하기를, "성경에서 기적은 합당한 이유 없이 여기저기 무분별하게 나타나지 않는다. 기적들은 계시시기에 속하며(나타나며), 오직 하나님께서 친히 보내신 사자들을 통해서 자기의 은혜의 목적을 선포하시며, 그 분의 백성에게 말씀하고 계실 때만 나타난다. . . . 그러므로 오직 하나님의 계시 능력의 표적인 기적은 그 본체인 계시가 완성된 후에는 계속되리라고 기대할 수 없으며, 실질상 계속되지도 않는다"고 하였다(Warfield 1989, 34, 35). 여기서 우리는 워필드가 은사주의를 부인한 배경이 무엇인지 발견하게 된다. 곧 그는 현대에도 계시가 존재한다고 주장하면서 성경의 권위를 부인하는 직접 계시파의 위험성과 이적을 교회의 표지로 보는 로마천주교회의 은사관이 교회에 어떤 해악을 가져 오는지를 알았기 때문이다.

이러한 워필드의 사상은 빈야드주의자들이 자주 그들의 입장을 강화하기 위해 인용하곤 하는 에드워즈의 사상이기도 하였다. 에드워즈는 고린도전서 13장 해석인 『사랑의 열매』에서 방언과 이적과 예언의 은사가 이미 종료되었음을 주장했다. 그는 말하기를, "그러한 것들은 하나님의 백성을 다루시는 하나님의 일반적인 섭리 중에는 부여되지 않는다. 특별한 경우에만 주어진다. 성경이 완성되기 전에 하나님의 마음과 하나님의 생각을 선지자들이나 사도들에게 부여된 은사를 특이한 은사(extraordinary gift)라고 부른다. 그러므로 그 은사들이 원시시대라고 할 수 있는 초대교회 시대에 주어졌던 것이다. 특히 그 시대에 주어진 그러한 특이한 은사들은 세상에 하나님의 교회를 세우기 위해 주어졌다. 그러나 정경이 완성되고, 교회가 완전히 성립되었을 때 그 특이한 은사는 멈추어졌다."18

에드워즈의 이러한 사상은 사실상 종교개혁자들의 신앙이기도 하다. 개혁주의 신학의 기초를 세운 제네바의 개혁자 칼빈은 말하기를, "병을 고치는 은사는 다른 기적들과 같이 주께서 한 동안 나타내시기 원하셨지만, 그 치유의 은사는 새로운 복음 선포를 영원히 놀라운 것으로 만들기 위해 이제는 완전히 사라졌다. 그러므로 나는 그 때에 사도들의 손으로 나누어주신 권능을 위해서는 도유(塗油)가 하나의 성사였다는 것을 인정하지만, 지금 우리는 그것과 아무런 관계가 없다. 우리는 그러한 능력을 행하라는 어떤 위임도 받지 않았다."19고 하였다. 그리고 독일의 종교개혁자인 루터도 "사도들은 말씀을 선포했으며, 자기들의 기록을 남겼다. 따라서 그들이 기록으로 남긴 것 이상의 어떤 것도 계시될 필요가 없으며, 새롭고 특별한 어떤 이적이나 계시도 필요가 없었다"고 하였다.20

특별은사의 제한성

개혁주의자들이 은사주의를 배척하는 것은 은사가 신앙의 최종적인 판단 기준이 될 수 없기 때문이다. 에드워즈는 하나님이 교회에 주시는

---

18 Jonathan Edwards, *Charity and Its Fruits*, 『사랑과 그 열매』, 서문강 역, (서울: 정음출판사, 1984), 34.

19 John Calvin, *Institutes of the Christian Religion* (Philadelphia: The Westminster Press, 1960), 4.19.18.

20 Martin Luther, "Sermons on the Gospel of St. John," in *Luther's Works*. ed. Jaroslav Pelikan. vol. 24. (Philadelphia: The Westminster Press, 1973), 367.

은사를 사랑과 같이 모든 성도들이 소유할 수 있는 일반은사(ordinary gift)와 병 고침과 방언, 예언과 같이 특별한 사람들이 갖는 특별은사(extraordinary gift)로 나누면서, 특별 은사는 제한적이라고 하였다. 곧 "하나님께서 어떤 사람에게든지 예언하는 영을 주실 때나 직접적인 영감을 주셔서 이적적인 일을 행하게 하고, 병을 고치며 마귀를 쫓아내는 일을 하도록 능력을 주시는 일은 큰 특권을 주시지만"그것을 가지고 있다고 하여 구원 받았다고는 할 수 없다고 하였다. 곧 특별 은사는 구원의 은혜보다는 못한 것이라고 하였다(Edwards 1984, 35).

에드워즈는 이적을 행하는 은사를 옷과 보석으로 비유하였다. 곧 옷을 입은 사람이 그 옷 때문에 성품상의 변화가 일어나지 않으며, 보석이 몸을 우아하게 하지만 그것이 인간의 본성을 거룩하게 만들 수는 없다는 것이다(Edwards 1984, 39). 그는 이렇게 말하였다. "만일 하나님이 예언을 말하고 이적을 행하는 이상한 은사만을 주신다면, 그것만으로는 그것을 받은 사람들이 성령의 동참자가 되지 못한다. 곧 그 자신의 성품 안에 신령한 사람이 되게 하는 은혜를 받지 못하였다면 특이한 은사만으로는 영적인 사람이 될 수 없다."이와 같이 에드워즈는 병을 고치거나 예언하는 등의 특별은사가 불신자들에게도 주어질 수 있는 것이며 그것을 가졌다고 해도 구원을 받을 수 없는 성격을 가진 것으로 보았다(Edwards 1984, 40).

이적을 체험한다거나 이적을 행하는 은사를 소유함이 구원받았음의 증거나 표시가 될 수 없다. 오직 하나님의 은혜로 이루어진 회심 체험만이 구원의 근거가 되기 때문이다. 성경 말씀이나 설교를 통하여 주어지는 성령의 일반적인 은혜는 하나님의 사람들에게만 주어지는 특권이지만 방언, 치유 등 특별한 은사는 그렇지 않다. 물론 하나님이 성령의 특별한 은사를 주시기 위해 성도들을 선택하는 것이 일반적이지만, 언제나 그런 것은 아니다. 때로는 경건치 못한 자에게도 성령의 일반적인 감화를 주시기 때문이다. 발람(벧후 2:15; 유 11; 계 2:14)과 사울과 유다(cf. 마 10:1~2, 8)의 예가 그렇다(Edwards 1993, 216). "이런 점을 종합하여 볼 때 심령에 역사하는 하나님의 성령의 감화는 성령의 특별한 은사보다도 더욱 탁월하다는 것을 알 수 있다(Edwards 1984, 42).

이러한 교훈에 비추어 볼 때, 특별 은사의 소유 여부가 구원을 판별하는 기준이 될 수 없다. 다른 말로 하면, 빈야드주의자들이 구원의 필수요건으로 강조하는 특별 은사를 갖고 있다고 할지라도 마지막 때에 지옥에 갈 자들이 많다고 할 수 있다(마 7장 22~23). 성도라 불리는 것은 "성령의 은사를 가지고 있기 때문이 아니라 성령의 덕을 가지고 있기 때문이다"(Edwards 1993, 171). 그래서 예수께서는 제자들이 귀신들이 떨면서 복종하는 것을 보고 좋아할 때, 그런 것으로 기뻐하지 말고 이름이 하늘에 기록된 것을 인하여 기뻐하라고 말씀하였다(눅 10:20). 특별 은사의 소유 여부가 구원과 무관하며, 사랑과 같은 일반적인 은사를 소유함이 진정한 그리스도인의 표지가 될 수 있음을 교훈하신 것이다.

4. 빈야드의 영적 현상에 대한 평가

개혁주의자들은 성령의 일반 은사를 특별 은사보다도 강조하지만, 빈야드주의자들은 이적과 병 고침 등 특이한 현상, 또는 육체적으로 나타나는 어떤 느낌을 갖는 것을 신앙의 필수 요건으로 간주한다(Wimber 1991, 351). 그들이 주장하는 성령 체험의 결과라고 하는 육체적인 현상은 다음과 같은 것들이 있다.

빈야드의 소위 '영적 체험 현상'

첫째는 성령이 임재하면 몸의 진동과 떨림이 수반한다고 주장한다. 몸의 떨림에는 신체의 일부나 전체에 나타날 수 있고, 땀을 흘리거나 숨을 깊이 쉬거나 또는 맥박이 빨라지는 현상이 수반될 수 있다고 한다. 이러한 떨림에는 평온한 진동과 격렬한 진동이 있는데, 전자는 "영적인 갱신이나 목회 사역을 위해 성령께서 능력을 부어주시는 일과 관련"이 있고, 후자는 "성령께서 악령과 대치하는 경우, 또는 어떠한 심각하면서도 회개하지 않은 죄나 마음의 상처와 관련"이 있다고 한다(Wimber 1991, 355).

둘째는 고꾸라지는 현상이 있다. 이 현상은 성직자들에게 나타나기도 하고, 규칙적으로 머리를 땅에 짓찧기도 하는 데 이를 체험하면 새로운 능력으로 가득 차게 된다고 윔버는 주장한다(Wimber 1991, 356).

셋째로 술 취한 듯한 행동이 있다. 이 현상은 "하나님의 은총을 새로이 깨닫거나 하나님의 놀라운 용서를 체험하고 난 후" 걸음걸이가 비틀거리고, 말조차 더듬거리게 된다고 한다(Wimber 1991, 359).

넷째로 몸부림치거나 경련을 일으키는 현상으로 "이런 현상에는 뛰어오르내리거나 손발을 움츠리면서 개의 발처럼 만들거나 얼굴을 찌푸리거나 몸이 경직되는 등의 여러 형태"가 있으며, 이러한 현상은 주로 성적인 범죄로 인한 내적인 갈등이 표출되는 경우에 자주 나타난다고 한다.

다섯째로 웃거나 흐느껴 우는 현상이 있다. 갑자기 낄낄대거나 웃음을 터트리기 시작하여 몇 시간 동안 때로는 며칠 동안이나 계속되는데, 이러한 경우는 정서적인 치유가 필요하거나, "새롭게 하나님의 거룩함을 체험한 데서 오는 반응(흐느낌), 또는 그 분의 은총을 체험한 데서 오는 반응(웃음)일 수도 있다"고 한다(Wimber 1991, 362).

마지막으로 장시간에 걸쳐 열렬하게 하나님께 찬송을 돌리는 행위가 있다. 윔버는 이러한 경우 "방언의 은사를 받는 일과 관련되어 있으며, 성령의 능력을 새로이 부여받았다는 징표로 나타나는 것이 보통이다"라고 설명하였다(Wimber 1991, 363).

빈야드의 영적 체험 비판

하지만 이러한 윔버의 주장들은 성경적인 배경을 갖고 있지 않다. 윔버가 자신의 주장을 정당화하기 위해서 많은 성경구절을 인용하지만, 그의 성경 인용은 대부분의 경우 적절하지 않다. 몇 가지 예를 들어보자. 윔버는 집회 때에 넘어지는 현상의 근거를 에스겔서 1장 28절에서 찾는다. 그러나 에스겔이 엎드린 것은 성령이 임해서 넘어진 수동적인 것이 아니라 하나님의 위엄을 느끼고 스스로 엎드린 자동적인 것이다. 또한 고꾸라지는 현상이 성령의 역사라는 것을 설명하기 위해서 예수를 잡으러 온 군사들(요 18:6), 무덤을 지키던 파수군(마 28:4), 귀신이 고꾸라진 것(막 9:20)을 제시하였지만(Wimber 1991, 359), 이들은 사실상 하나님의 은혜와는 아무런 상관도 없는 자들이었으므로 그들이 성령의 은혜를 체험했다고 할 수 없는 것이다. 또한 윔버는 소위 거룩한 웃음을 예증하기 위하여 사라의 웃음(창 21:6)을 열거하였는데, 성경을 자세히 보면 사라의 웃음과 빈야드의 웃음이 다르다는 것을 발견하게 된다. 빈야드주의자들의 '거룩한 웃음'은 소리 내어 깔깔대며 웃지만, 사라는 "속으로" 웃었으며 하나님의 약속에 대하여 믿지 못하는 가운데 약간은 조롱하는 투의 웃음이었기 때문이다. 이와 같이 윔버의 성구 인용은 문법적으로 볼 때 많은 과오가 있다. 그러므로 윔버의 주장은 성경적인 지지를 받지 못하는 것들이라고 하겠다.

둘째로 윔버의 영적 현상에 대한 설명을 지적할 수 있다. 진동의 경우, 평온한 진동은 목회의 소명과 관련된 것이며 격렬한 진동은 악령과 대치하는 경우라고 하였고, 고꾸라져 머리를 땅에 찧는 현상을 체험하면 새로운 능력으로 가득 차게 된다고 하였다. 그러나 이러한 해석은 성경적인 근거나 신학적인 배경도 없는 자신의 주관적인 체험에 근거한 것들이다.

셋째로 특별 은사를 가진 이를 신격화하고 있는 경향이 있다는 점이다. 윔버 부인은 윔버의 사역에 대하여 말하면서 다음과 같이 말하였다. 1978년 4월 경 "존은 방을 돌면서 우리를 위해 기도했는데 믿을 수 없는 능력이 그의 손으로부터 흘러나왔다. 그가 사람들을 건드리면 그들은 바닥에 뒹굴었다. 마치 전류처럼 영적인 능력이 존의 손으로부터 나왔다"(Wimber & Peter Wagner 1991, 56). 여기서 윔버 부인은 윔버를 은혜의 통로로 간주하고 있다.

더구나 이러한 빈야드주의자들의 주장은 사실상 성경의 가르침과 커다란 차이가 있다. 성경은 오순절에 성령의 능력이 하늘에서 내려왔다고 서술하고 있는데 반해, 제 3의 물결을 주장하는 이들은 사람의 손끝에서 하나님의 능력이 나온다고 보는 것이다. 이와 같이 그들은 이적이 하나님에게서 온 것처럼 말하면서도 인간을 이적의 출처로 설명하였다. 모든 이적이 하나님에게서 온 것이라면 즉각적인 역사가 나타나야 할 것이다. 그러나 그들은 사람들을 넘어지게 하기 위해 손으로 밀기도 하고, 넘어지지 않으면 30분이고 1시간이고 계속해서 기도하여야 한다고 가르친다. 이러한 인위적인 작용은 초자연적이며 신적인 감화와 작용과는 무관한 것이다.

영적인 체험에 대한 개혁주의적 진단
윔버의 신비주의적 은사 운동은 18세기 중반 대각성운동(the Great Awakening) 이후 조나단 에드워즈가 체험한 미국 교회의 모습과 유사하다. 에드워즈는 그 때의 미국 교회의 혼란상을 다음과 같이 서술하였다. 대각성운동 이후, "사람들이 그저 크게 감동한 채 깨우침 가운데 종교적인 대화로 꽃을 피우고, 뜨거움과 열심으로 자신들의 생각을 표현하며, 매우 충만해 있거나 온전한 상태에 있는 것처럼 자신들을 나타내기만 하면, 더 점검해 보지도 않고 그런 사람들은 하나님의 성령에 충만하고 하나님의 은혜에 감동을 크게 체험한 사람들이라는 결론을 내려 버리는 투의 자세가 아주 편만하였다. 3, 4년 전만 해도 그러한 극단이 아주 우세하였다. 그러나 최근에는 분별없이 모든 종교적인 정서들을 높이 평가하거나 찬탄하는 대신에 구분 없이 모든 정서들을 거부하고 무시해 버리는 분위기가 더 더욱 크게 우세하다"(Edwards 1993, 61). 곧 신앙적인 판단 기준이 흐려지면서 은사주의자들이 나타났고, 은사주의자에 반대하여 합리주의자가 등장하여 교회가 혼란 가운데 처하게 되었다는 것이다. 그래서 에드워즈는 은사주의 운동을 교회 몰락의 징조로 간주하였고, 이러한 은사주의로 인한 신앙적인 혼란을 극복하기 위하여 1744년 『신앙과 정서』(A Treatise Concerning Religious Affections)라는 책을 집필하게 되었다.

에드워즈는 『신앙과 정서』에서 정서를 "영혼의 성향과 의지가 보다 활발하게 그리고 예민하게 움직이는 행위"(Edwards 1993, 25)라고 정의한 후, 참된 신앙적인 정서(religious affection)는 격정이 나 흥분에서 오는 것이 아니라 내적인 감동과 감화를 통해 오기 때문에(Edwards 1993, 64), 육신에 나타나는 반응이 참된 정서의 기준이 될 수 없다고 하였다(Edwards 1993, 75). 또한 찬양하고 복음을 촉구함이 신앙적인 것들이나 그런 행위가 바로 정서의 본질이 아니며(Edwards 1993, 124), 유창하게 기도하거나(Edwards 1993, 272), 몸의 뜨겁게 달아오르거나(Edwards 1993, 279~300), 이적(Edwards 1993, 329, 348), 시끄러움(Edwards 1993, 427)이 참된 은혜의 표시가 될 수 없다고 하였다.

에드워즈는 몸의 떨림 현상을 영적인 체험으로 보지 않았다. 몸의 떨림 현상은 인간의 정신이 육체에 영향을 미치면 자연스럽게 나타날 수 있는 현상이기 때문이다. 인간의 모든 감정은 어떤 경우든지 어느 정도 몸에 영향을 미치게 되어 있으므로 몸에 나타나는 현상을 가지고 그것이 하나님에게서 온 것으로 평가하는 것은 위험하다는 것이다. 그는 말하기를, "우리의 본성과 몸과 영혼이 연합의 법칙이 그렇기 때문에 마음이 활발하게 움직일 때 몸에 어떤 영향이 미치게 된다. 몸은 마음에 복종하고, 마음의 움직임과 마음 씀에 따라 몸의 체액에 많은 영향을 주기 때문"이라고 하였다(Edwards 1993, 75).

그리고 에드워즈는 고꾸라지는 현상, 술 취한 듯한 현상, 몸부림을 치는 행위, 웃거나 슬퍼하는 행위가 하나님에게서 온 것이라고 말하기 힘들다고 하였다. 비록 이것들이 하나님과 관련된 것처럼 보인다고 하더라도, 있는 그대로 믿어서는 곤란하다는 것이다. 그는 모든 유의 은혜로운 정서에는 가짜가 끼어 있기 때문이라고 하였다. "하나님을 향한 사랑이나 형제를 향한 사랑에도 가짜가 존재한다. 또한 바로와 사울 왕, 아합과 광야의 이스라엘 자손의 경우처럼 죄에 대한 경건한 슬픔에도 가짜가 있다(출 9:27; 삼상 24:16, 17; 26:21, 왕상 21:27; 민 14:39, 40). 열왕기하 17장 32절에 나타나는 사마리아 사람들이 보여주었던 하나님에 대한 경외심에도 그러한 거짓으로 나타난다."고 하였다(Edwards 1993, 97). 돌밭 같은 마음을 가지고 말씀을 들은 사람들에게서 발견할 수 있는 것과 같이 말씀을 듣고 기뻐하는 신령한 기쁨도 가짜가 존재한다고 하였다.

또한 에드워즈는 찬송을 하나님의 은혜의 증거로 간주하는 윔버의 주장을 일축하였다. 찬송을 즐겨 부른다고 해도 구원에 이르는 신앙을 소유하였다고 단정할 수 없기 때문이다. 왜냐하면 이스라엘 백성이 홍해를 건넌 후 찬송하며 하나님을 영화롭게 하였지만 광야에서 불평하다가 죽임을 당하였으며, 나사로의 부활을 본 사람들이 예수께서 예루살렘 성으로 입성할 때 호산나 찬송하며 영광을 돌렸지만 시간이 지나자 그를 배신하여 십자가에 못 박으라고 하였기 때문이다. 그래서 에드워즈는 성경을 많이 읽거나 찬송을 즐겨하고, 설교를 듣는 일에 많은 시간을 내는 등 종교적 열정을 나타낸다 하더라도 그것들이 거듭난 신자임을 증거 하는 표지가 될 수 없다고 하였다. 왜냐하면 하나님의 진노 아래 놓여 있던 "이스라엘 백성도 월삭과 안식일과 대회를 모이는 것과 그들의 손을 펴는 것과 많은 기도를 하는 것에 열렬히 참여"하였기 때문이다 (Edwards 1993, 123).

외식자들도 "정말 하나님을 사랑하는 것과 같은 대단히 모습을 보일 수도 있다. 또 형제에 대한 사랑을 보일 수 있고, 하나님의 완전하심과 하나님이 행하신 일들에 대하여 감탄하는 대단한 모습을 보일 수 있으며, 죄에 대한 슬픔과 경외심과 복종심과 자기를 낮추는 마음, 감사하는 마음, 기쁨, 종교적인 갈망들, 종교와 영혼의 유익을 위한 열심 등의 모습을 나타내 보일 수 있다"(Edwards 1993, 151). 이와 같이 "모든 은혜로운 정서를 흉내 내는 모조품적인 정서가 존재할 수 있음을 감안한다면, 그러한 정서의 표출이 반드시 은혜로운 정서라고 생각하는 것은 결코 합당하지 않은 것이다"(Edwards 1993, 125).

나가는 말

위에서 살펴 본 것과 같이 존 윔버를 비롯한 빈야드주의자들은 신앙을 주관화하였다. 내적으로 들려오는 음성이나 투시, 또는 직관을 하나님의 음성으로 간주하였다. 그리고 진동이나 넘어짐, 낄낄대며 하루 종일 웃어대는 웃음, 몸부림치는 것과 같은 육체에 나타나는 현상을 영적인 체험으로 간주하였다. 따라서 그들은 영적인 또는 육체적인 체험만을 신앙의 기초로 삼고자 하였다.

기독교 신앙의 본질은 살아 계신 하나님과의 영적인 교류를 하며 그러한 은혜를 체험하는 데 있다. 그러나 우리는 이러한 논리에 근거하여 신앙을 주관화하거나 체험주의화 하는 것을 반대한다. 왜냐하면 객관적인 하나님의 말씀 대신 인간의 체험이 신앙적인 판단의 기준이 된다고 하면, 기독교는 더 이상 계시의 종교가 될 수 없으며, 모든 판단의 기준이 인간 자신이 될 수 있기 때문이다.

모든 인간은 죄 아래 태어나므로 죄의 영향아래 있고, 하나님의 뜻보다는 사단의 지배를 받을 확률이 높다. 죄 없던 아담이 사단의 꼬임에 빠졌다면, 죄 아래 태어난 인간이 넘어질 수 있는 가능성은 몇 배나 크다. 그러므로 체험을 강조하는 주관주의는 부패한 죄성의 영향을 받는 자율주의로 나가게 되고, 자율주의는 신앙을 극단적으로 변질시킬 수 있는 토양을 마련하게 된다. 이와 같은 예를 발견할 있는 곳이 바로 토론토의 에어포트 빈야드 교회이다. 몇 해 전에 존 윔버는 토론토의 빈야드 교회가 극단적인 체험주의로 나가자, 그들의 모임에서 제명시켰다. 성령의 임재를 강조하면서 신앙적 자율주의를 주장하는 이들이 그보다 더한 이들을 제명하였다는 것은 빈야드주의 신학이 가지고 있는 신앙적 한계성을 극명하게 보여주는 것이라고 할 수 있다.

개혁주의 신학은 신앙의 주관적인 성격만 아니라 객관적인 성격을 중요시한다. 하나님을 만나는 수직적인 체험만이 아니라 이 세상에서 하나님의 뜻을 실현해 나가기 위한 수평적인 체험도 동시에 필요하다는 말이다. 다른 말로 하면 개혁신학은 성령의 사역을 강조하면서도 말씀의 중요성을 주장한다. 그래서 칼빈은 신학의 원리로 하나님의 말씀과 성령을 내세웠고, 청교도들과 개혁주의 신학자들은 이러한 신학적인 전통에 서서 말씀만을 강조하여 성령의 사역을 제한하려고 하지 않았고,

성령만을 강조하여 하나님의 말씀을 배척하는 실수를 범하지 않으려고 노력해 왔다. 곧 개혁주의자들은 교회 사역에서 하나님의 말씀과 성령의 중요성을 강조하여 균형을 유지하고자 하였다.

한국교회가 침체의 늪에서 벗어나려면 균형 잡힌 신앙을 회복해야 할 것이다. 칼빈과 청교도, 개혁주의자들처럼 말씀과 성령을 신학의 원리로 삼고, 말씀과 성령이 다스리는 교회를 만들어 나가는 작업이 요청된다고 하겠다. 예배가 단순히 집행되는 의식이나 신비 체험을 하는 것이 아니라 하나님의 말씀과 성령을 통해 하나님을 만나는 체험의 시간이 되어야 한다는 말이다. 이를 위해서는 예배에서 찬송과 기도가 살아나야 하고, 하나님의 말씀과 성령의 지배를 받는 생활 운동이 일어나야 한다. 곧 그리스도의 사람들은 생활 영역에서 성령의 은사만 구하지 말고 성령께서 손수 기록해 주신 말씀에 깊이 뿌리를 박고 그 안에서 생활하는 균형 잡힌 신앙을 하여야 한다. 하나님의 말씀과 성령이 신앙과 삶의 원리가 되고, 이성이나 감성으로 치우치지 않는 균형 잡힌 신앙 운동이 일어나 이 민족의 가슴을 지배할 때, 한국교회는 여전히 세계 교회에서 중심적인 사명을 다할 수 있을 것이다(*).

참고 및 인용문헌

1. 한글서적 및 번역서

간하배
1973 『현대 신학 해설』, 서울: 개혁주의신행협회.

곽안전
1961 『한국교회사』, 서울: 기독교서회.

권성수
1989 "성경 무오에 관한 7대 오해", 「신학지남」 220권.

권태환
1996 『세계의 한 민족 - 중국』, 서울: 통일원.

김기홍
1988 『프린스턴 신학과 근본주의』, 서울: 도서출판 창조성.

김명룡
1997 『열린 신학 바른 교회론』, 서울: 장로회신학대학교 출판부.

김승태
1992 『한국기독교와 신사참배문제』, 서울: 한국기독교역사연구소.

김양선
1956 『한국 기독교 해방 10년사』, 서울: 대한예수교장로회총회 교육부.
1972 『한국기독교사 연구』, 서울: 기독교문사.

김영재
2004 『한국교회사』, 수원: 합동신학대학원출판부.
2011 『기독교 신앙고백』. 수원: 도서출판 영음사.

김의환
1973 "한국교회의 정치 참여 문제", 「신학지남」 160권.

김정우
1990 "구약의 영감과 난제," 「성경과 신학」 제 9권.

김태묵
1938   "칼빈신학에 있어서 예정 사상의 의의" 「신학지남」 20권 5호.
1938b   "칼빈신학에 있어서 예정 사상의 의의" 「신학지남」 20권 6호.

김흥기
2006   『평신도를 위한 신학』, 서울: 이화여자대학교출판부.

김홍태
1987   "군 신자화 운동이 군 전력에 미치는 영향", 신학석사 학위 논문. 서울: 감리교
        신학대학.

네비우스, 존 John Nevius
1981   Nevius Method 『네비우스 선교방법』 김남식 역. 서울: 성광문화사.

대한예수교장로회총회
1976   『대한 예수교 장로교 헌법』, 서울: 대한예수교장로회총회 출판부.

민병길
1995   "능력목회의 새로운 장을 연 아나하임 빈야드 크리스챤 펠로우쉽", 「목회
        와 신학」(1995. 6).

민경배
1982   『한국기독교회사』, 서울: 대한기독교출판사.

문은식
1996   "한국 군복음화 운동의 역사와 비전", 「빛과 소금」(1996년 6월 호).

미터 헨리 Henry Meeter
1990   The Fundamental Principle of Calvinism 『칼빈주의 기본원리』, 신복윤 역.
        서울: 성광문화사.

박윤선
1946   "전선(全鮮)기독교대회", 『활천』 (3월 호).
1952   "칼빈주의의 기본 원리와 칼 바르트의 기본 원리", 「파수군」 제 13권.
1952b   "칼빈주의 (1)", 「파수군」 제 16권.
1954   "신약 성경의 권위에 대하여", 「파수군」 제 39권.
1954b   "신약 성경의 권위에 대하여", 「파수군」 제 40권.
1971   "성경의 권위", 「신학지남」 152권.
1976   『성경신학』, 서울: 영음사.
1983   『대한예수교장로회 헌법주석: 정치 · 예배 모범』, 서울: 영음사.
1992   『성경과 나의 생애』, 서울: 영음사.
2003   『개혁주의 교리학』, 서울: 영음사.

박용규
2006   『한부선 평전』, 서울: 도서출판 그리심.

박형룡
1940   "칼빈과 신칼빈주의", 「신학지남」, 113권 (1940)
1954   "성경관의 제상", 「신학지남」, 114권 (1954).
1962   "칼빈 신학의 기본 원리", 「신학지남」, 122권 (1962)
1963   "성경 영감의 목회적 교리", 「신학지남」, 126권 (1963, 12).
1976   "한국 장로교회의 신학적 전통", 「신학지남」, 제4권 3집 (1976 가을).

베버, 막스 Max Weber
1971   Protestant Ethics and the Spirit of Capitalism 『프로테스탄티즘의 윤리와
        자본주의의 정신』, 권세원, 강명규 공역. 서울: 일조각.

비엘러, 앙드레 André Biéler
1985   The Social Humanism of Calvin, 『칼빈의 경제 윤리』 홍치모 역. 서울: 성광
        문화사.

빈센트, 토마스 Thomas Vincent
1988   The Shorter Catechism Explained from Scripture 『성경 소요리문답 해설』 홍
        병창 역. 서울: 여수룬.

신내리
1967   "웨스트민스터 신도개요의 불변적 권위", 「신학지남」, 138권 (1967).

신복윤
1992   "한국 개혁주의 신학의 어제와 오늘과 내일", 「신학정론」 제10권 1호
        (1992. 3).
1995   "성경의 사람 한국의 나다니엘", 『박윤선의 생애와 신학』, 수원: 합동신학
        대학원 출판부.

신성자
1982   "성경의 무오성", 「신학지남」, 194권 (1982).

에임스, 윌리엄 William Ames
1992   The Marrow of Theology 『신학의 정수』 서원모 역. 서울: 크리스챤다이제
        스트.

오덕교
1998   『장로교회사』, 수원: 합동신학대학원출판부
2000   "뉴잉글랜드 청교도의 가정관 연구", 「성경과 신학」 제 27권 (2000).

2001　『청교도 이야기』, 서울: 도서출판 이레서원.
2002　『청교도와 교회개혁』 수정판, 수원: 합동신학대학원출판부.
2003　『종교개혁사』, 수원: 합동신학대학원출판부

왓슨, 토머스 Thomas Watson
1996　*A Body of Divinity Contained in Sermons Upon the Assembly's Catechism*『신학의 체계』, 서울: 크리스챤다이제스트사.

에드워즈, 조나단 Jonathan Edwards
1984　*Charity and Its Fruits,*『사랑과 그 열매』, 서문강 역. 서울: 정음출판사.
1993　*A Treatise Concerning Religious Affections*『신앙과 정서』 서문강 역. 서울: 지평서원.

워필드, 벤저민 Benjamin Warfield
1989　*Counterfeit Miracles*『기독교 기적론』, 이길상 역. 서울: 도서출판 나침판.

윔버, 존 John Wimber
1988　*Power Evangelism,*『능력 전도』, 이재범 역. 서울: 도서출판 나단.
1991　*Power Healing,*『능력 치유』, 이재범 역. 서울: 나단출판사.

존 윔버, 피터 와그너 외 13인 공저
1991　『제 3의 물결을 타고』, 변진적 변창욱 옮김. 서울: 도서출판 무실.

이만열
1985　『한국기독교사 특강』, 서울: 성경읽기사.

이문웅
1997　『세계의 한민족 - 일본』, 통일부.

이종성
1975　"한국 신학계의 좌와 우", 『한국의 기독교 사상』, 서울: 기독교사상사.

장희근
1970　『한국장로교회사』, 부산: 아성출판사.

재외동포재단 외
2009　『하와이 동포의 한국 사회에 대한 기여』, 인천: 인하대학교 출판부.

전용복
1980　『한국장로교회사: 한국장로교회의 분열과 일치운동』, 서울: 성광문화사.

채기은
1977　『한국교회사』, 서울: 예수교문서 선교회.

최덕성
2000   『한국교회의 친일파 전통』, 서울: 본문과현장사이.

최훈
1972   "신사참배와 한국 재건교회의 역사적 연구", 「신학지남」 159권 (1972년 9월).
1973   "한국동란과 남한의 재건교회", 「신학지남」 160권 (1973년 3월).

폭스, 조지 George Fox
1994   『조지 폭스의 일기』, 문효미 역. 일산: 크리스챤다이제스트사.

하지 J. A. Hodge
1980   *What is Presbyterian Law?*, 『교회정치 문답조례』, 박병진 역. 서울: 성광문화사.

한국기독교 사료수집회
1968   『한국기독교 년감』, 서울: 백합출판사.

합동신학대학원 20년사 위원회
2000   『합동신학대학원 20년사』, 수원: 합동신학대학원출판부.

화이트, 존 John White
1991   *When the Spirit Comes with Power: Signs and Wonders Among God's People* 『능력 표적』, 나단출판부 역. 서울: 도서출판 나단.

2. 영어 문헌

Sydney E. Ahlstrom
1972   *A Religious History of the American People.* 2 volumes (New Haven: Yale University Press.

Archibald Alexander
1836   *Evidences of the Authenticity, Inspiration, and Canonical Authority of the Holy Scripture.* Philadelphia: Whetham and Son.

William Ames
1983   *The Marrow of Theology.* Durham, North Carolina: Labyrinth Press.

Maurice W. Armstrong, L. A. Loetscher, and C. A. Anderson ed.
1956   *The Presbyterian Enterprise: Sources of American Presbyterian History*. Philadelphia: The Westminster Press.

Robert Baird
1969   *Religion in the United States of America*. New York: Arno and New York Times.

J. W. Baker
1980   *Heinrich Bullinger and Covenant: The Other Reformed Tradition*. Athen, Ohio.

William Barker
1975   "The Social Views of Charles Hodge: A Study in 19th Century Calvinism and Conservatism," Presbyterian: Covenant Seminary Review volume 1(Spring 1975).

William S. Barker and W. Robert Godfrey edited.
1990   *Theonomy: A Reformed Critique*, Grand Rapids, Michigan: Zondervan Publishing House.

Louis Berkhof
1974   *Systematic Theology*. Edinburgh: The Banner of Truth Trust.

Arthur Judson Brown
1919   *The Mastery of the Far East*, New York: Charles Scribners Sons.

Owen Chadwick
1985   *The Reformation*. Middlesex, England: Penguin Books.

John Calvin
1536   *Institutes of the Christian Religion*. Translated and Annotated by Ford Lewis Battles. 1536 edition. Grand Rapids, Michigan: William B. Eerdman Publishing Company.
1949   *Commentary: Acts of the Apostles*. Edited by Henry Beveridge. Grand Rapids, Michigan: William B. Eerdmans Publishing Company.
1949b   *Commentary on Prophets*, Philadelphia: Westminster Press.
1958   *Calvin: Commentaries and Letters*. Edited by Joseph Harouturian. The Library of Christian Classics. Philadelphia: The Westminster Press.
1960   *Institutes of the Christian Religion* Translated by John T. McNeill. Philadelphia: The Westminster Press.

Sung Chun Chun
1955   "Schism and Unity in the Protestant Churches in Korea." Ph. D. dissertation. Yale University.

Charles A. Clark
1928   *The Korean Church and the Nevius Methods.* New York: Fleming H. Revell.

John Cotton
1660   Some Treasure Fetched out of Rubbish; Or Three Short But Seasonable Treatises (Found in an heap of scattered Papers), Which Providence Hath Reserved for Their Service Who Desire to Be Instructed, From the Word of God, Concerning the Imposition and Use of Significant Ceremonies in the Worship of God. London.
1713   A Treatise: I. Of faith. II. Twelve Fundamental Articles of Christian Religion. III. A Doctrinal Conclusion. IV. Questions and Answers Upon Church Government. Boston.

William Cunningham
1986   *Historical Theology,* Volume 1. Edinburgh: The Banner of Truth Trust.

I. V. Dellen and Monsma
1864   *Church Order Commentary.*

Charles G. Dennison and Richard Gamble edited.
1986   *Pressing Toward Mark: Essays Commemorating Fifty Years of the Orthodoxy Presbyterian Church,* Philadelphia.

Sinclair B. Ferguson & David F. Wright ed.
1988   *New Dictionary of Theology.* Leicester, England: Inter-Vasity Press.

John Walter Ross edited.
1983   *The Form of Presbyterian Church Government, in The Confession of Faith.* Scotland: Free Presbyterian Publications.

Archibald Alexander Hodge
1880   *The Life of Charles Hodge,* New York: Charles Scribner's Sons.

Charles Hodge
1855   What is Presbyterianism? Addressed May 1, 1855. Philadelphia: Presbyterian Board of Publication.
1871   *Systematic Theology.* 3 volumes. New York: Charles Scribner's Sons.
1878   Discussions in Church Polity, from the Contributions to the "Princeton Review" (New York: Charles Scribner's Sons.

W. Andrew Hoffecker
1981   *Piety and the Princeton Theologians.* New Jersey, Presbyterian and Reformed Publishing Co.

G. H. Jones
1912   "The Growth of the Church in the Mission Field," The International Review
        of Missions.

Kenneth Scott Latourette
1976   *Christianity in a Revolutionary Age: A History of Christianity in the 19th
        and 20th Centuries*, Grand Rapids, MI: Zondervan Publishing House.

John Leith
1980   *Introduction to the Reformed* Tradition. Richmond: John Knox Press.

Lefferts A. Loetscher
1954   *The Broadening Church: A Study of Theological Issues in the Presbyterian
        Church since 1869*, Philadelphia: University of Pennsylvania Press.

Martin Luther
1973   "Sermons on the Gospel of St. John," in Luther's Works. ed. Jaroslav
        Pelikan. vol. 24. Philadelphia: The Westminster Press.

Donald K. McKim ed.
1992   *Encyclopedia of the Reformed faith*, Louisville, Kentucky: Westminster / John
        Knox Press.

Francis MacNutt
1974   *Healing*. Notre Dame, Indiana: Ave Maria.

John Knox
1982   *The Reformation in Scotland*, Edinburgh: The Banner of Truth Trust.

George M. Marsden
1980   *Fundamentalism and American Culture: The Shaping of Twentieth Century
        Evangelicalism 1875~1925*, New York/ Oxford: Oxford University Press.

Samuel Miller
1842   *Presbyterianism The Truly Primitive and Apostolic Constitution of the Church
        of Christ*. Philadelphia: Presbyterian Board of Publication.

Edmund S. Morgan
1958   *The Puritan Dilemma: The Story of John Winthrop*, Boston: Little, Brown
        and Company.

David Murchie,
1980   "Morality and Social Ethics: The Thought of Charles Hodge" Unpublished
        Ph. D. dissertation, Drew University.

H. Richard Niebuhr
1951   *Christ and Culture*, New York: Harper Torch Books.

Mark A. Noll, edited and compiled.
1983   *The Princeton Theology 1812~1921: Scripture, Science, and Theological Method from Archibald Alexander to Benjamin Warfield.* Grand Rapids: Baker Book House.

John Norton
1658   *Abel Being Dead Yet Speaketh.* London, Thomas Newcomb.

Lak-Geoon George Paik
1970   *The History of Protestant Missions in Korea 1832~1910*, Seoul: Yonsei University Press.

William Perkins
1626   "A Treatise of the Vocations, or Callings of Men with the Sorts and Kinds of Them, and the Right Use Thereof." The Works of William Perkins. 3 volumes. London, John Legatt.

L. Praamsma
1981   *The Church in the Twentieth Century*, Volumes 7. St. Catherines, Ontario, Canada: Paideia Press.

Harriet Pollard
1972   "The History of the Missionary Enterprise of the Presbyterian Church, U. S. A. in Korea with Special Emphasis on the Personnel," Northwestern University MA thesis.

Mason W. Pressly
1891   *Calvinism and Science*, Ev. Rep.

Edwin H. Rian
1940   *The Presbyterian Conflict*, Grand Rapids, Michigan: Eerdmans.

Samuel Rutherford
1982   *Lex Rex. The Law is Prince. Harrisonburg*, Virginia: Sprinkle Publications.

Philip Schaff
1890   *Creed Revision in the Presbyterian Churches.* New York: Charles Scribner's Sons.

Richard Sibbes
1982   *Works of Richard Sibbes*, Alexander B. Grossart, ed. Reprinted. Edinburgh: The Banner of Truth.

I. D. E. Thomas, compiled
1992   *The Golden Treasury of Puritan Quotations*, Edinburgh: The Banner of Truth Trust.

Walter Travers
1617   *Full and Plaine Declaration of Ecclesiastical Discipline*, London.

Ernst Troeltsch
1950   *The Social Teaching of the Christian Church*, translated by Olive Wyon. London: George Allen & Union Ltd.

Benjamin B. Warfield
1897   "The Significance of the Westminster Standards as a Creed," Summary of Address delivered its appointment before the Presbytery of New York (November 8, 1897). 팜플렛.

1900   "Are Articles of Peace Worth Keeping?" The New York Observer (May 17, 1900).
1979   *The Inspiration and Authority of the Bible*, ed. Samuel E. Craig. The Presbyterian and Reformed Publishing.

Thomas Watson
1979   *Body of Divinity Contained in Sermons Upon the Assembly's Catechism.* Edited by George Rogers. Grand Rapids, Michigan: Baker Book House.

John Winthrop
1985   "A Model of Christian Charity," in The Puritan In America: A Narrative Anthology. edited by Alan Heimert and Andrew Delbanco. Cambridge, Massachusetts: Harvard University Press.

3. 미간행물, 신문, 회의록, 보고서, 신조 등

김계호, "미주한인이민교회 백년: 회고와 전망 - 종교사회적 관점에서." paper

문상철, "21세기 글로벌 선교의 리더", 한국선교연구원, 파발마 제 108호.

이헌창, "'이민 시대'가 열리다." <조선일보> 2010. 2. 3.

윤인진, "코리안 디아스포라: 재외 한인의 이주, 적응, 정체성", 한 국 사 회 학 회 (2003. 6)

재외공포재단,http://www.korean.net/morgue/status_2.jsp?tCode=status&dCode =0103

정민영, "전략적 선교 자원 한인 디아스포라를 동원하라." 2004. 볼티모어 포럼

Lawrence Tong, "Mission Potential of China Diaspora and Partnership with NEAN." paper.

<교회연합신보>, 1972년 4월 30일자.

<대한예수교장로회 총회록> 1919년.

<대한예수교장로회 총회록>, 1932년.

<대한예수교장로회 총회록>, 1926년.

<조선예수교장로회 사기>, 상권 53.

<크리스챤신문> 1980년 11월 8일자

<한국경제신문> 1984년 2월 28일자

<한국기독공보>, 1972년 4월 22일자.

The First Helvetic Confession.

The Gallican Confession.

The First Scotch Confession.

The Belgic Confession.

The Ten Theses of Berne.

The Second Helvetic Confession.

The Larger Catechism.

The Westminster Confession of Faith.

<끝>